职业院校
汽车类"十二五"规划教材

"十二五"职业教育国家规划教材
经全国职业教育教材审定委员会审定

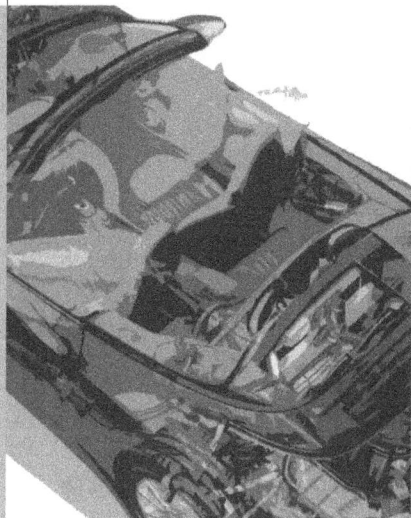

U0739824

汽车底盘电控系统检修
（含自动变速器）（第2版）

Overhaul of Automobile Chassis Electronic
Control System （Automatic Transmission Included）（2nd Edition）

◎ 李雷 主编
◎ 赵计平 李小真 耿川虎 副主编

人民邮电出版社
北　京

图书在版编目（CIP）数据

汽车底盘电控系统检修：含自动变速器 / 李雷主编
. -- 2版. -- 北京 : 人民邮电出版社，2014.10（2021.12重印）
职业院校汽车类"十二五"规划教材
ISBN 978-7-115-34719-0

Ⅰ．①汽… Ⅱ．①李… Ⅲ．①汽车－底盘－电气控制
系统－车辆修理－高等职业教育－教材 Ⅳ．①U472.41

中国版本图书馆CIP数据核字(2014)第038365号

内 容 提 要

本书围绕如何实施汽车底盘电控系统检修展开论述，以培养读者的实际应用能力为出发点，以项目为核心，按照项目要求、相关知识、项目实施及拓展知识的体系结构编排全书内容。

本书系统地介绍了现代汽车底盘电控系统，主要包括电控自动变速器、防抱死制动/牵引力控制系统、电控悬架系统、电控动力转向/四轮转向系统的组成、工作原理、故障诊断与排除的方法和步骤等。

本书内容翔实、新颖，语言浅显易懂，可作为高职高专院校汽车类专业相关课程的教材，也可作为汽车维修行业中高级技术工种及相关企业员工的专业培训教材。

♦ 主　编　李　雷
　　副主编　赵计平　李小真　耿川虎
　　责任编辑　刘盛平
　　执行编辑　王丽美
　　责任印制　焦志炜

♦ 人民邮电出版社出版发行　　北京市丰台区成寿寺路11号
　　邮编　100164　　电子邮件　315@ptpress.com.cn
　　网址　http://www.ptpress.com.cn
　　北京虎彩文化传播有限公司印刷

♦ 开本：787×1092　1/16
　　印张：14　　　　　　　　　2014年10月第2版
　　字数：331千字　　　　　　2021年12月北京第12次印刷

定价：35.00 元

读者服务热线：(010)81055256　印装质量热线：(010)81055316
反盗版热线：(010)81055315

本书在内容设置上借鉴了德国、澳大利亚等国际职业教育的先进教学理念，按照"以行业需求为导向、以能力为本位、以学生为中心"的原则，把行业能力标准作为专业课程教学目标和鉴定标准，按照行业能力要求组织教学内容，针对高职学生的学习特征设计教学活动。本书设计的教学活动环境主要设置在模拟或真实的工作场所，学生通过完成教师布置的任务掌握必需的理论知识与实践技能，通过实际故障的排除等活动来培养分析、解决问题的能力等。

本书通过4个项目，对汽车底盘典型电控系统的结构原理和诊断维修的实践技能进行了较为详细的讲解，主要包括电控自动变速器（自动传动桥）、防抱死制动/牵引力控制系统、电控悬架系统、电控动力转向/四轮转向系统等内容。

本书建议学时数为90学时。其中理论环节为48学时，实践环节为42学时，各部分的参考学时参见下面的学时分配表。

项 目	课 程 内 容	学 时 分 配	
		讲 授	实 训
项目一	电控自动变速器维修与故障诊断	24	18
项目二	防抱死制动/牵引力控制系统维修与故障诊断	8	8
项目三	电控悬架系统维修与故障诊断	8	8
项目四	电控动力转向/四轮转向系统维修与故障诊断	8	8
课 时 总 计		48	42

本书由重庆工业职业技术学院李雷任主编，赵计平、李小真、合肥职业技术学院耿川虎任副主编，重庆工业职业技术学院黄朝慧、重庆同迪比亚迪汽车销售服务有限公司张海兵、重庆骊业汽车有限公司魏明、重庆渝都丰田汽车销售服务有限公司赵良科参加本书编写。其中，项目一由李雷、耿川虎编写，项目二由赵计平、张海兵编写，项目三由黄朝慧、赵良科编写，项目四由李小真、魏明编写。河南省郑州市金水区黄河路第二小学李小真参与了全书的文字整理和图片编辑工作。

本书在编写时参考了国内外大量有关书籍，并借鉴了汽车维修手册和行业培训资料，在此谨向其作者及资料提供者表示诚挚的谢意。特别感谢重庆市汽车维修行业技术专家们的大力支持。

由于编者水平有限，书中难免存在不妥之处，敬请读者和专家批评指正。

编 者

2014 年 5 月

Content

目 录

项目一

电控自动变速器维修与故障诊断

一、项目要求

目前自动变速器在各种车辆上都得到了广泛的应用，随着电子技术和计算机技术的迅速发展，由微型计算机控制的自动变速器已逐步普及。

使用自动变速器的车辆，驾驶员不需要经常变化挡位，自动变速器则根据道路行驶条件和载荷情况，即根据发动机功率大小及车速，在最适宜时间自动进行换挡。电控液压自动变速器按照最低油耗及最佳换挡时间进行自动换挡，使自动变速器的各项性能指标均达到最佳综合优化水平。

【知识要求】

要能够进行电控自动变速器维修与故障诊断，首先应该掌握电控自动变速器的组成和工作过程，应该掌握的知识有如下几点。

① 认识自动变速器的作用、优点和缺点。

② 认识自动变速器换挡手柄和控制开关。

③ 认识自动变速器的组成。

④ 认识液力变矩器的组成和工作过程。

⑤ 认识行星齿轮机构的工作过程和动力传递，包括单排行星齿轮组、辛普森式行星齿轮机构、拉维娜式行星齿轮机构。

⑥ 认识液压控制系统的组成。

⑦ 认识电子控制系统的作用、组成和控制方式。

重点掌握内容

自动变速器的动力传递路线，电子控制系统。

安全提示

当对任何车辆的自动变速器进行诊断和维修时，技术人员必须遵守所有规定的安全操作程序，避免任何系统带来的有意或无意的伤害。例如，当自动变速器油达到非常高的温度并出现泄漏时，会造成人体烧伤和烫伤，甚至引起爆炸。

【能力要求】

汽车维修技术人员要想快速、准确地判断自动变速器中某个部件出现了故障，必须彻底了解变速器的结构、运作和各种故障的症状，并对用户的投诉进行分析。在进行维修和故障诊断时需要掌握如下的能力。

① 对客户提供的故障进行分析。

② 电控系统自诊断的检查。

③ 自动变速器的基本检查与调整。

④ 自动变速器的机械系统试验。

⑤ 自动变速器机械检修程序。

⑥ 自动变速器电控系统检修。

⑦ 自动变速器典型故障的诊断与排除。

常见故障现象

汽车不能行驶、无前进挡、无倒挡、离合器打滑、无发动机制动、无锁止等。

二、相关知识

（一）认识自动变速器

1. 自动变速器的优点和缺点

（1）自动变速器的优点

① 操纵简单省力，提高行车安全性，行驶平稳舒适性好。

② 有效衰减传动系扭转震动，并防止传动系过载。

③ 延长发动机及传动部件寿命，改善和提高汽车的动力性。

④ 减少燃油消耗，降低排放污染。

（2）自动变速器的缺点

① 结构较为复杂，制造难度大，生产成本高。

② 维修困难。

③ 传动效率低。

2. 自动变速器的分类

（1）按驱动方式分类

自动变速器按照汽车驱动方式的不同，可分为后驱动自动变速器和前驱动自动变速器两种。前驱动自动变速器与驱动桥合为一体，又常称为自动传动桥。这两种自动变速器在结构和布置上有很大的不同，如图 1-1 和图 1-2 所示。

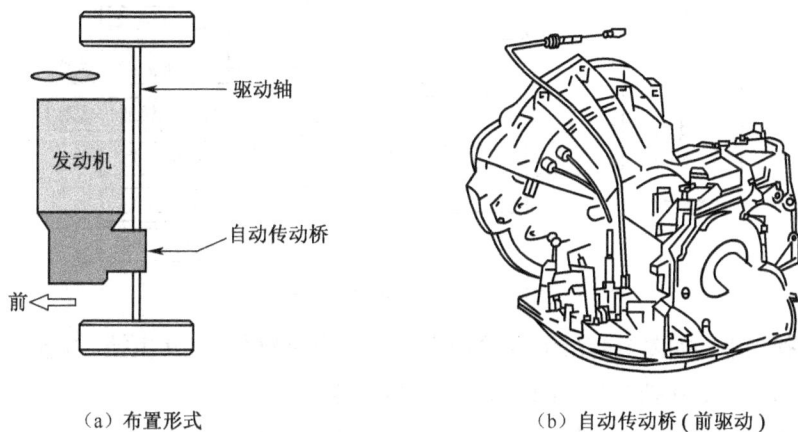

（a）布置形式　　　　　　　　　　（b）自动传动桥（前驱动）

图1-1　前驱动自动变速器的布置和外观

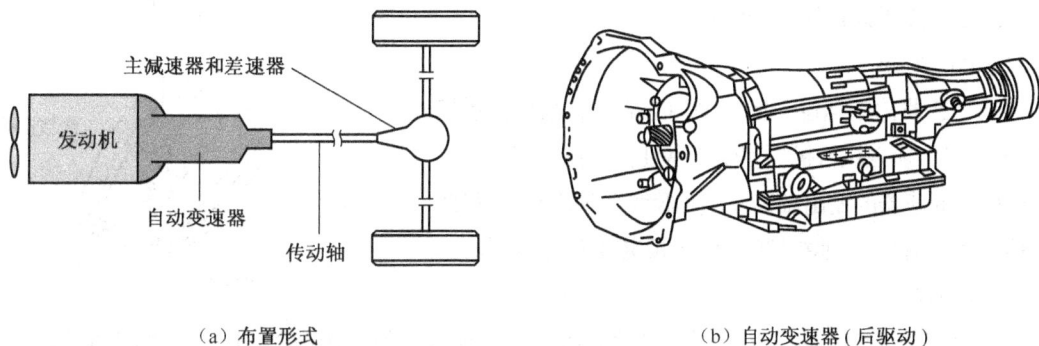

（a）布置形式　　　　　　　　　　（b）自动变速器（后驱动）

图1-2　后驱动自动变速器的布置和外观

（2）按控制方式分类

自动变速器按照控制方式的不同，可分为液压控制自动变速器和电子控制自动变速器两种。目前各大汽车制造厂商生产的自动变速器都采用了电子控制自动变速器（见图 1-3）。

3. 认识自动变速器换挡手柄

自动变速器的换挡方式有按钮式和换挡手柄式两种，驾驶员通过操纵按钮或手柄进行挡位选择，使车辆前进、停止或倒退。按钮一般布置在仪表板上，换挡手柄可布置在转向柱或驾驶室地板上。

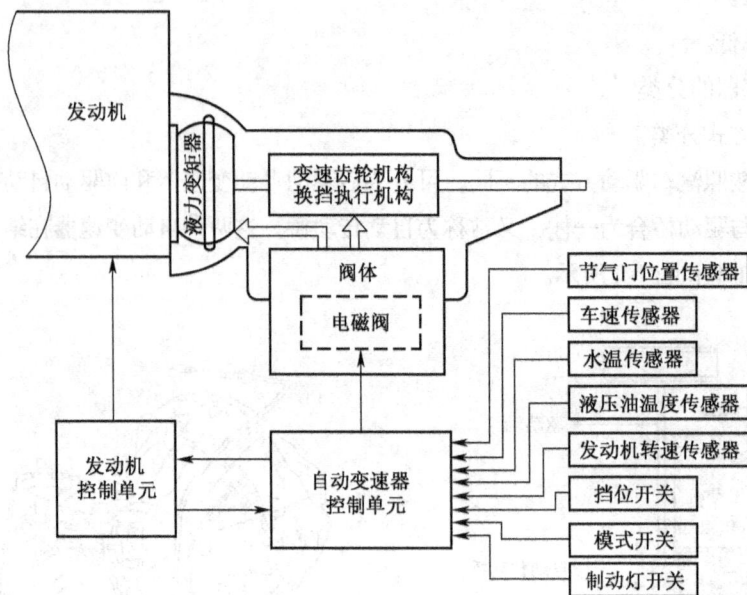

图1-3　电子控制自动变速器

　　自动变速器换挡手柄如图1-4所示，换挡手柄一般设有P停车挡、R倒挡、N空挡、D前进挡、S和L前进低挡和O/D超速挡开关。有的自动变速器换挡手柄设有P、R、N、OD、3、2、1位。其中OD位为超速挡，3、2、1位为低速挡。

　　换挡手柄在不同位置的功能如下。

　　（1）P停车挡

　　自动变速器停车挡位于换挡手柄的前方，当换挡手柄处在P位时，换挡执行机构使变速器处在空挡状态，停车锁定机构将变速器的输出轴锁住，使驱动轮不能转动，可防止车辆移动。当换入其他挡位时，停车锁定机构被解除锁定。

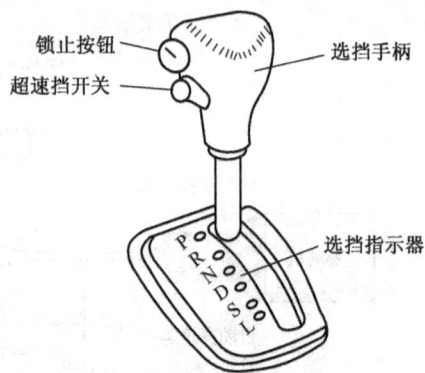

图1-4　操纵手柄

　　（2）R倒挡

　　自动变速器换挡手柄在R位时，自动变速器处在倒挡状态，驱动轮反转，实现倒挡行驶。

　　（3）N空挡

　　换挡手柄处于N位时，换挡执行机构的动作和停车挡相同，处于空挡状态。

　　发动机只有在换挡手柄处于P位或N位时，汽车才能起动。该功能依靠空挡起动开关来实现。

　　（4）D前进位

　　当换挡手柄处于D位时，换挡执行机构使变速器处在前进挡中，并能实现自动升降挡，可以实现4个不同传动比的挡位，即1、2、3挡和超速挡。

　　（5）2位

　　2位为中速时发动机制动挡。当换挡手柄处在2挡位置时，自动变速器只能在1、2挡间自动换挡，并使汽车获得发动机的制动作用。

（6）1位或L位

1位为低速时发动机制动挡。当换挡手柄处在1位时，发动机被锁定在前进挡的1挡。这时发动机的制动作用更强，该挡多用于山区行驶、爬陡坡或下坡时，能有效地利用发动机的制动作用来稳定车速。

（7）OD挡

有些车型，自动变速器标有OD、3、2、1挡位，其中OD挡为超速挡。当换挡手柄处在OD挡位置时，自动变速器可在1～4（4挡为OD挡）挡之间自动变换；当换挡手柄处在3挡位置时，自动变速器可在1～3挡之间自动变换；当换挡手柄处在2挡位置时，自动变速器可在1挡与2挡之间自动变换；当换挡手柄处在1挡位置时，自动变速器只能在1挡。

4. 认识自动变速器的组成

自动变速器的厂牌型号有很多，外部形状和内部结构也有所不同，但它们的组成基本相同。图1-5所示是后驱动自动变速器结构图。

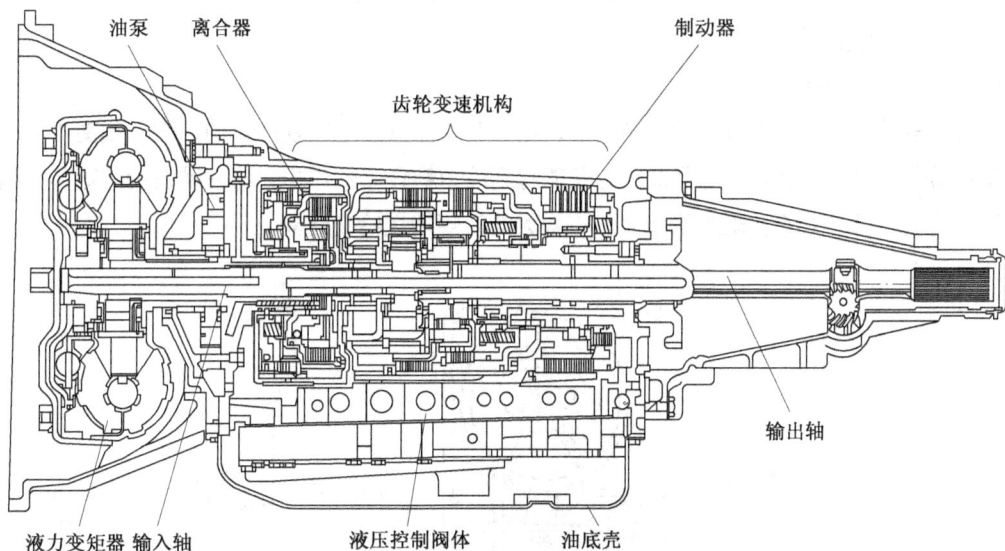

图1-5　后驱动自动变速器结构图

自动变速器的组成部分有液力变矩器、行星齿轮机构、离合器、制动器、油泵、滤清器、管道、控制阀体、速度调压器等。按照这些部件的功能，可将它们分成液力变矩器、齿轮变速机构、液压操控系统、电控液压换挡控制系统。

（1）液力变矩器

液力变矩器位于自动变速器的最前端，安装在发动机的飞轮上，其作用与采用手动变速器的汽车的离合器相似。它利用油液循环流动将发动机的动力传递给自动变速器的输入轴，并能根据汽车行驶阻力的变化，在一定范围内自动改变传动比和转矩比，具有一定的减速增扭功能。

（2）齿轮变速机构

自动变速器中的齿轮变速机构所采用的形式有普通齿轮式和行星齿轮式两种。采用普通齿轮式的变速器，由于尺寸较大，最大传动比较小，只有少数车型采用（如本田汽车）。目前绝大多数轿车自动变速器中的齿轮变速器采用的是行星齿轮式。

行星齿轮式变速机构主要包括行星齿轮机构和换挡执行机构两部分。行星齿轮机构是实现变速或变向传递动力的机构；换挡执行机构主要是用来改变行星齿轮中的主动元件或限制某个元件的运动，改变动力传递的方向和速比，主要由多片式离合器、制动器和单向超越离合器等组成。

（3）液压操控系统

自动变速器的液压操控系统主要包括供油部分和液压控制部分。供油部分由油泵、调压阀、油箱、过滤器及管道等组成。液压控制部分由各种控制阀和相应的油路组成。各种控制阀和油路设置在一个板块内，称为阀体总成。

（4）电控液压换挡控制系统

电控液压换挡控制系统能根据发动机的负荷（节气门开度）和汽车的行驶速度，按照设定的换挡规律，自动地接通或切断某些换挡离合器和制动器的供油油路，使离合器接合或分开、制动器制动或释放，以改变齿轮变速器的传动化，从而实现自动换挡。

（二）认识液力变矩器

1. 液力变矩器的作用

液力变矩器安装于变速器齿轮的输入端，通过驱动器盘固定在发动机的后端，如图1-6所示。液力变矩器壳体内充满自动变速器油，它既能起到液力耦合器的作用，将发动机的转矩传送给变速器，又能使发动机产生的转矩成倍增大，将增大的转矩传送给变速器。

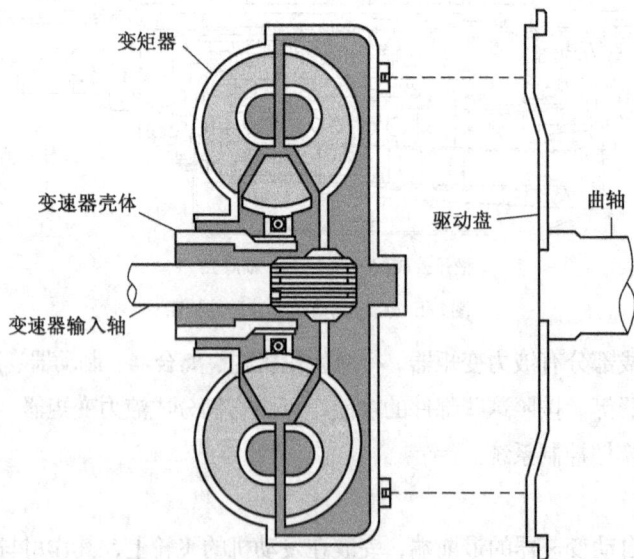

图1-6　液力变矩器

2. 液力变矩器的组成

液力变矩器的结构如图1-7所示。液力变矩器由泵轮、导轮、涡轮、单向离合器和锁止离合器组成。液力变矩器内充满油泵提供的自动变速器油，变速器油被泵轮甩出，成为一股强大的油流，推动液力变矩器的涡轮转动。

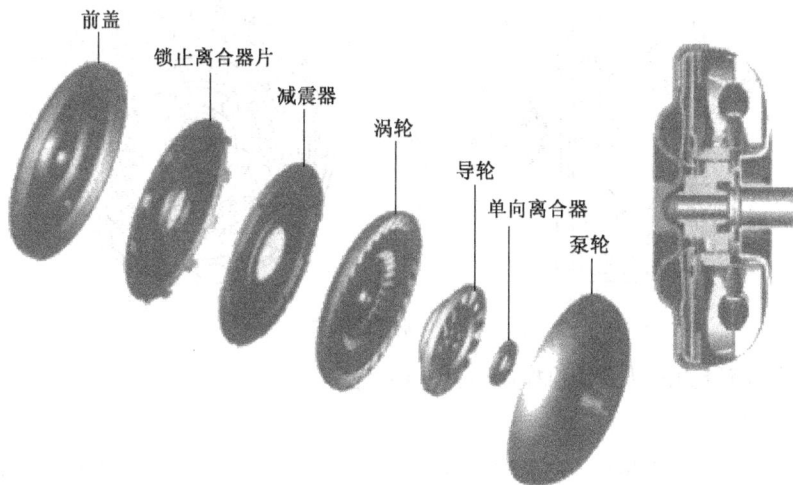

图1-7　液力变矩器的结构

（1）泵轮的结构

泵轮与液力变矩器壳体连成一体，和曲轴一起转动，其结构如图 1-8 所示。泵轮由许多具有一定曲率的叶片按一定的方向辐射状安装在泵轮壳体上，当泵轮旋转时，叶片便带动其间的液体介质一同运动。

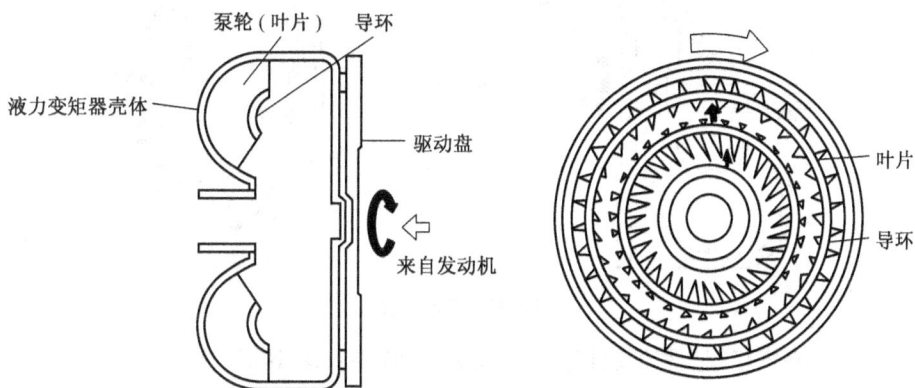

图1-8　泵轮的结构

泵轮的作用：将发动机的机械能转变为液力能，并通过延伸套驱动变速器油泵工作。

（2）涡轮的结构

涡轮也装有弯曲方向与泵轮叶片的弯曲方向相反的叶片（见图 1-9），涡轮转轮装在变速器输入轴上，其叶片与泵轮叶片相对放置，中间留有 3 mm 的间隙。

涡轮转轮与变速器输入轴相连，变速器变速杆置于 D、2、L 或 R 位，当车辆行驶时，涡轮转轮就与变速器输入轴一起转动；当车辆停驶时，涡轮转轮不能转动。在变速器变速杆置于 P 或 N 位时，涡轮转轮与泵轮一起自由转动。

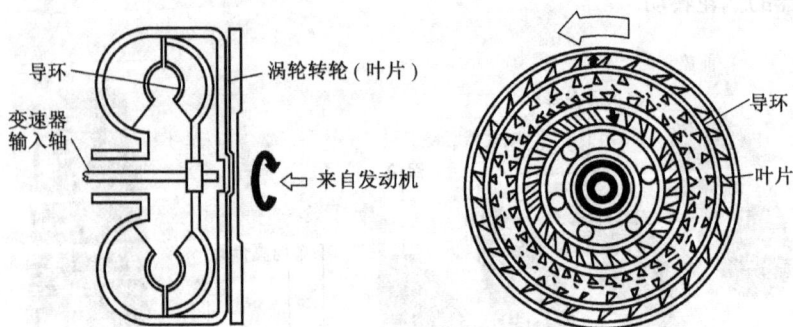

图1-9　涡轮的结构

涡轮的作用：将液力能转变为机械能，输入给变速器。

（3）导轮的结构

导轮上由许多具有一定曲率、一定方向的叶片组装在导轮架上，导轮轴孔内装有单向离合器（见图1-10）。因此，导轮只能向一个方向自由转动，而向另一方向转动时，则被单向离合器锁止在壳体上。

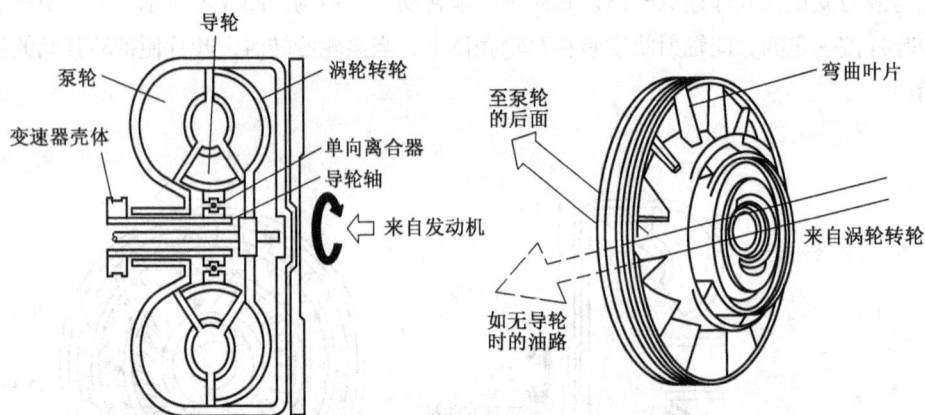

图1-10　导轮的结构

导轮的作用：在汽车起步和低速行驶时，增大变速器输入的转矩。

（4）单向离合器的结构

自动变速器内安装的单向离合器常见的有楔块式和滚柱式两种。楔块式单向离合器在内环与外环间夹着几个不规则的楔块，如图1-11所示。当外环顺时针转动时，外环和内环的相对运动使楔块卧倒，因此，楔块不干涉外环的顺时针旋转。外环逆时针旋转，内外环的相对运动使楔块立起，楔块便把内外环锁成一体。

（5）锁止离合器的结构

锁止离合器装在涡轮转轮毂上，位于涡轮转轮前端（见图1-12）。当离合器接合时，泵轮与涡轮通过摩擦材料连接在一起。

在耦合区（即没有转矩成倍放大的情况），液力变矩器以接近1∶1的比例将来自发动机的输入转矩传递至变速器，但在泵轮与涡轮之间动力传递有一定的能量损失。为了防止这种现象发生，当车速大于 60 km/h 时，锁止离合器将泵轮与涡轮直接连接。

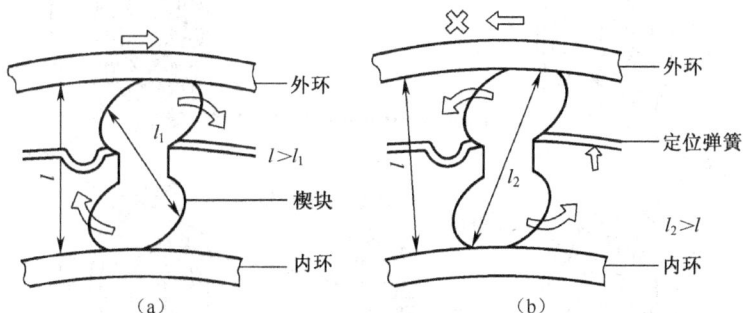

图1-11　楔块式单向离合器的结构

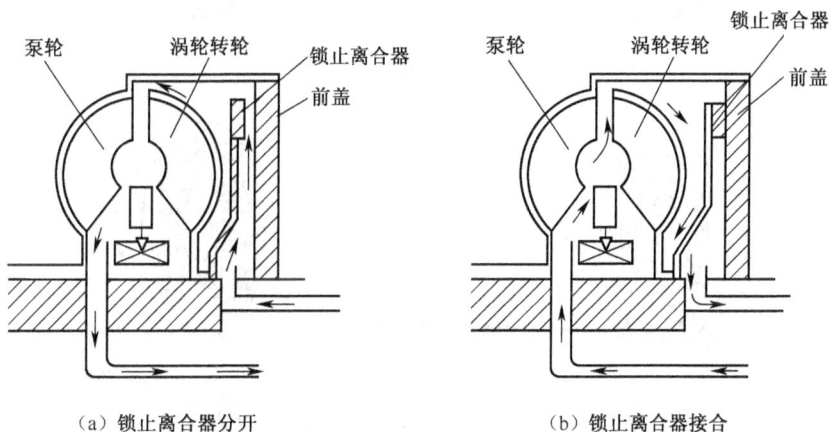

（a）锁止离合器分开　　　　　　　　（b）锁止离合器接合

图1-12　锁止离合器的结构

锁止离合器的接合和分开由液力变矩器中的液压油的流向改变来决定。当车辆低速行驶时，锁止离合器处于脱开状态。当车辆以中高速行驶时，锁止离合器接合。

3. 转矩耦合和放大的原理

液力变矩器的转矩放大，是由液体流过涡轮后，借助导轮叶片流回泵轮而实现的。导轮是转动还是被锁止，取决于变速器冲击叶片的方向。

（1）转矩耦合

当涡轮的转速接近泵轮转速时，从涡轮流至导轮的液流与泵轮的转动方向一致，如图 1-13 所示。这时变速器油冲击导轮叶片的背面，单向离合器使导轮与泵轮同方向转动，液流返回泵轮，仅起到转矩耦合传递的作用。

（2）转矩增大

当泵轮与涡轮的转速差较大时，从涡轮流至导轮的液体冲击导轮叶片的正面，使导轮与泵轮反向转动，导轮被单向离合器锁住不转动，导轮叶片却使液体流向改变，增强泵轮转动的能量，如图 1-14 所示。

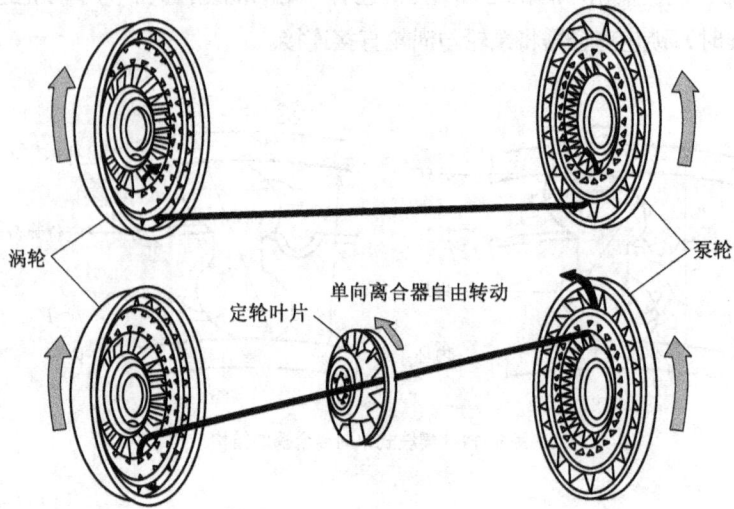

图1-13　转矩耦合时液流流动

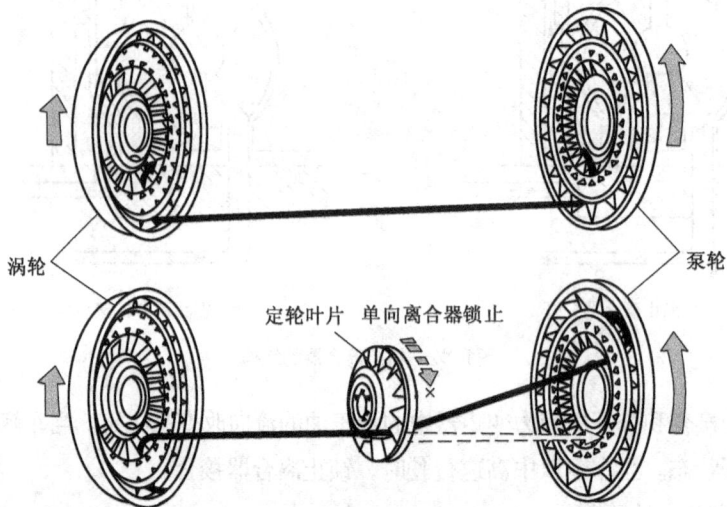

图1-14　转矩增大时液流流动

4. 认识液力变矩器的工作过程

液力变矩器在车辆行驶时的运作情况与性能分析如下。

（1）车辆停住，发动机怠速运转

当发动机怠速运转时，发动机产生的转矩最小。如使用制动器驻车，涡轮无法转动，此时传送到涡轮的转矩最大，传动效率却为零，所以涡轮总是随时准备以大于发动机所产生的转矩转动，如图1-15所示。

（2）车辆起步时

当解除制动时，涡轮与变速器输入轴一起转动。因此，在加速踏板踩下时，涡轮就与泵轮转速及转矩成正比地输出，以大于发动机所产生的转矩转动，传动效率也随之激增，使得车辆前进。

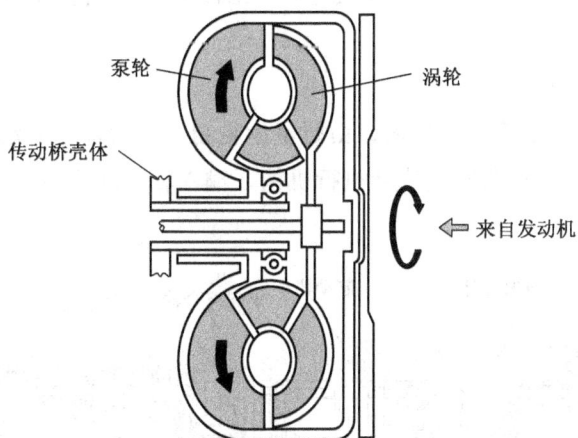

图1-15　发动机怠速运转下液力变矩器运作状况

（3）车辆低速行驶时

随着车速提高，涡轮的转速迅速接近泵轮的转速，从而转矩比也接近1。当涡轮与泵轮的转速比接近耦合点时，涡轮流出的部分液体开始冲击定轮叶片背面，定轮转动，使传动效率不致进一步下降，转矩成倍放大效应下降。所以，车速几乎与发动机转速成正比直线上升，如图1-16所示。

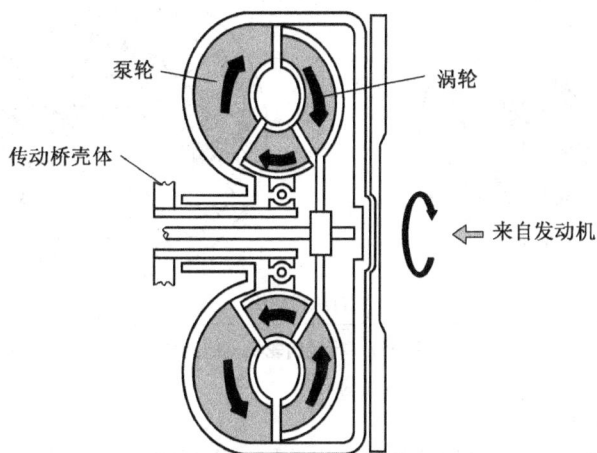

图1-16　车辆低速行驶时液力变矩器工作状况

（4）车辆以中、高速行驶时

这时，液力变矩器仅仅起到液力耦合器的作用，涡轮以与泵轮几乎一样的转速转动。转矩比几乎为1∶1。但是由于液流的摩擦及撞击，使液流温度上升，液流的循环使一部分动能消耗。这时锁止离合器工作，使传动效率达到95%左右。

（三）认识行星齿轮机构

1. 行星齿轮机构的作用

液力变矩器虽然能在一定范围内自动地、无级地变速、变矩，但不能满足汽车动力性能和经济性能要求。行星齿轮机构的作用是改变液力变矩器输出转速大小和转动的方向，并将输出功率传送至主传动机构。

2. 认识行星齿轮机构

行星齿轮机构安装于变速器壳体内，由行星齿轮组、离合器、制动器、轴与轴承等组成，如图 1-17 所示。离合器及制动器是换挡执行机构，输入轴、输出轴、中间轴起到传输动力的作用。

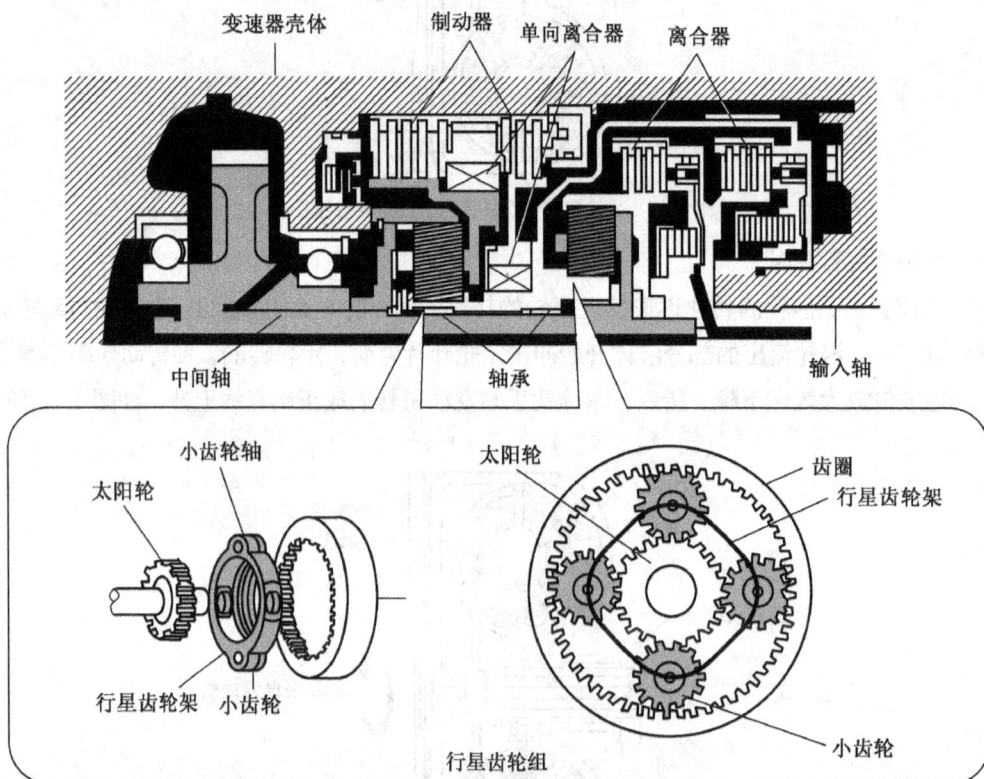

图1-17   行星齿轮机构的结构

（1）单排行星齿轮组

行星齿轮机构由太阳轮、行星齿轮及行星齿轮架、齿圈组成（见图 1-17）。太阳轮与行星轮属于外啮合，因此，两轮的旋转方向永远是相反的。而行星轮与齿圈的啮合属于内啮合，行星轮与齿圈的旋转方向是相同的。

① 行星齿轮组的传动关系有以下规律。

● 由离合器将动力传递给某一个元件作输入件，由制动器固定某一个元件，并有一个元件作输出件。

● 如果行星齿轮组中各齿轮都没有作固定件，就没有被动件，这时即为空挡。

● 如果行星齿轮组中两个元件被固定在一起，那么传动的输出转速和方向与输入相同。

表 1-1 列出了行星齿轮组各种运作情况下的转速及旋转方向。

表 1-1　行星齿轮组的转速及旋转方向

固　　定	主　动　件	被　动　件	转　　速	旋　转　方　向
齿圈	太阳轮	行星齿轮架	减速	与主动件同向
	行星齿轮架	太阳轮	加速	
太阳轮	齿圈	行星齿轮架	减速	与主动件同向
	行星齿轮架	齿圈	加速	
行星齿轮架	太阳轮	齿圈	减速	与主动件反向
	齿圈	太阳轮	加速	
任意两个元件固定在一起（运动情况相同）			相同	与主动件同向
没有固定任意一个元件			空挡	

② 行星齿轮组传动比 i 的计算公式如下。

$$i = \frac{z_2}{z_1}$$

式中，i ——行星齿轮组传动比；

　　　z_2 ——被动件齿数；

　　　z_1 ——主动件齿数。

其中太阳轮和齿圈直接用齿数计算；行星齿轮架的计算齿数是太阳轮的齿数加上齿圈齿数，这是因为行星轮只是当惰轮用，齿数是虚拟的。行星齿轮架齿数（z_c）可由下式得出。

$$z_c = z_r + z_s$$

式中，z_c ——行星齿轮架齿数；

　　　z_r ——齿圈齿数；

　　　z_s ——太阳轮齿数。

例如，假定齿圈齿数（z_r）为 56，太阳轮齿数（z_s）为 24。当太阳轮固定，齿圈作为主动件运作时，行星齿轮组的转动比 i 为

$$i = \frac{z_c}{z_r} = \frac{z_r + z_s}{z_r} = \frac{56+24}{56} = \frac{80}{56} = 1.429$$

（2）多片湿式离合器

① 作用。多片湿式离合器的作用是将变速器内的两个元件连接起来，把转矩由一个元件传递给另一个元件。

② 结构。自动变速器内通常使用多片湿式离合器，其结构如图 1-18（a）所示。离合器摩擦片两面涂有摩擦材料，摩擦片的内花键与输入轴上的花键相配合。离合器钢片外圆上的花键与离合器毂上的花键相配合，离合器的钢片与摩擦片相间排列。

③ 工作原理。

离合器接合：钢片与摩擦片的结合或分离由离合器的液压活塞控制。当控制油液流至活塞缸时，

推动单向阀钢球，使其关闭单向阀。活塞克服回位弹簧力的作用，将摩擦片与钢片压紧，产生摩擦力，动力从输入轴传递到输出轴，如图 1-18（b）所示。

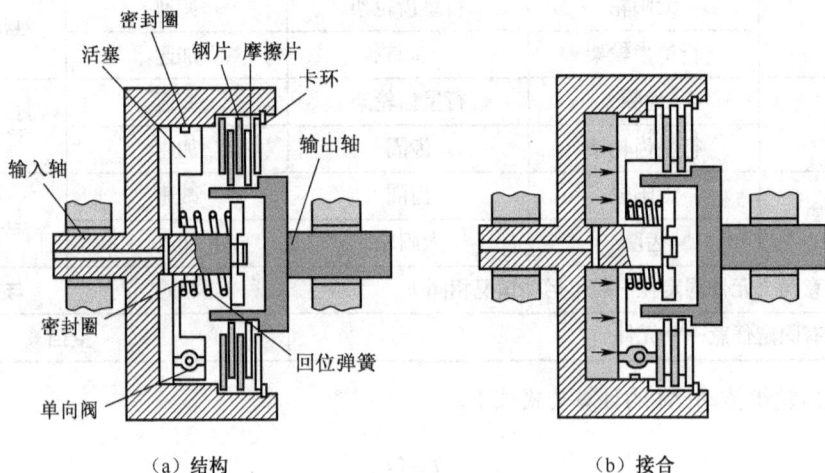

（a）结构　　　　　　　　　　　　　（b）接合

图1-18　多片湿式离合器的结构和接合示意图

离合器分离：当控制油压减小时，活塞缸内的液压就下降，使单向阀钢球在离心力的作用下离开阀座，活塞缸外缘的油液经单向阀流出。这样由于回位弹簧的作用，活塞返回到原来的位置，离合器分离。

（3）制动器

① 作用。制动器的作用是将变速器中行星排中的太阳轮、行星架或齿圈三者之一制动。目前常用的制动器有多片湿式制动器和带式制动器。

② 多片湿式制动器的结构。多片湿式制动器的构造与多片湿式离合器的构造相似，如图 1-19（a）所示，只不过制动器的鼓是变速器的壳体而已。

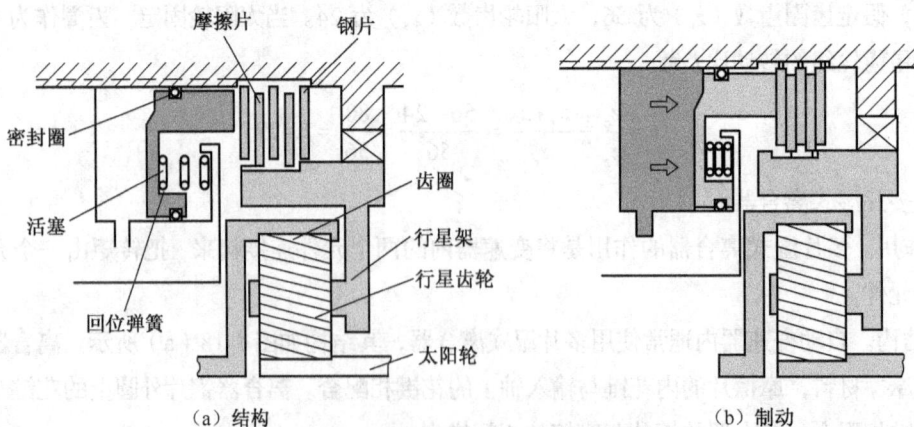

（a）结构　　　　　　　　　　　　　（b）制动

图1-19　多片湿式制动器的结构和接合示意图

制动器制动：当活塞受到控制油压的作用时，活塞在活塞缸内运动，使摩擦片与钢片接合，使行星齿轮机构某一元件锁定在变速器壳体上，如图 1-19（b）所示。

　　制动器解除：当控制油压降低时，由于回位弹簧的作用，活塞回至原位，使制动解除。

　　③ 带式制动器。带式制动器的结构如图 1-20 所示，由制动鼓、制动带和伺服缸组成。伺服缸内装有液压活塞、密封圈、回位弹簧和推杆等。

　　制动时：当控制油压加在活塞上时，活塞向左移，压缩回位弹簧，推杆推动制动带的一端，使制动带箍紧在转鼓上，使之无法转动（见图 1-21）。

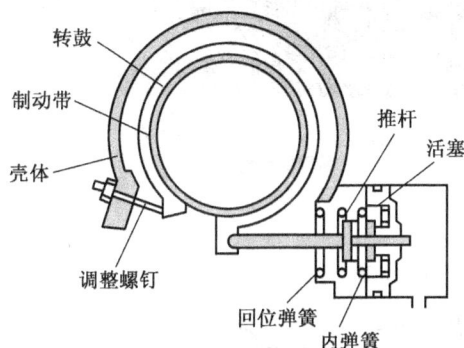

图1-20　带式制动器的结构和外形示意图　　　　　　图1-21　带式制动器制动状况

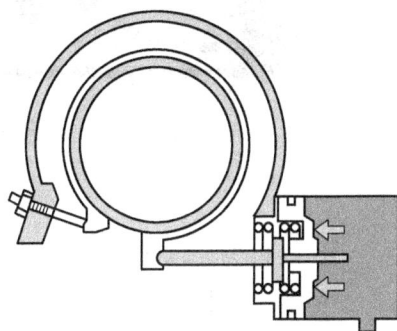

　　解除制动时：当活塞缸中没有控制油压时，活塞和推杆在回位弹簧的作用下被推回，制动带松开，转鼓解除制动。

　　3. 认识辛普森式行星齿轮机构

　　在实际应用中自动变速器通常采用多个单排齿轮组进行串联的办法来扩大挡位数目。常用的有辛普森（Simpson）式和拉维娜（Ravigneaux）式两种行星齿轮机构。

　　辛普森式行星齿轮机构在自动变速器中被广泛使用，日本丰田的自动变速器几乎都采用这种结构，如 A43D、A140E、A240E、A241E、A340 和 A350 等型号的自动变速器。这里以丰田 A43D 自动变速器为例，讨论多排行星齿轮组怎样实现挡位动力的传递。

　　辛普森行星齿轮机构——即两排行星齿轮组排列在同一轴上，根据这两排行星齿轮组在变速器中的位置，分别称作"前行星齿轮组"和"后行星齿轮组"，加上控制其转动的制动器及离合器，以及传动转矩的轴与轴承，共同构成了一个三速行星齿轮机构，即能够实现三个前进挡和一个倒车挡，如图 1-22 所示。

　　（1）三速行星齿轮机构的结构特点

　　① 前行星齿轮组中，齿圈和太阳轮分别与离合器连接。

　　② 前、后太阳轮作为一个整体转动。

　　③ 前行星齿轮架与后行星齿圈，各自通过花键与中间轴连接。

　　④ 中间轴主动齿轮，相当于前置发动机前轮驱动车辆变速器的输出轴，通过花键与中间轴连接，与中间轴被动齿轮啮合。

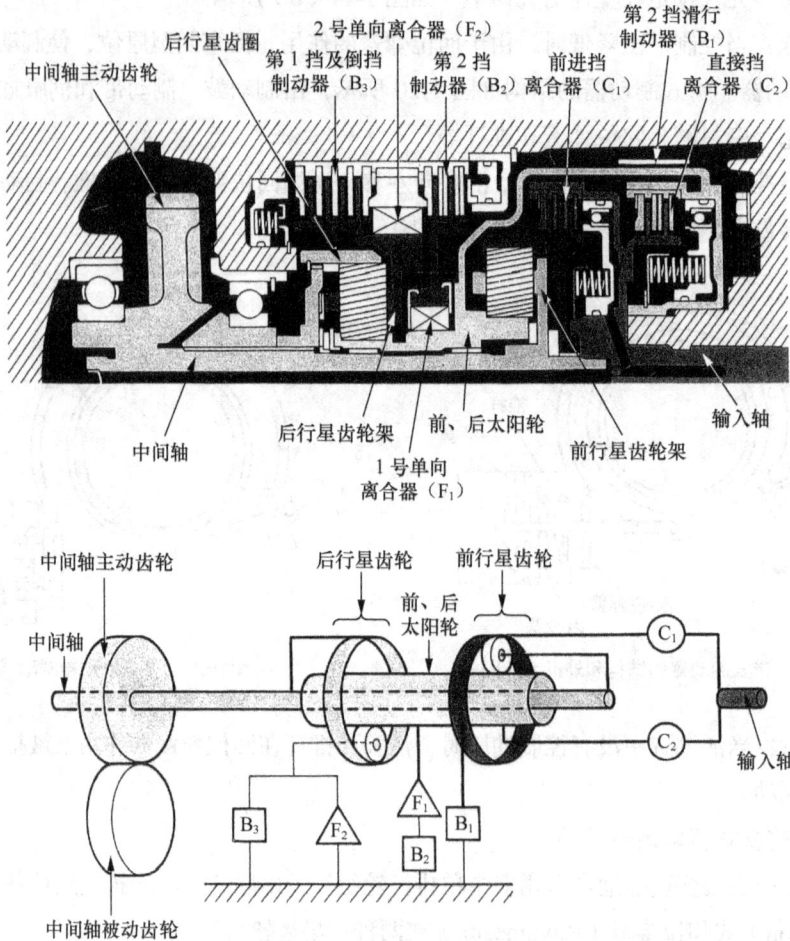

图1-22　三速行星齿轮机构

（2）三速行星齿轮机构各零件功能

表1-2 列出了图 1-22 中各元件在工作过程中表现的功能。表1-3 列出了离合器和制动器在各挡位的运作状况。

表 1-2　　　　　　　　　三速行星齿轮机构各元件功能

名　　称	功　　能
前进挡离合器（C_1）	连接输入轴与前齿圈
直接挡离合器（C_2）	连接输入轴与前、后太阳轮
1 号单向离合器（F_1）	在 B_2 运作时，锁定前、后太阳轮，使之不能逆时针方向转动
2 号单向离合器（F_2）	锁定后行星齿轮架，使之不能逆时针方向转动
第 2 挡滑行制动器（B_1）	锁定前、后太阳轮，使之既不能顺时针转动也不能逆时针方向转动
第 2 挡制动器（B_2）	锁定前、后太阳轮，使之在 F_1 运作时不能逆时针方向转动
第 1 挡及倒挡制动器（B_3）	锁定后行星齿轮，使之既不能顺时针转动也不能逆时针方向转动

表 1-3 离合器及制动器的运作状况

变速杆位置	挡 位	C_1	C_2	B_1	B_2	F_1	B_3	F_2
P	驻车挡							
R	倒挡		○				○	
N	空挡							
D、2	1挡	○						○
D	2挡	○			○	○		
D	3挡	○	○					
2	2挡	○		○	○	○		
L	1挡	○					○	

注：○表示离合器和制动器接合。

（3）三速行星齿轮机构各挡位的动力传递路线

① D 位（前进）或 2 位 1 挡动力传递路线。

前行星齿轮组：输入轴通过前进挡离合器 C_1 接合使前行星小齿轮顺时针转动。前行星小齿轮自转和公转驱动太阳轮逆时针转动，如图 1-23 所示。

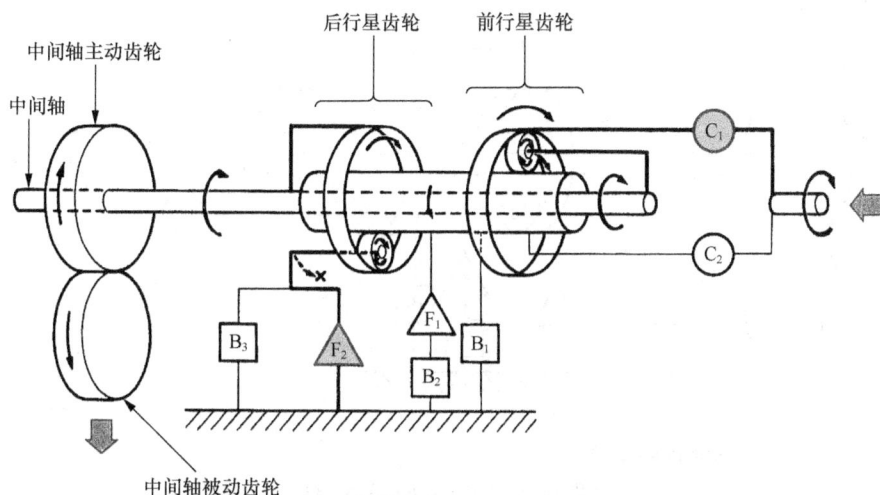

图1-23 D位1挡或2位1挡动力传递路线

后行星齿轮组：后行星齿轮架被 F_2 固定，所以太阳轮通过后行星小齿轮使后行星齿圈顺时针转动。

输出：前行星齿轮架和后行星齿圈使输出轴顺时针转动，产生大减速比。

② D 位 2 挡动力传递路线。前行星齿轮组中，输入轴通过 C_1 使前行星小齿轮顺时针转动。而太阳轮被 B_2 和 F_1 固定，动力不能逆时针传递到后行星小齿轮。因此，前行星齿轮架驱动中间轴顺时针转动。在该挡位减速比小于 1 挡，如图 1-24 所示。

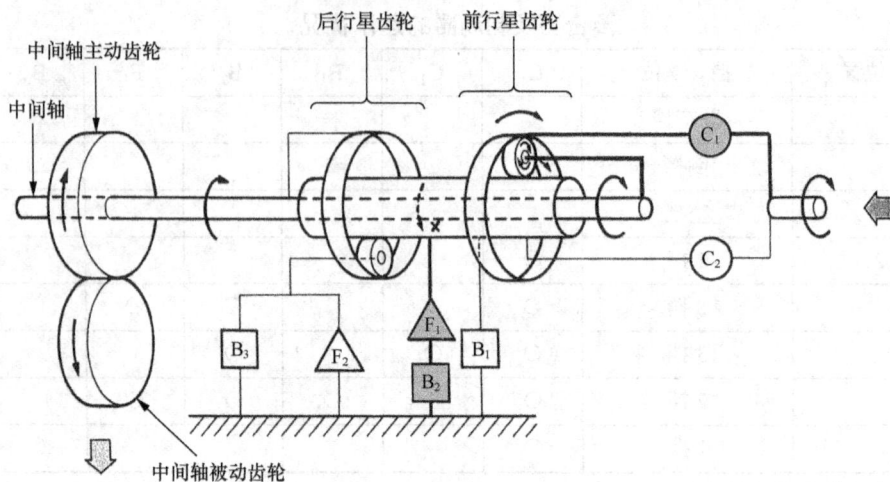

图1-24　D位2挡动力传递路线

③ D 位 3 挡动力传递路线。在前行星齿轮组中，输入轴通过 C_1 使前行星齿圈顺时针转动，同时通过 C_2 使太阳轮顺时针转动。由于前行星齿圈和太阳轮以相同的转速一起旋转，整个行星齿轮组也以相同的转速转动，前行星齿轮架将动力输出到中间轴，这时传动比为 1，如图 1-25 所示。

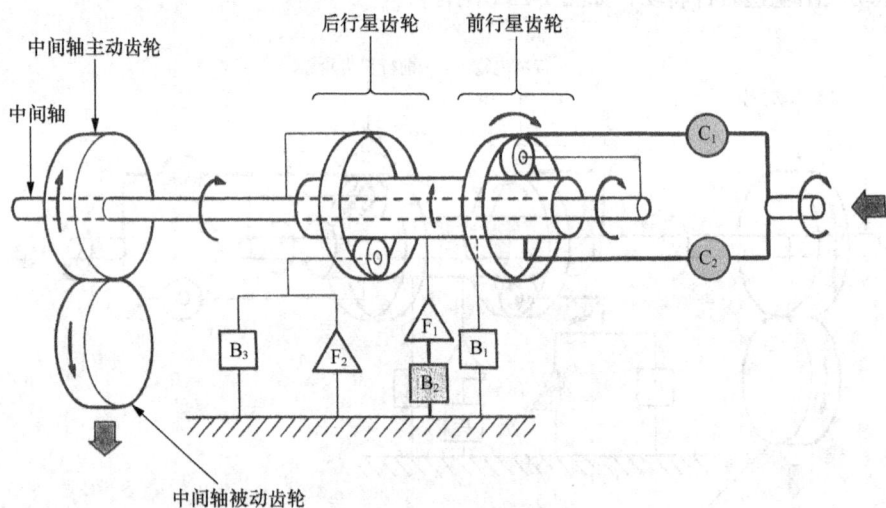

图1-25　D位3挡动力传递路线

由于第 2 挡制动器（B_2）运作，当受到车轮阻力反向传动时产生发动机制动作用，但是发动机制动力比较小。

④ 2 位 2 挡的发动机制动动力传递路线。当车辆在变速杆位于 2 位减速行驶时，第 2 滑行制动器（B_1）运作。同时参与运作的有前进挡离合器（C_1）、1 号单向离合器（F_1）及第 2 挡制动器（B_2）。当车轮输入的行驶阻力传递给中间轴，中间轴作为输入轴传送到前行星齿轮架，使前行星小齿轮绕前后太阳轮顺时针方向转动，将动力传递到输入轴，实现发动机制动，如图 1-26 所示。

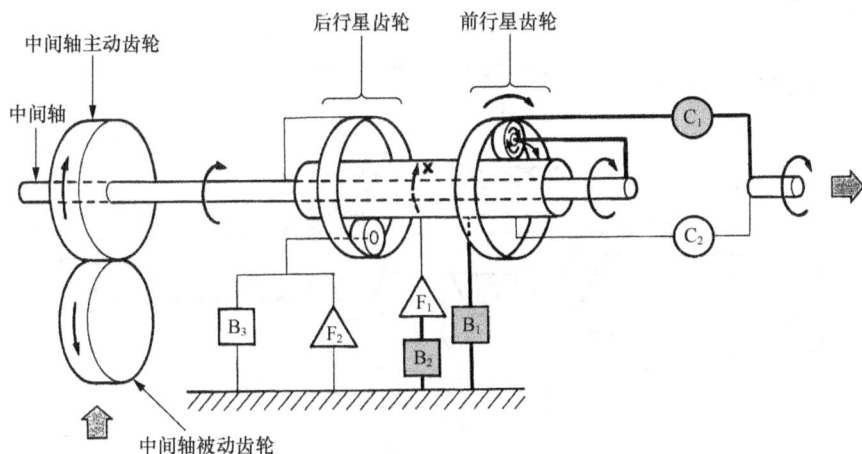

图1-26　2位2挡发动机制动动力传递路线

⑤ L位1挡的发动机制动动力传递路线。车辆在变速杆位于L位减速行驶时，由于1挡和倒车挡制动器（B_3）运作，同时参与运作的有前进离合器 C_1 和 2 号单向离合器 F_2。当车辆行驶受到车轮驱动时，一路动力由中间轴将动力传给后行星齿圈，使后行星小齿轮绕着前后太阳轮顺时针方向转动，由于后行星齿轮架被 B_3 制动，结果前行星小齿轮既作自转又作公转，将动力顺时针传给前行星齿圈与输入轴。

与此同时，中间轴驱动前行星齿轮架顺时针方向旋转，使前行星小齿轮也顺时针转动。这样，传动结果使车辆在 1 挡减速行驶时，便产生发动机制动，如图 1-27 所示。

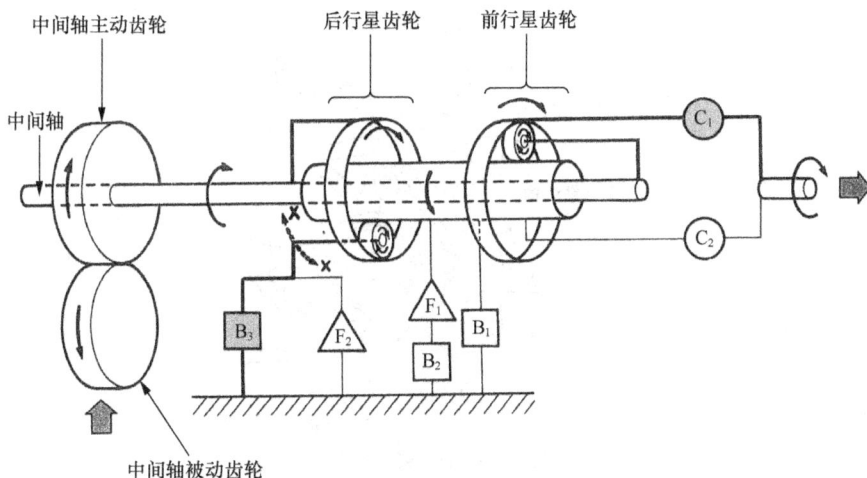

图1-27　L位1挡发动机制动动力传递路线

⑥ R位（倒挡）动力传递路线。车辆在变速杆位于 R 位行驶时，输入轴通过 C_2 使太阳轮顺时针转动。由于后行星齿轮架被 B_3 固定，所以后行星齿圈通过后行星小齿轮逆时针转动，并且输出轴逆时针转动，如图 1-28 所示。

这样，输出轴倒转，车辆以较大的减速比倒车。由于倒挡会产生发动机制动，因此倒挡不使用单向离合器来传递动力。

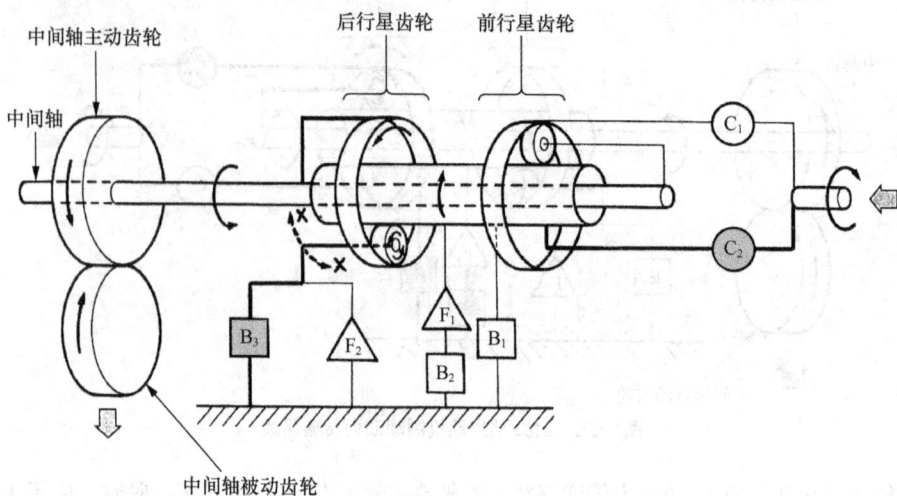

图1-28　R位（倒挡）动力传递路线

⑦ P位（驻车）和N位（空挡）动力传递路线。当变速杆置于N或P位时，由于前进挡离合器（C_1）与直接挡离合器（C_2）不运作，所以来自输入轴的动力不会传送至中间主动齿轮。

当变速杆置于P位时，输入轴的动力不会传送至中间主动齿轮的同时，动力驻车锁爪便与中间轴主动齿轮啮合，而差速器主动小齿轮轴又与中间轴主动齿轮花键连接，从而阻止车辆移动，如图1-29所示。

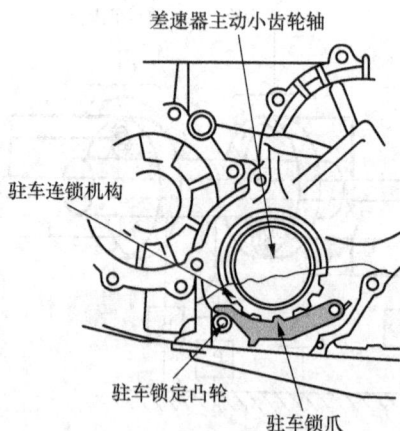

图1-29　驻车锁紧机构

（4）超速挡行星齿轮机构

超速挡通常是车辆行驶速度达40km/h以上，车辆轻载而不需要较大转矩行驶时，以降低所需要的发动机转速。车辆超速行驶时，传动比为0.7~0.8。这时，输出轴的转速高于输入轴转速。

在三速行星齿轮机构传动路线上再增加一个行星齿轮组，就成为四速行星齿轮机构（3个前进挡加一个超速挡），如图1-30所示。

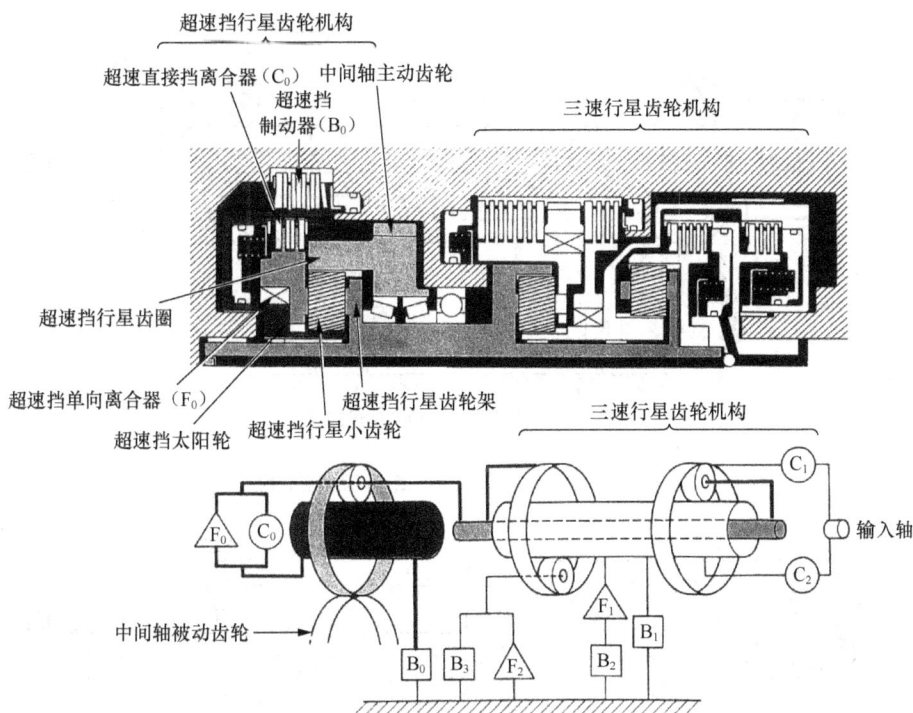

图1-30 四速行星齿轮机构（A140系列）

超速挡行星齿轮机构安装在三速行星齿轮机构后部。超速挡行星齿轮机构，主要由一个单排行星齿轮组、一个固定太阳轮的超速挡制动器（B_0）、一个连接太阳轮与行星齿轮架的超速挡离合器（C_0）及一个超速挡单向离合器（F_0）组成。超速挡行星齿轮架作为输入件，超速挡齿圈作为输出件。

表1-4列出了图1-30中各零件的功能。

表 1-4   超速挡行星齿轮机构各元件功能

名　　称	功　　能
超速直接挡离合器（C_0）	连接超速挡行星齿轮架与太阳轮
超速挡单向离合器（F_0）	锁定超速挡行星齿轮架，使之不能逆时针方向转动
超速挡制动器（B_0）	锁定超速挡太阳轮，使之既不能顺时针方向转动，也不能逆时针方向旋转

（5）超速挡的动力传递路线

① 不在超速挡动力传递路线。当超速挡输入轴顺时针方向转动时，超速挡行星齿轮架也顺时针方向转动。此时，超速挡太阳轮被 F_0 锁定；另一面，由于超速挡行星齿轮架与超速挡太阳轮由超速挡离合器（C_0）连接，所以它们组成一体顺时针方向转动。超速挡行星齿轮组的作用如同一直接挡传动机构，作为一整体旋转，将输入功率（转速及转矩）照原样输出，如图1-31所示。

② 在超速挡动力传递路线。挂入超速挡时，超速制动器（B_0）锁定超速太阳轮。所以当超速挡行星齿轮架顺时针方向转动时，超速挡行星小齿轮一面绕行星小齿轮轴转动，一面绕超速挡太阳轮顺时针旋转。所以，超速挡齿圈顺时针方向转动要比超速挡行星齿轮架快，如图1-32所示。

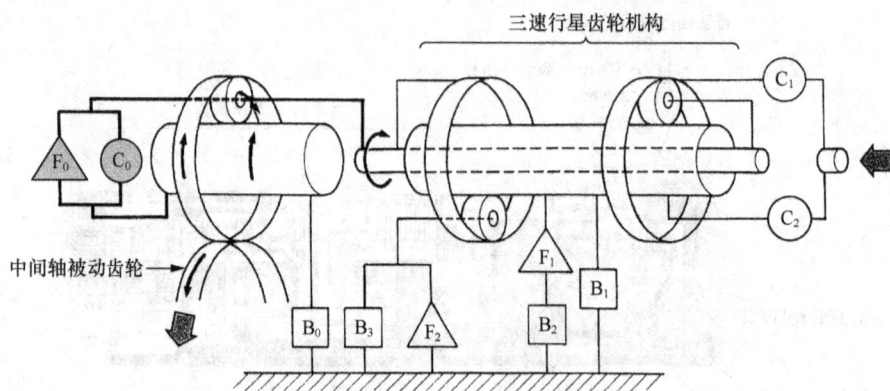

图1-31 不在超速挡动力传递路线

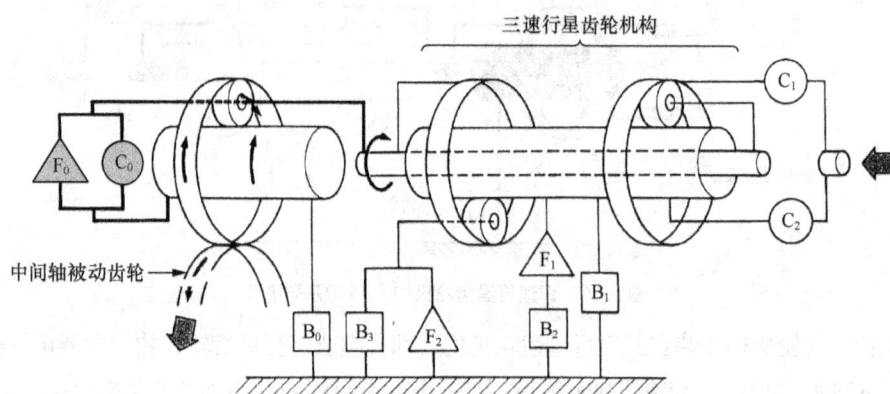

图1-32 在超速挡动力传递路线

4. 认识拉维娜行星齿轮机构

（1）拉维娜行星齿轮机构

自动变速器中除了使用辛普森行星齿轮机构以外，在欧美国家，一些汽车公司普遍使用拉维娜行星齿轮机构。图1-33所示为拉维娜行星齿轮机构的示意图。

拉维娜行星齿轮机构在一个行星架上安装了互相啮合的两套行星齿轮：长行星轮和短行星轮。短行星轮内侧与小太阳轮接触，外侧与长行星轮啮合，但与齿圈没有啮合关系；长行星轮除了与短行星轮接触以外，在另一端的内侧还与大太阳轮啮合，外侧与输出元件齿圈啮合。行星齿轮机构的大、小太阳轮都可以作为动力的输入元件。

下面以拉维娜行星齿轮3挡自动变速器来说明其结构和工作过程。

（2）拉维娜行星齿轮组成

拉维娜3挡自动变速器只使用了5个换挡执行元件：2个离合器、2个制动器和1个单向离合

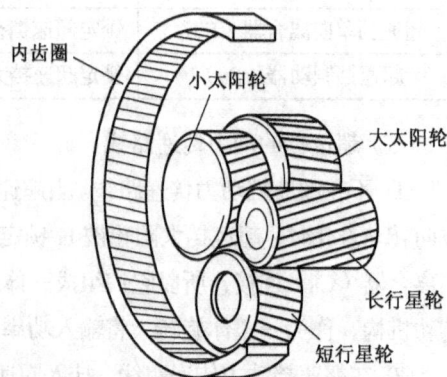

图1-33 拉维娜行星齿轮机构

器，其传动原理如图 1-34 和图 1-35 所示，表 1-5 列出了各零部件的功能。

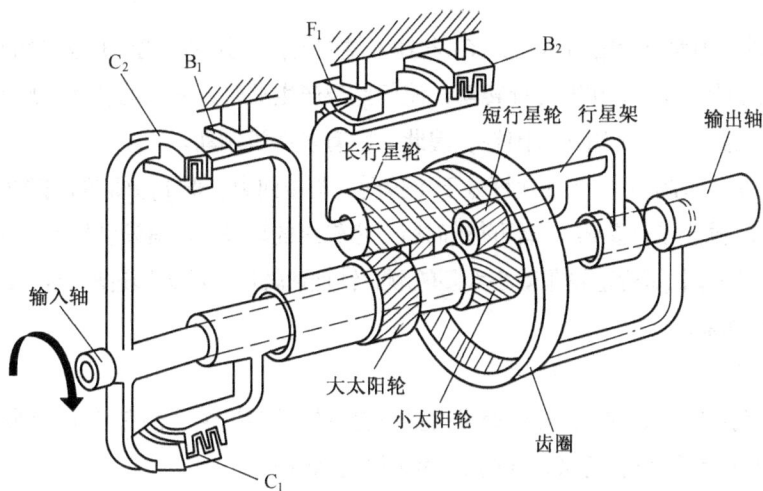

图1-34 拉维娜行星齿轮结构

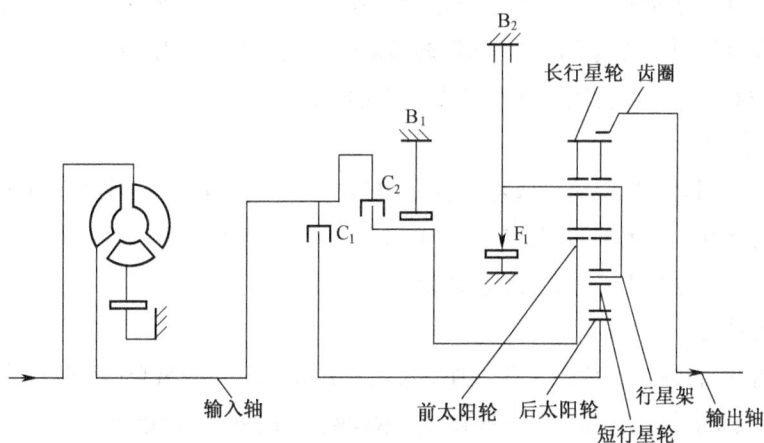

图1-35 拉维娜行星齿轮传动

表 1-5　　　　　　　　拉维娜行星齿轮机构执行器元件功能

零部件名称		功　　能
C_1	前进挡离合器	离合器 C_1 与小太阳轮连接，在所有的前进挡都参加工作
C_2	直接挡离合器	离合器 C_2 与大太阳轮连接，在 R 挡和 3 挡参加工作
B_1	2 挡制动器	制动器 B_1 用于在 2 挡时固定大太阳轮
B_2	低、倒挡制动器	制动器 B_2 用于固定行星架，在低挡和倒挡参加工作
F_1	1 挡单向离合器	单向离合器在 1 挡时阻止行星架逆时针转动

（3）1 挡工作过程

① D_1 挡（没有发动机制动）。当变速杆处于 D 位起步时，前进挡离合器 C_1 接合，液力变矩器的涡轮经过 C_1 驱动小太阳轮顺时针转动，在小太阳轮的驱动下，短行星轮和长行星轮分别按逆时

针和顺时针转动。此时单向离合器 F_1 将行星架固定，长行星轮的顺时针转动便驱动齿圈转动，并将动力输出。

在车辆滑行时，小太阳轮因为离合器 C_1 与输入轴的连接，其转速仍然是发动机怠速转速，与输出轴连接的齿圈被驱动车轮带动顺时针转动，使行星架产生顺时针方向的转动。此时，单向离合器的内外圈脱开，不能将动力传给小太阳轮，因此，没有发动机制动。

② 1 挡（有发动机制动）。当变速杆处于 1 位时，与单向离合器 F_1 并联的制动器 B_2 处于工作状态，由于制动器 B_2 固定了行星架，车辆前进时行星齿轮组的动作与没有发动机的 1 挡完全相同。车辆滑行时，输出轴通过长短行星轮驱动小太阳轮顺时针加速转动，动力通过离合器 C_1 反向传至发动机端，实现了发动机制动。

（4）2 挡工作过程

在只有 5 个换挡执行元件时，拉维娜式行星齿轮机构只能提供 1 种有发动机制动的 2 挡挡位，参与 2 挡工作的执行元件是前进挡离合器 C_1 和 2 挡制动器 B_1。

动力通过前进挡离合器 C_1 传给小太阳轮，小太阳轮驱动短行星轮逆时针转动、长行星轮顺时针转动。由于 2 挡制动器固定了大太阳轮，长行星轮顺时针滚动并驱动齿圈顺时针转动输出动力。

由于在 2 挡没有使用单向离合器，大太阳轮被双向固定，在车辆滑行时，与输出轴连接的齿圈通过长短行星齿轮驱动小太阳轮顺时针加速转动，实现发动机制动。

（5）3 挡工作情况

如果两个离合器同时工作将动力从大、小太阳轮同时输入，由于大、小太阳轮连接成整体，整个行星齿轮组一起转动，输出轴的转速与输入轴完全一致，传动比等于 1，此时为直接挡。由于没有使用单向离合器，3 挡也具有发动机制动效果。

（6）R 位工作情况

在倒挡时，通过直接挡离合器 C_2 将动力输入大太阳轮，低、倒挡制动器 B_2 固定行星架，大太阳轮顺时针转动，驱动长行星轮逆时针转动，齿圈被驱动逆时针转动输出动力，使车辆倒驶。在倒挡也没有单向离合器工作，因此，在倒挡也有发动机制动。

拉维娜行星齿轮变速器换挡执行元件的工作情况见表1-6。

表 1-6   拉维娜行星齿轮变速器换挡执行元件的工作情况

变速杆位置	挡位	换挡执行元件				
		前进挡离合器 C_1	直接挡离合器 C_2	2 挡制动器 B_1	低挡、倒挡制动器 B_2	1 挡单向离合器 F_1
D	1	○				○
	2	○		○		
	3	○	○			
低速挡	1	○			○	
	2	○		○		
R	倒挡		○		○	

注：○表示执行机构作用。

（四）认识自动变速器控制系统

1. 认识液压控制系统

（1）作用

自动变速器的液压控制系统担负着对液力传动装置提供传动介质，控制液力变矩器锁止、润滑和冷却传动介质的任务。同时还担负着对行星齿轮机构进行换挡控制和对齿轮、轴承等零件润滑冷却等功能。因此，液压控制系统应具有动力传递、操纵控制和润滑冷却等功能。

（2）组成

液压控制系统由油底壳、油泵、各种阀、液压油通道与管道组成。油底壳用作储油槽，油泵产生液压；各种阀有各种功能，通常集成为一个阀体；液压油管道将变速器油传送至离合器、制动器及液压控制系统的其他部件。自动变速器液压控制系统的液压路径如图 1-36 所示，液压控制系统主要油路油压的功能见表 1-7。

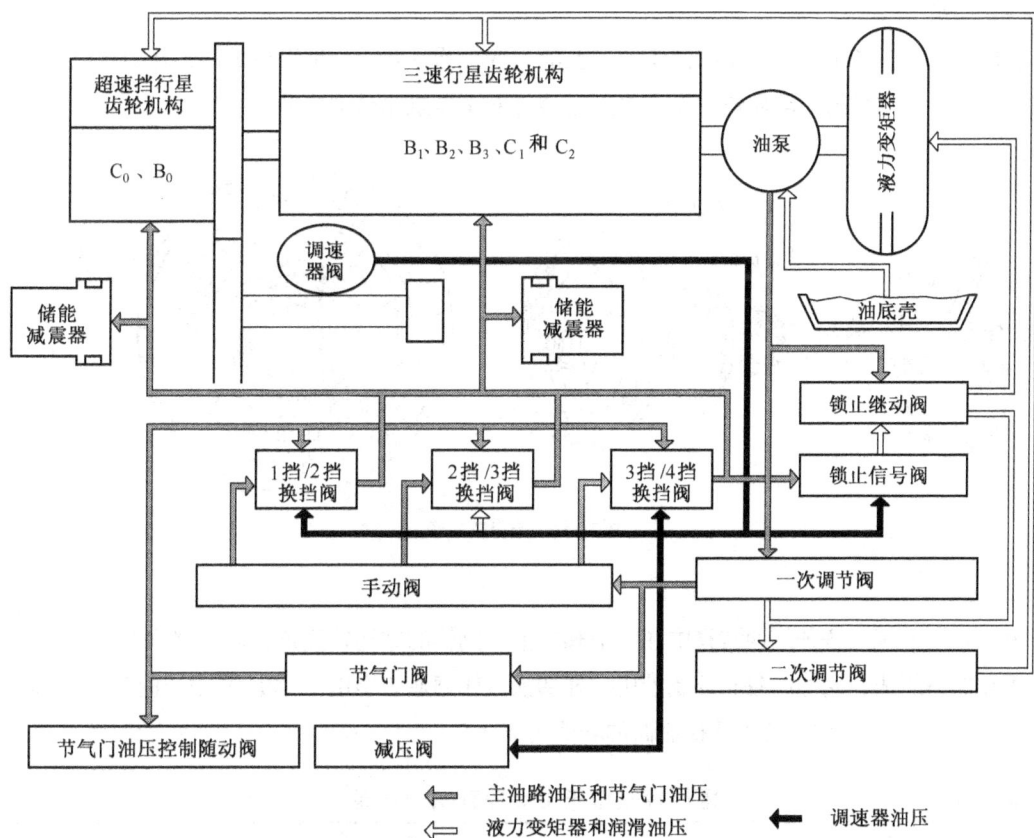

图1-36　自动变速器液压控制系统的液压路径图

表 1-7　　　　液压控制系统主要油路油压的功能

油压名称	功　能
主油路油压	由一次调节阀调节的主油路油压的作用是使变速器中所有离合器和制动器工作，也是自动变速器中其他油压（如调速器油压、节气门油压等）的来源

续表

油压名称	功　能
液力变矩器和润滑用油压	由二次调节阀产生，为液力变矩器供应变速器油，润滑变速器壳体和轴承等，并且将油送至油冷却器
节气门油压	由节气门阀调节的节气门油压，随加速踏板踩下的程度相应增加或减小。调速器阀调节的调速器油压则与车速相对应。这两种油压之差是决定换挡点的因素
调速器油压	

（3）自动变速器油

自动变速器油缩写为ATF，它的作用有：传递变矩的转矩，控制液压控制系统和行星齿轮机构中离合器和制动器的运作，润滑和冷却行星齿轮及其他运动部件。

自动变速器油是一种高级石油基矿物油，通常外观颜色为红色，与普通润滑油加以区别。自动变速器必须使用规定的ATF，否则会损坏自动变速器元件。

（4）油泵

油泵（见图1-37）的作用是将液压油送至液力变矩器，润滑行星齿轮机构，并为液压控制系统提供运作压力。油泵的主动齿轮由发动机通过液力变矩器泵轮带动旋转。

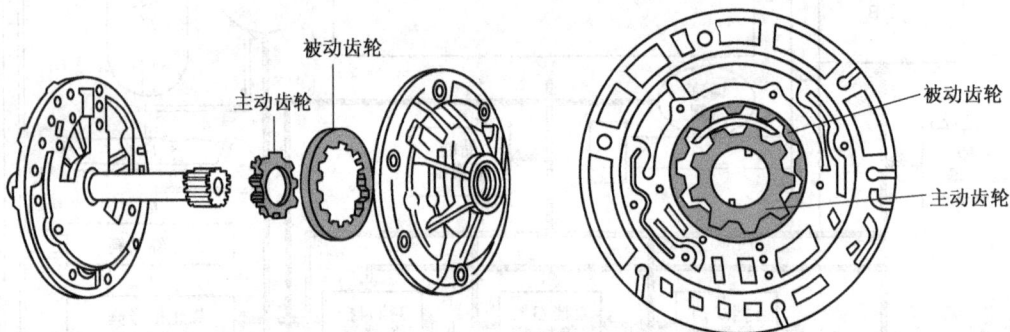

图1-37　油泵的结构

（5）阀体

液压控制系统的各种阀通常集中在一个阀体上。阀体的结构较复杂，通常阀体由上阀体、下阀体和手动阀体组成，阀体中各阀控制液压，并切换液体通道。丰田A140系列液压控制系统阀体如图1-38所示。液压控制系统主要控制阀的功能见表1-8。

表1-8　　　　　　　　液压控制系统主要控制阀的功能

阀门名称	功　能
一次调压阀	产生主油路油压
二次调压阀	产生液力变矩器油压和润滑用油压
手动阀	由变速杆操作，控制通向每个挡位的油道
节气门阀	产生与节气门开度匹配的节气门油压
节气门油压控制随动阀	如果节气门油压高于预定压力，降低由一次调节阀产生的主油路油压

续表

阀 门 名 称	功　　能
调速器阀	产生与车速匹配的调速器油压
减压阀	若调速器油压高于节气门油压，降低由节气门产生的节流压力
1挡/2挡换挡阀 2挡/3挡换挡阀 3挡/4挡换挡阀	选择作用于换挡执行机构的主油路油压油路（1挡/2挡、2挡/3挡、3挡/超速挡）
锁止信号阀	确定锁止离合器开关正时，并将油压传至锁止继动阀
锁止继动阀	控制液力变矩器中的锁止离合器工作油压
储能减震器	降低 C_0、C_1、C_2 或 B_2 活塞动作时产生的震动

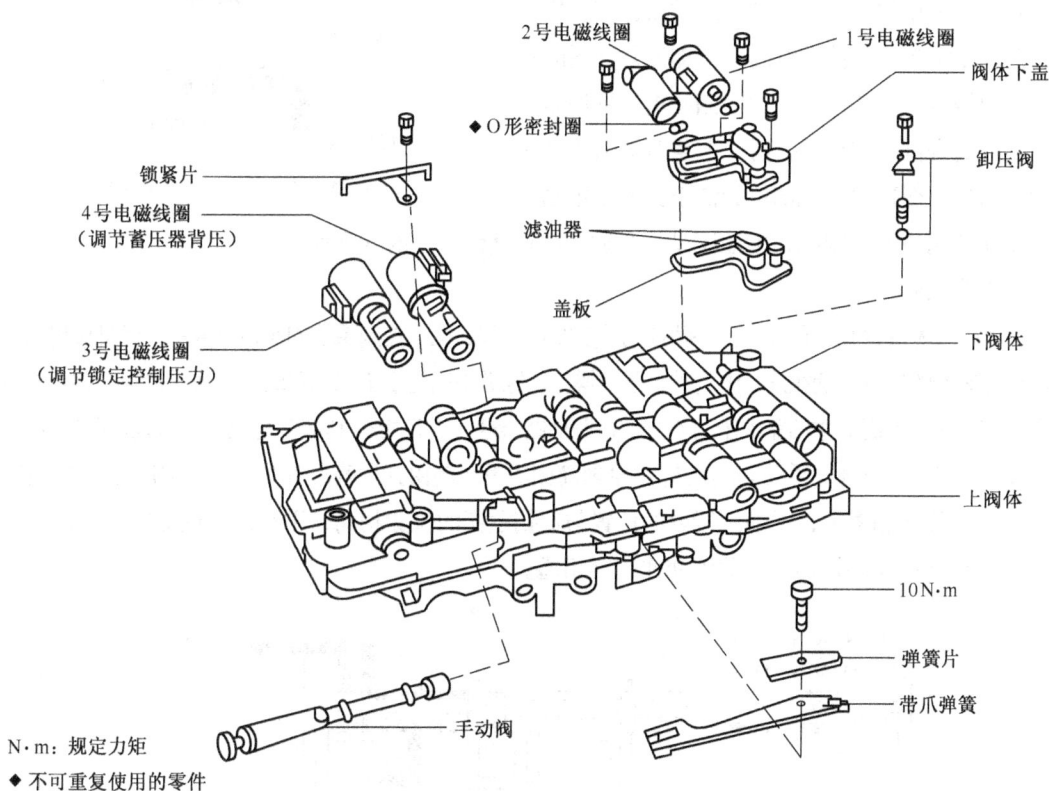

图1-38　自动变速器的阀体

（6）一次调压阀

① 一次调压阀的作用。根据汽车行驶速度和节气门开度的变化，自动调节流向各液压系统的油压，以保证各液压系统油压稳定，防止油泵功率损失。一次调压阀调出主油压，并将主油压送往各换挡阀、手动阀、节气门阀、调速器阀等。

② 一次调压阀的结构。一次调压阀的结构如图1-39所示。一次调压阀的阀体内装有一次调压阀的滑阀和一个反馈滑阀，另有一根弹簧，弹簧上端支撑在一次调压阀的滑阀上，弹簧下端作用在

阀体座上，因此，弹簧的张力使一次调压阀的滑阀受一个向上的弹力。而反馈滑阀在阀体下部，可上下滑动，它受控于节气门阀来的压力或受控于倒挡时来自手动阀的主油压，阀体上部有油道经节流孔与一次调压阀的上腔相通，主油压经此油道作用在一次调压阀的上端，给一次调压阀一个向下的作用力。通过以上分析可知，一次调压阀受向上作用的力有弹簧弹力与节气门油压，在倒挡时还有主油压的作用力，而一次调压阀向下的作用力则为主油路的压力。

③ 一次调压阀工作不正常的影响。如果一次调压阀工作不正常，主油压过高或过低，都会影响变速器的正常工作。油压过高会增加油泵消耗的功率，在换挡时还会产生较大的换挡冲击。主油压过低会造成离合器、制动器打滑，严重时会造成车辆停驶。另外，变速器其他部位的油压都是由主油压

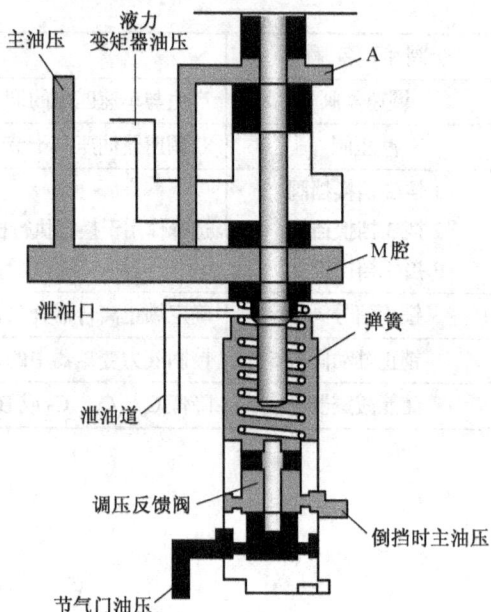

图1-39　一次调压阀的结构

进一步调节而成的，因此，主油压是否合适会影响其他油压的准确性。

（7）手动阀

手动阀又称选挡阀，它是一种手动控制的多路换向阀，位于控制系统的阀板总成中，经机械传动机构和自动变速器的操纵手柄相连，由驾驶员手动操作。操纵手柄处于不同位置时，手动阀也随之移至相应的位置，使进入手动阀的主油路油压与不同的控制油路接通，或直接将主油路压力油送入不同的控制油路。

图1-40所示为典型手动阀的结构和原理简图。手动阀由几段直径相同的阀芯组成，控制阀体上不同油道的开通和关闭，手动阀所处的位置与选挡手柄的位置相同，手动阀的进油口与主油路调压阀相通，出油口与各换挡阀、顺序动作阀等相通。

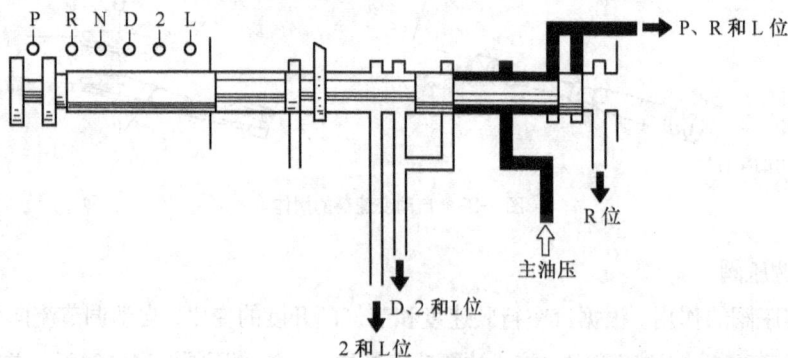

图1-40　手动阀的结构及工作原理图

（8）换挡控制阀

换挡控制阀（简称换挡阀）是一个2位换向阀，它根据发动机负荷（节气门开度）或车速的变

化，自动控制挡位的升降，使自动变速器处于最适合汽车行驶状态的挡位上。自动变速器都有一个或几个换挡控制阀，其数目根据变速器前进挡位数而定。

电控液力自动变速器换挡阀的工作完全由换挡电磁阀控制。控制方式有两种：一种是泄压控制，即通过开启或关闭换挡阀控制油路的泄油孔来控制换挡阀的工作；另一种是加压控制，即通过开启或关闭换挡阀控制油路的进油孔来控制换挡阀的工作。

泄压控制方式工作原理如图 1-41（a）所示，当换挡电磁阀不通电时，油阀关闭，主油路油压经节流孔后加在换挡控制阀的右侧，于是柱塞左移，主油路与高挡油路接通，此时为高挡状态。当换挡电磁阀通电时，油阀打开，主油路油压经节流孔后，再经油阀泄压，柱塞右侧压力下降，柱塞右移，主油路与低挡油路接通，此时为低挡状态。

加压控制方式工作原理如图 1-41（b）所示，当换挡电磁阀不通电时，油阀关闭，柱塞在弹簧弹力作用下右移，主油路与低挡油路接通，此时为低挡状态。当换挡电磁阀通电时，油阀打开，主油路油压进入柱塞右侧，柱塞左移，主油路与高挡油路接通，此时为高挡状态。

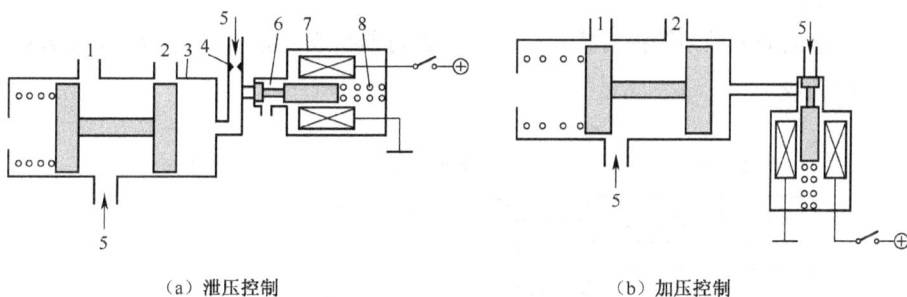

（a）泄压控制　　　　　　　　　　　　（b）加压控制

图1-41　换挡控制阀和换挡电磁阀

1—高挡油路　2—低挡油路　3—换挡控制阀　4—节流孔　5—主油路　6—油阀　7—换挡电磁阀　8—弹簧

（9）蓄压器

蓄压器的作用是减小换挡冲击。蓄压器的工作过程如图 1-42 所示。由于蓄压器活塞的运作侧和背压侧的表面积不同，当来自手动阀的油路压力作用在运作侧时，活塞慢慢上升，使送往离合器和制动器的油路压力渐渐升高。

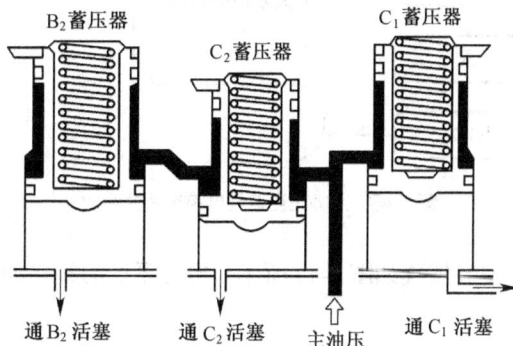

图1-42　蓄压器的结构和工作原理

2. 认识电子控制系统

（1）电控自动变速器的特点

电控自动变速器简称 ECT，电控自动变速器换挡控制中增加了电子控制单元（ECU）和与之相关的传感器和执行器，车速传感器和节气门位置传感器代替了调速器阀和节气门阀，传感器和开关信号输入 ECU，经过分析、对比、运算后发出相应的信号给液压控制系统，再由液压控制系统控制换挡阀进行挡位的变换。

由于控制方式不同，电控自动变速器与全液压自动变速器相比较，有以下优点。

① 驾驶员可以选择适合于自己的驾驶模式。

② 换挡冲击小，乘坐舒适性好。

③ 经济性好。

④ 具有自诊断功能。

⑤ 失效保护功能。

（2）电控系统的组成

电控自动变速器的电控系统由传感器、ECU 和执行器组成，图 1-43 所示为丰田公司 A140E 变速器电控系统的组成。

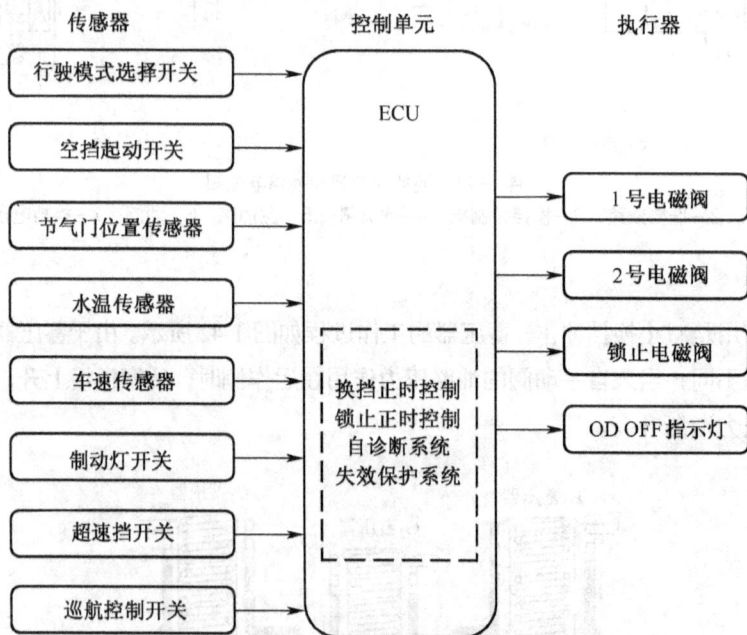

图1-43　A140E变速器电控系统的组成

电控系统元件在车上的安装位置如图 1-44 所示，电控系统的线路如图 1-45 所示。

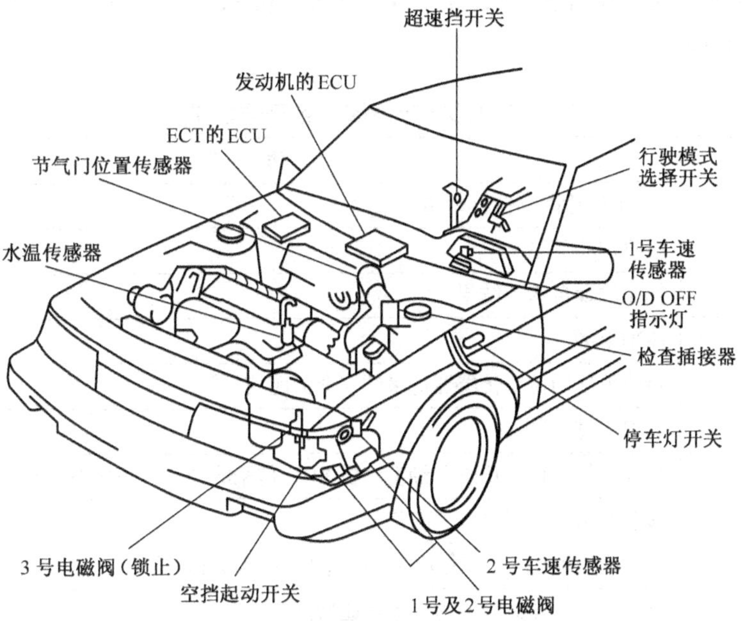

图1-44 电控系统元件在车上的安装位置

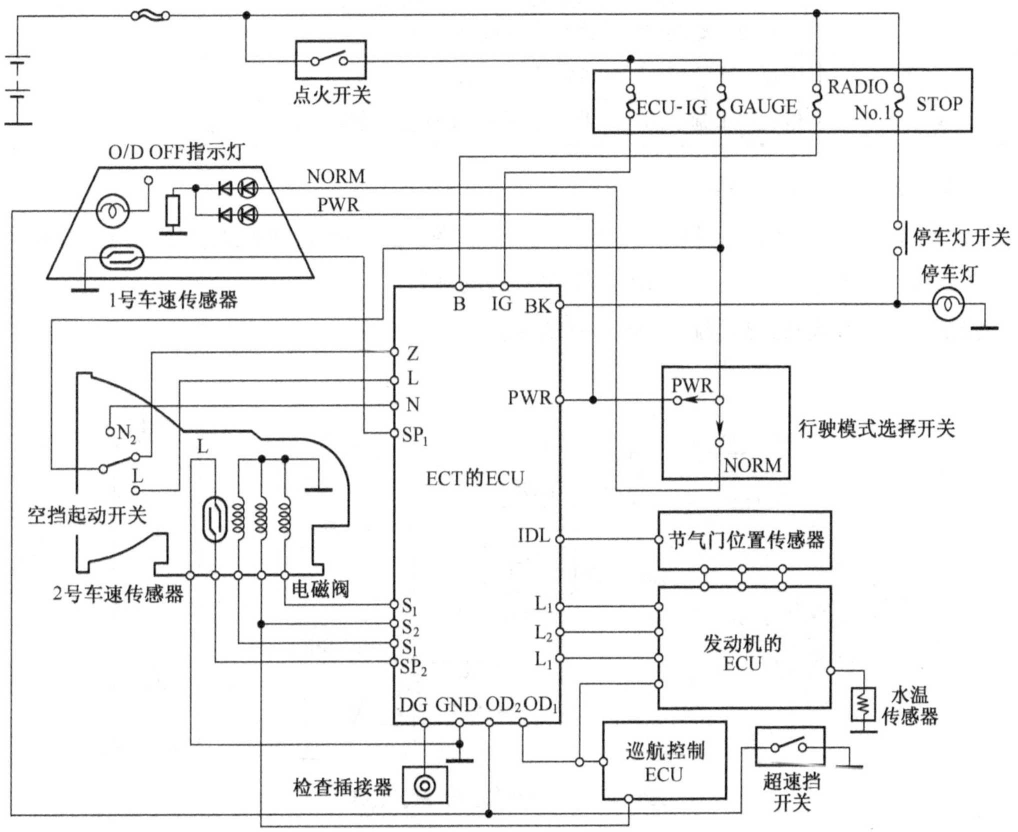

图1-45 电控系统的线路图

　　A140E 电控变速器电子控制单元（ECT ECU）与发动机 ECU 合并为一体，ECT 的 ECU 接线端子各符号含义见表1-9。

表 1-9　　　　　　　　　　　　　　ECT 的 ECU 接线端子各符号含义

端子名称	功　能
+B	为 ECU 诊断存储器供电
STP	接收制动信号
DG	输出故障自诊断结果
GND	ECU 接地
IDL	接收节气门位置传感器送来的"全关闭信号"
IG	为 ECU 接通电源
L_1、L_2、L_3	接收节气门位置传感器经发动机 ECU 传来的"开启角度电信号"
L、2、N	接收来自空挡起动开关的信号
OD_1	接收由发动机 ECU 输出的"超速和闭锁解除信号"
OD_2	接收由 OD 开关输出的"超速通断信号"
PWR	输入驱动方式选择开关的信号，切换到动力换挡模式或常规换挡模式
S_1、S_2、S_3	控制 3 个电磁阀通电或断电的信号。S_1、S_2 控制行星齿轮变速器自动换挡；而 S_3 控制液力变矩器中锁止离合器的接合与分离
SP_1、SP_2	接收车速信号（其中 SP_1 为备用信号）
B_K	接收驻车制动信号，此信号通知 ECU 驻车制动器已经拉紧

（3）电控系统中的信号开关

　　① 行驶模式选择开关。行驶模式选择开关安装在换挡手柄附近或仪表盘中，用于驾驶员选择的驾驶模式有：动力模式（PWR）和常规模式（NORM）。

　　行驶模式选择开关及连接线路如图1-46所示。

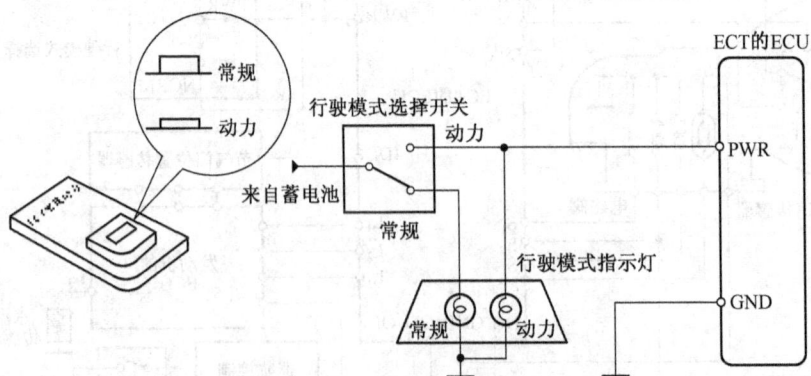

图1-46　行驶模式选择开关及线路

　　选择动力模式时，ECU 的 PWR 端子有 12 V 电压输入。同时还使仪表盘上的指示灯点亮，提示驾驶员已对驾驶模式进行了选择。

有些车辆设有巡航控制系统，如果车辆原在动力模式下行驶，在巡航控制系统启动后，自动变速器 ECU 自动将行驶模式转变为常规模式。

② 空挡起动开关。空挡起动开关安装在自动变速器外部，用于通知 ECU 变速器所处的挡位，以便执行相应的换挡动作。空挡起动开关的外形与内部触点如图 1-47 所示。

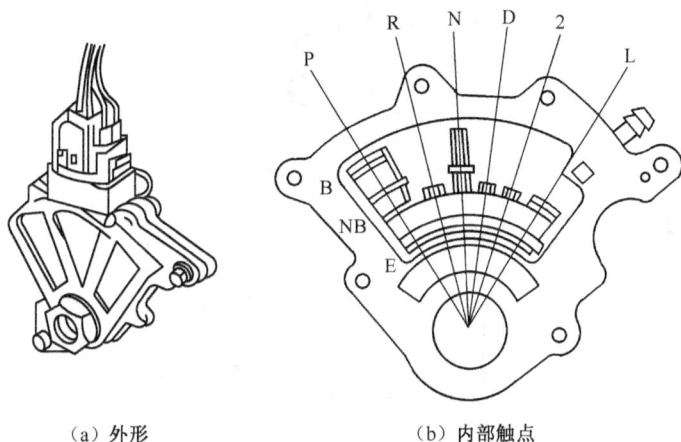

（a）外形　　　　　　　（b）内部触点

图1-47　空挡起动开关的外形和内部触点

空挡起动开关的线路连接如图 1-48 所示。ECU 接收到来自 L、2 和 N 端子的输入信号，表明变速器相应地处于 L、2、N 位。若 L、2 和 N 端子无输入信号给 ECU，则 ECU 判断变速器处于 D 位。

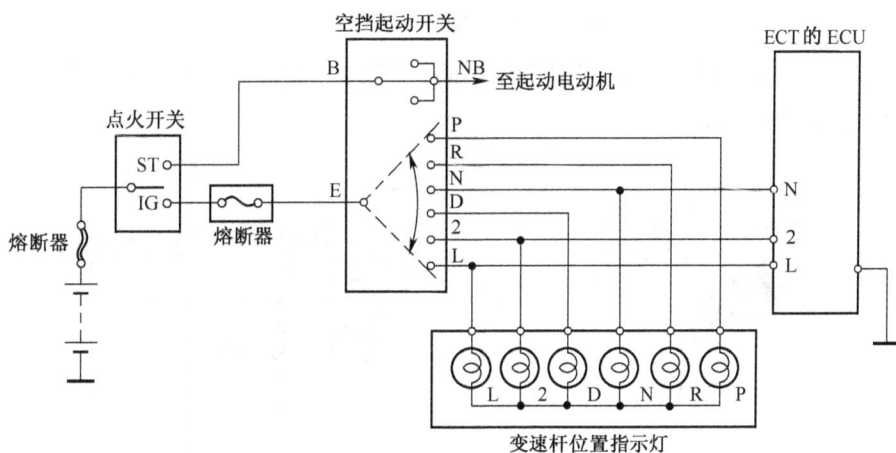

图1-48　空挡起动开关的线路连接

当点火开关处于起动位置，空挡起动开关只在 N 或 P 挡时，起动机的控制线路才能接通，发动机才能起动。ECU 通过各端子是否有信号输入，决定了换挡的程序。

③ 超速挡开关。超速挡开关由驾驶员自主操作，选择在车辆行驶过程中是否可以升入 OD 挡。超速挡开关的安装位置如图 1-49 所示。

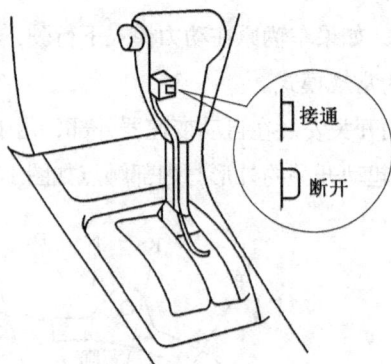

图1-49　超速挡开关

超速挡开关的电路连接如图 1-50 所示。

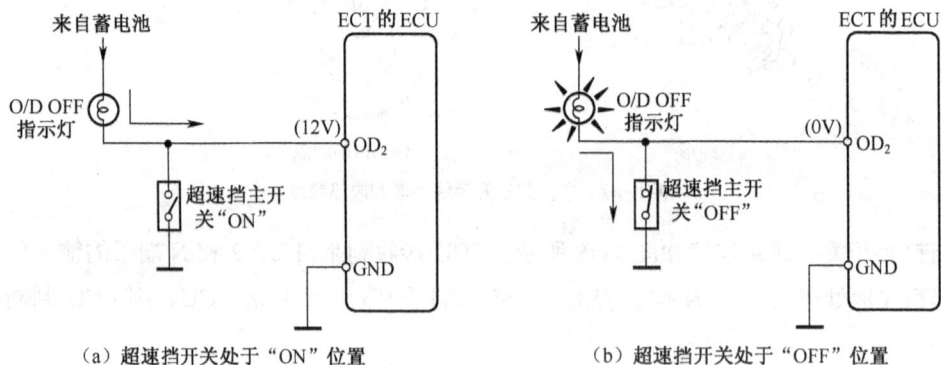

（a）超速挡开关处于"ON"位置　　　　（b）超速挡开关处于"OFF"位置

图1-50　超速挡开关的电路连接

④ 制动灯开关。制动灯开关安装在制动踏板正上方位置，判断制动踏板是否踩下。制动灯开关的外形与线路连接如图 1-51 所示。

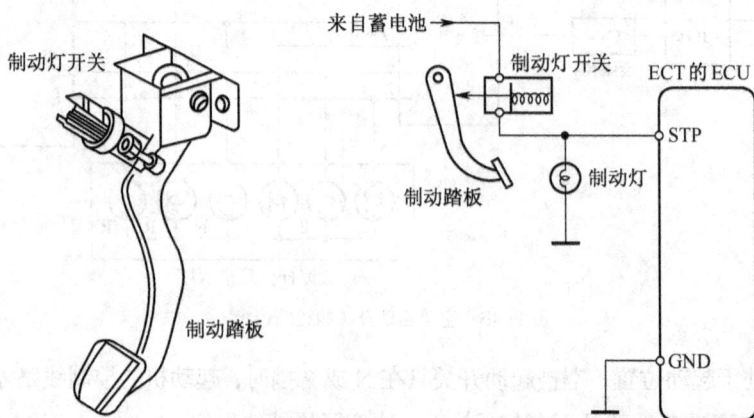

图1-51　制动灯开关与线路连接

当制动踏板被踩下时，则该开关将信号输给发动机和 ECT ECU，解除锁止离合器的结合，防止汽车突然制动而致使发动机熄火。

（4）电控系统中的传感器

① 节气门位置传感器。节气门位置传感器安装在发动机节气门体上，用于检测节气门的开度，并将其转换成电信号传送给 ECU，以控制换挡正时和锁止正时。节气门位置传感器的外形及结构如图 1-52 所示，线路连接如图 1-53 所示。当节气门位置发生变化时，V_{TA} 的输出电压就会发生相应的变化。

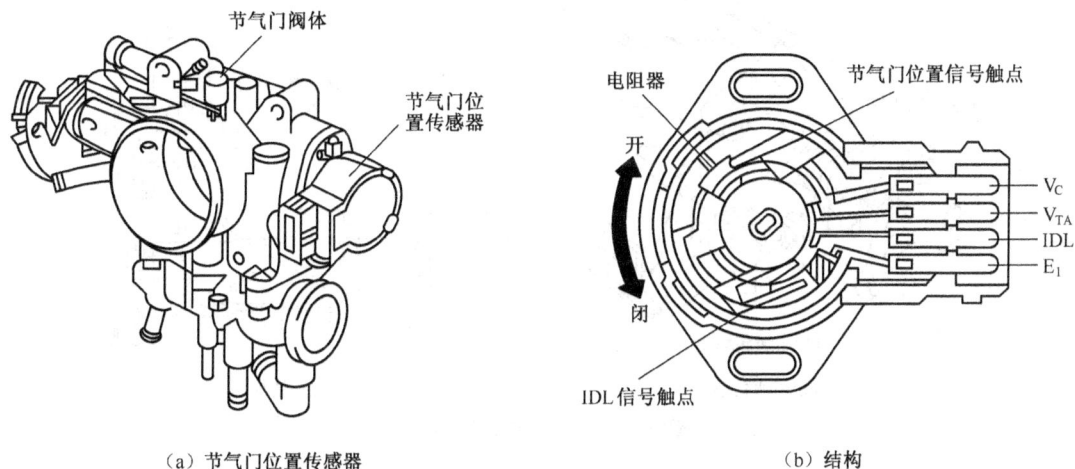

（a）节气门位置传感器　　　　　　　　　　　　（b）结构

图1-52　节气门位置传感器的外形及结构

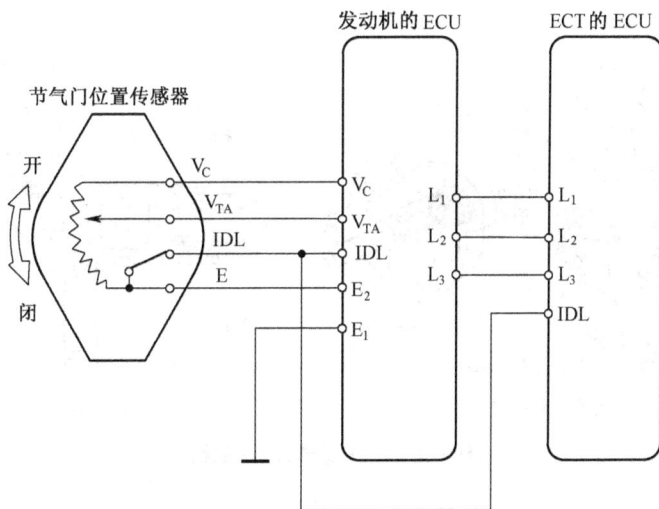

图1-53　节气门位置传感器的线路连接

在车辆行驶时，并非节气门开度的每一个微小的变化都会引起换挡的需要，因此，在发动机与变速器的 ECU 之间，并不是将节气门开度信号进行简单的传递，而是根据节气门开度将其转变为 L_1、L_2、L_3 这 3 个电压信号，变速器的 ECU 根据 L_1、L_2、L_3 的不同组合和 IDL 信号确定节气门的开度，控制挡位的变换和锁止。

② 车速传感器。车速传感器产生车速信号，ECT 的 ECU 用它来控制换挡点和锁止离合器的运作。ECT 的 ECU 获得的正确车速信息是由两个车速传感器输入的，为了进一步确保信息的精确性，ECT 的 ECU 会不断对这两个信号进行比较。

● 1 号车速传感器（备用传感器）。1 号车速传感器装在变速器的壳体上，并由输出轴的从动齿轮驱动，是磁阻式传感器（见图 1-54）。当 2 号车速传感器有故障时，使用 1 号车速传感器的信号。

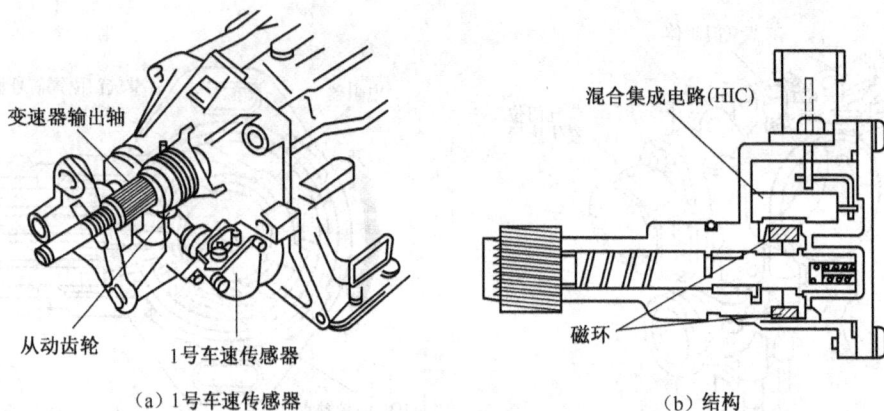

（a）1 号车速传感器　　（b）结构

图 1-54　1 号车速传感器和结构

● 2 号车速传感器。2 号车速传感器装在变速器壳体上（见图 1-55），用来检测变速器输出轴的旋转速度。

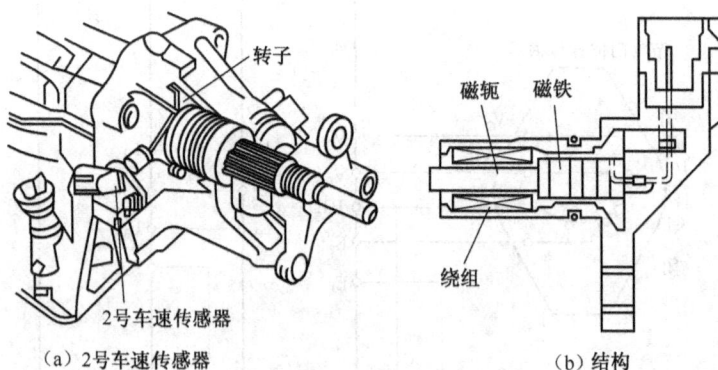

（a）2 号车速传感器　　（b）结构

图 1-55　2 号车速传感器和结构

2 号车速传感器是由永久磁铁、绕组和磁轭组成的磁感应式传感器。具有 4 个齿的转子装在变速器输出轴上，并随轴一同旋转，在传感器绕组中就会产生感应交流电压。

③ 直接挡离合器速度传感器。直接挡离合器速度传感器安装在变速器壳体上（见图 1-56），检测超速挡输入轴从 1 挡到 3 挡齿轮的转速。将直接挡离合器速度信号和车速传感器信号进行比较，ECU 可确定各挡位的换挡正时，准确地控制发动机扭矩和油压，使换挡平滑。该传感器的结构和工作原理与 2 号车速传感器相同。

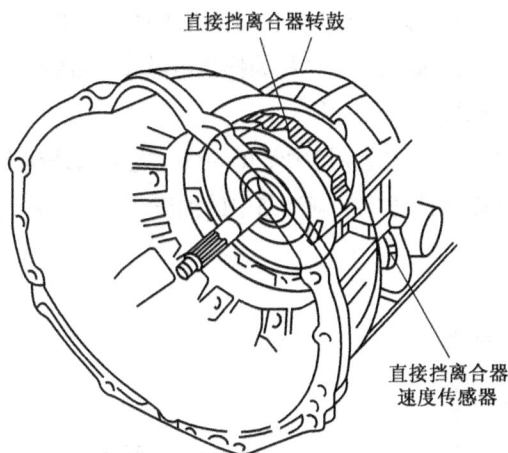

图1-56 直接挡离合器速度传感器

④ 水温传感器。水温传感器检测发动机冷却液的温度，水温传感器是一个负温度系数的可变电阻，随温度的增加其阻值逐渐下降。

水温传感器的外形与 ECU 的连接关系如图 1-57 所示。

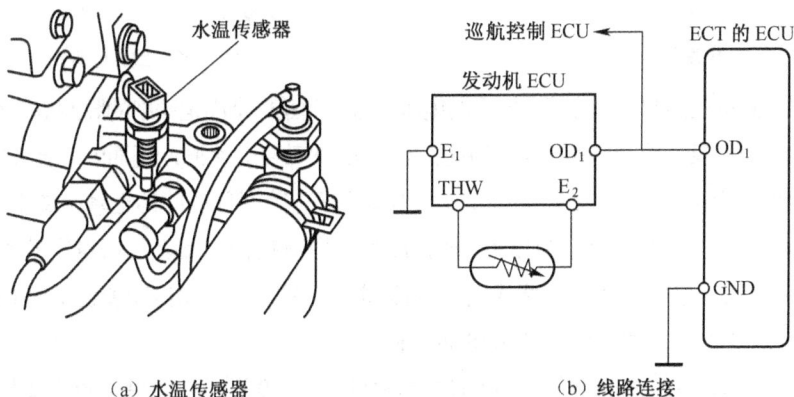

（a）水温传感器　　　　　　　　　（b）线路连接

图1-57 水温传感器和线路连接

发动机 ECU 接收的水温信号如果高于规定值（50℃～70℃，因车而异），那么 OD_1 端子的输出信号就是 12 V，变速器的 ECU 就会允许升入 OD 挡和进行锁止控制。如果发动机 ECU 接收的水温信号低于规定值，那么 ECT 的 ECU 输入端子 OD_1 的电压就是 0 V，此时变速器不能升入 OD 挡，锁止离合器也不能锁止。

如果水温传感器出现故障，ECU 将始终按照水温为 80℃时的水温信号进行操作，而不管实际水温是多少。

（5）电控系统中的执行器

电控系统的执行器主要由电磁阀组成。来自发动机和 ECT ECU 的信号使电磁阀接通或断开，从而操作换挡阀运作和控制液压压力。电磁阀有两种类型：开关电磁阀、线性电磁阀。

① 开关电磁阀。在自动变速器电控系统中常见的开关电磁阀由电磁线圈、衔铁、回位弹簧、阀

芯和阀球组成（见图 1-58）。1 号电磁阀和 2 号电磁阀是开关电磁阀，根据 ECU 信号使换挡电磁阀的接通或关闭油路，用于控制换挡阀运作，又称为换挡电磁阀。如果使电磁阀接通电路，油路打开；如果使电磁阀断开电路，油路关闭。

② 线性电磁阀。在自动变速器电控系统中常见的线性电磁阀是锁止控制电磁阀（3 号电磁阀）。线性电磁阀根据 ECU 的电流以线性方式控制油路中的油压，由脉冲线性电磁阀，电磁线圈、衔铁、阀芯和滑阀组成，如图 1-59 所示。

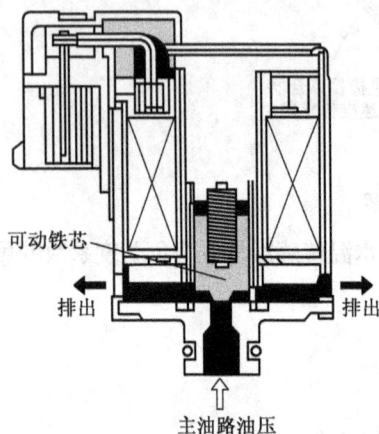

图1-58　开关电磁阀

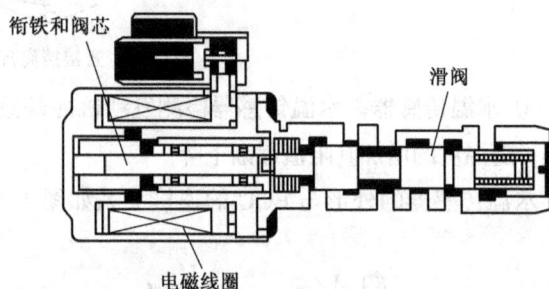

图1-59　线性电磁阀

控制脉冲线性式电磁阀的电信号不是恒定的电压信号，而是一个固定频率的脉冲电信号。电磁阀在脉冲电信号的作用下不断反复地开启和关闭泄油孔，计算机通过改变每个脉冲周期内电流接通和断开的时间比率（称为占空比，变化范围从 0%～100%），改变电磁阀开启和关闭时间的比率，来控制油路的压力。

占空比越大，经电磁阀泄出的液压油越多，油路压力就越低；反之，占空比越小，油路压力就越大。线性式电磁阀一般安装在主油路或储能减震器背压油路上，使自动变速器升挡或降挡的瞬间油压下降，减少换挡冲击，使挡位的变换更加柔和。

③ 电磁阀的线路连接。电磁阀及与 ECU 的连接如图 1-60 所示。如果 1 号或 2 号电磁阀的线路出现故障，ECU 将立即停止对故障元件输出换挡指令，同时执行失效保护功能。

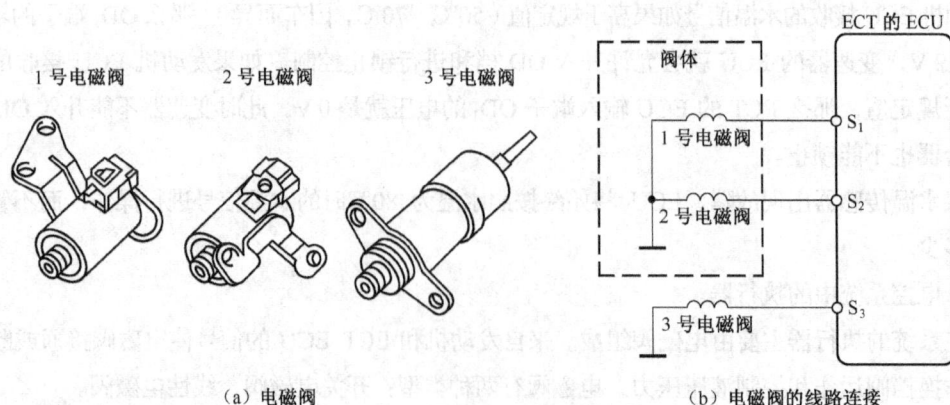

（a）电磁阀　　　　　　　　　　　　（b）电磁阀的线路连接

图1-60　电磁阀和线路连接

（6）电控系统中的控制功能

电控自动变速器的主要功能是换挡正时控制和锁止正时控制，为了改善换挡的质量，电控系统还有一些其他的功能，如发动机转矩控制等。

① 换挡正时控制功能。自动变速器 ECU 的存储器中存有车辆在各种行驶模式和各个挡位的最佳换挡程序。ECU 根据各个传感器的输入信号来决定是否需要换挡，并控制 1 号、2 号电磁阀，改变液压控制系统的油路，实现挡位的变换。ECT 的 ECU 控制程序图如图 1-61 所示。

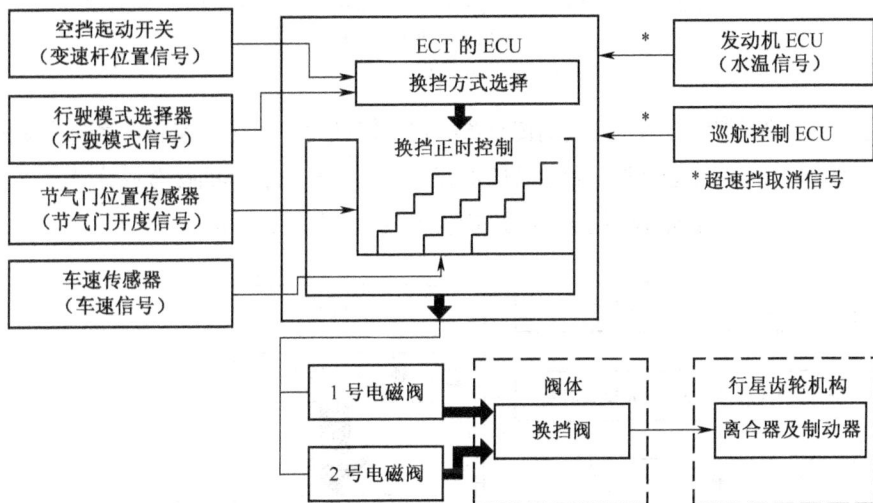

图1-61　ECT的ECU控制程序图

- 动力换挡模式。丰田公司 A140E 自动变速器在 D 位有常规和动力两种驾驶模式可以选择，在 2 位和 L 位只有常规模式的换挡控制方式。常规换挡控制模式如图 1-62 所示，动力换挡控制模式如图 1-63 所示。

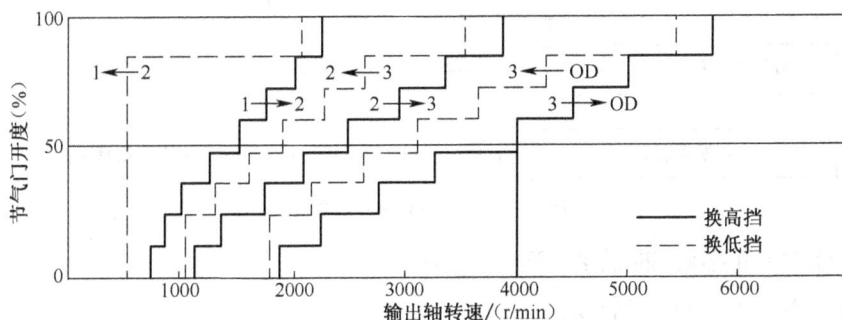

图1-62　常规换挡控制模式

动力驾驶模式换挡时发动机的转速高，充分利用了发动机的加速性能，车辆的加速过程稍长，换挡车速较高，但车辆的速度提升也快。

- OD 挡控制。变速器的 ECU 在接收到下述信号时，将取消 OD 挡的操作：超速挡开关 OFF；发动机水温信号，如果发动机水温低于设定温度，变速器不会升入 OD 挡；巡航控制信号。

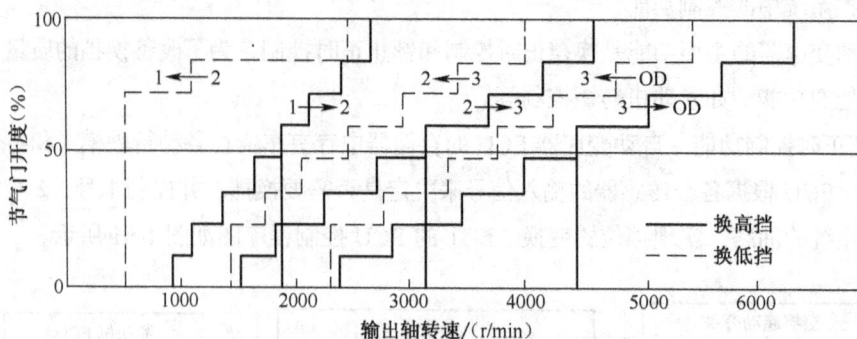

图1-63　动力换挡控制模式

② 锁止正时控制功能。ECU 接收到传感器的输入信号后，根据内存的程序选择锁止方式，控制 3 号电磁阀的通、断，改变液压控制系统的油路，控制锁止离合器的接合或分离。

丰田公司 A140E 自动变速器锁止离合器的控制信号如图 1-64 所示。

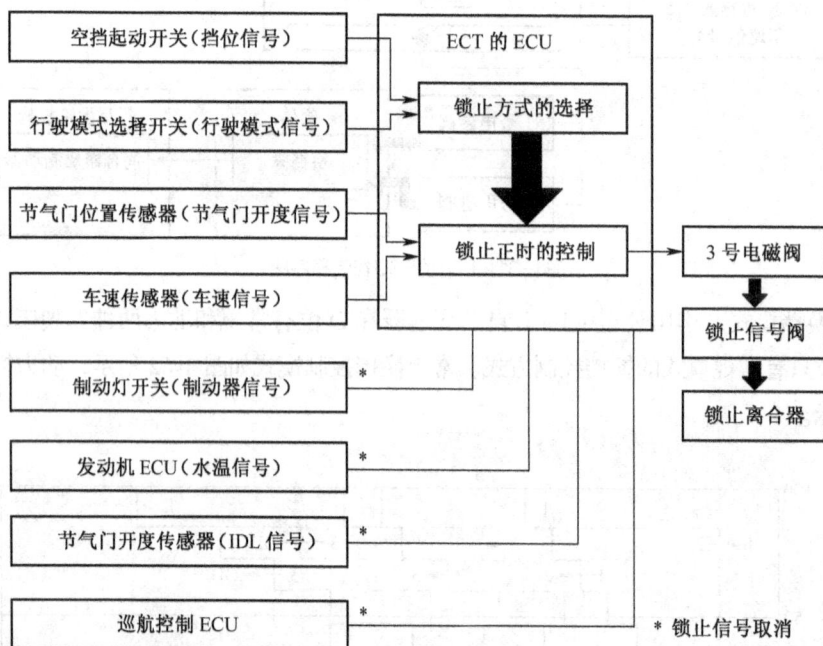

图1-64　锁止离合器控制信号

锁止离合器的锁止必须同时满足下列 3 个条件。

* 车辆在 D_2、D_3 或 OD 挡行驶。
* 行驶车速和节气门开度超过锁止控制的设定值。
* 没有收到解除锁止的信号。

为了保证发动机的工作稳定，在出现下列情况时，锁止状态将被自动解除。

* 制动状态。
* 节气门位置传感器的怠速触点闭合。

- 发动机水温低于 60℃。
- 巡航控制信号。
- 换挡时解除离合器的锁止，减小换挡冲击。

③ 其他控制功能。为了改善换挡品质，电控自动变速器的电控系统还有一些其他控制功能。

- 发动机转矩控制功能。为了减小换挡冲击，可以减小换挡时离合器传递的发动机转矩。对发动机输出转矩控制最简单的方法就是控制点火提前角。
- 后座控制功能。当变速杆从 N 位移至 D 位准备起步时，车辆一般会产生一定的震动和车后部下沉的现象。为了缓解后座的冲击，丰田电控自动变速器在起步时不是直接进入 D_1 挡，而是先进入 D_2 挡甚至 D_3 挡，然后降为 D_1 挡起步。这个过程称为后座控制。
- 减速降挡控制功能。车辆在 OD 挡行车，如果车速不断降低，就会导致降挡，但降挡时不是直接降入 D_3 挡，而是先降入 D_2 挡 0.8s，然后再回升到 D_3 挡，以减小降挡引起的冲击和震动。这个过程称为减速降挡控制。
- 失效保护功能。自动变速器的 ECU 在电气控制系统出现故障时，仍然能够使车辆继续行驶。失效保护具有以下 3 个功能。

电磁阀备用功能：当换挡电磁阀 1 号和 2 号中的一个出现故障时，ECU 使用无故障的电磁阀控制传动桥，汽车仍能继续行驶。当两个电磁阀均出现故障时，驾驶员通过手动操作变速杆仍能驾驶汽车。

备用速度传感器功能：当速度传感器出现故障时，ECU 使用发动机转速信号代替车速信号进行挡位的控制。但是汽车比正常控制情况行驶平稳性差。

手动操作功能：当电子控制系统因某些原因完全失效时，ECU 使行星齿轮能进行机械换挡操作。

三、项目实施

（一）自动变速器故障诊断与维修实施要求

1. 学习资源要求

① 各汽车生产公司的网页。

② 自动变速器的生产使用说明书。

③ 有关职场健康与安全法律与法规。

④ 有关危险化学物质和危险商品的相关信息。

⑤ 汽车维修设备使用说明书和安全操作规定。

⑥ 各种汽车自动变速器的维护手册。

⑦ 提供各类维修知识和维修资料的网页。

2. 学习场所和设备要求

① 车间或模拟车间。

② 个人防护用品用具。

③ 汽车维修设备和工具。

④ 安全的工作环境和工作场所。

⑤ 自动变速器总成。

⑥ 装备自动变速器的车辆。

3. 学生能力要求

① 具备职场健康与安全的知识和能力。

② 能使用常用的工具与设备。

③ 具备自动变速器的理论知识。

（二）自动变速器故障诊断步骤

1. 客户故障分析

为了迅速地检查故障源，首先必须了解出现的情形、条件、如何发生及是否已检修过与故障有关的情况和信息，因此必须认真听取客户对故障现象的描述。以下 5 项是故障分析中的要点。

① 何物——车型及发动机电控系统名称。

② 何时——发生故障的日期、时间及频率。

③ 何地——故障产生的道路状况。

④ 条件——运行条件、行驶条件、天气条件。

⑤ 如何——故障症状。

在倾听客户的初步意见之后，进行一次初诊断，并向客户询问有关问题以确定或否定初步诊断的结论，同时认真填写"客户所述故障分析检查表"（见表 1-10），此表所含项目是自动变速器故障现象的真实记录，与诊断测试结果一起构成查找故障源的依据。

表 1-10　　　　　　　　客户所述故障分析检查表

客户姓名		车型及年款	
驾驶员姓名		车架号	
车辆入厂日期		自动变速器型号	
牌照号码		里程表读数	km
故障发生日期			
故障发生次数	❏ 经常　　❏ 有时（　　次/日）　　❏ 仅一次 ❏ 其他：_____		
故障指示灯状态	❏ 持续亮　　❏ 有时亮　　❏ 不亮		
故障症状	❏ 车辆不能动　（❏任何位置　　❏ 特殊位置）		
	❏ 不能向上换挡（❏1 挡→2 挡　❏2 挡→3 挡　❏3 挡→O/D 挡）		
	❏ 不能向下换挡（❏O/D 挡→3 挡　❏3 挡→2 挡　❏2 挡→1 挡）		
	❏ 锁止故障		
	❏ 换挡点太高或太低		

续表

	☐ 换挡震动或滑动 （☐ N→D ☐ 锁定 ☐ 任何传动位置）
故障症状	☐ 噪声或震动
	☐ 无降挡
	☐ 无挡位模式选择
	☐ 其他

2. 电控系统自诊断

变速器的 ECU 内部有内置的自诊断系统，在进行故障分析时，能够通过自诊断系统迅速地查找到电路故障的部位。ECU 在检测到车速传感器、换挡电磁阀以及连接线路出现故障时，O/D OFF 灯的闪烁指示出现故障，并将故障信息存储在存储器中。

（1）读取故障码

读取故障码有两种方法，一是使用专用的检测仪读取故障码，二是利用车上的自诊断系统人工读取故障码。使用检测仪读取 ECU 中存储的故障码步骤如下。

① 按维修手册提供的程序连接检测仪，如图 1-65 所示。

② 点火开关处于"ON"位置（如果有超速挡开关，应处于"ON"位置）。

③ 在检测仪上选取相应的选项，读取故障码。

（2）清除故障码

通常故障码在下列 3 种情况下会被清除掉。

● 按照说明书步骤使用检测仪清除故障码。

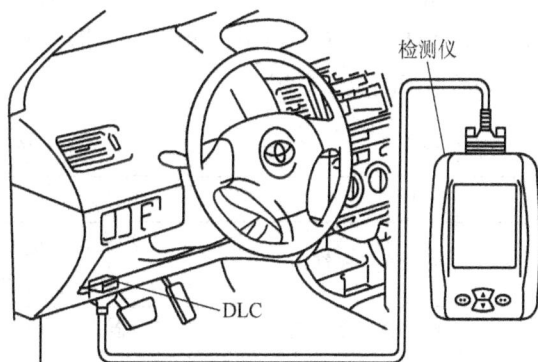

图1-65　检测仪连接到车辆的诊断接口

● 从发动机室 1 号继电器盒上拆下 EFI 熔丝 10 s 或更长时间，即可清除故障码。

● 当断开蓄电池电源时，可清除故障码。

（三）自动变速器的基本检查与调整

当自动变速器发生故障时，有时只要做一些基本检查和必要的调整，即可排除故障。例如，如果发动机怠速高出标准值很多，变速杆从 N 位或 P 位换至其他挡位时，换挡震动就会很大。如果节气门拉索调整不当（如太长），即使加速踏板被踩到底，节气门也不会全开，变速器就不能适时地换入低挡，车辆的动力也就不可能发挥出来。还有，如果自动变速器油位太低，空气就会进入油泵，使主油路油压下降，导致离合器和制动器打滑、震动、异响以及其他的故障。

因此在排除故障时，首先应该进行基本检查和调整。下面以丰田 A140E 自动变速器为例，介绍基本检查的内容。

1. 检查油位

在进行任何变速器检查前或故障诊断前，要首先进行变速器油位高度检查。另外，车辆每行驶10 000 km或每6个月应检查油位高度。

自动变速器油位检查的步骤如下：

① 驱动车辆，使发动机和变速器达到正常工作温度（油温：70℃～80℃）。

② 将车辆停在平坦地面，拉好驻车制动器。

③ 使发动机怠速运转并踩下制动踏板，逐一挂入所有挡位（从P位→L位），在各挡位时略做暂时停留，然后返回P位。

④ 拉出油尺，擦抹干净，再将油尺插入变速器。

⑤ 拉出油尺，检查油位是否在"HOT"（热态）范围内（见图1-66）。

2. 检查变速器油的状况

变速器油在正常工作情况下一般能行驶约40000 km或24个月。正常ATF的颜色一般为红色，并且无气味。如果ATF呈棕色或有焦味，说明已变质，应立即换油。表1-11是油液变质原因的具体分析。

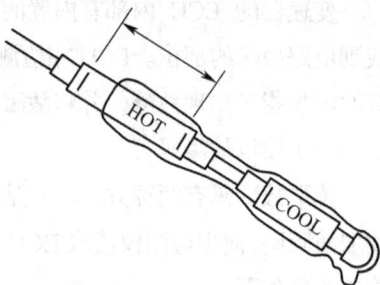

图1-66　检查油位

表1-11　　　　　　　　　　　　油液变质原因

油液状态	变质原因
深褐色或深红色	① 没有及时更换油液 ② 长期重载荷运转，某些部件打滑或损坏，引起变速器过热
油液中有金属屑	离合器盘、制动器盘或单向离合器严重磨损
油尺上黏附胶质油膏	变速器油温过高
有烧焦气味	① 油温过高、油位过低 ② 油冷却器或管路堵塞
油液从加油管溢出	油面过高或通气孔堵塞

3. 检查有无漏油

将自动变速器外壳擦干净，起动发动机并热机后，在D位运转一段时间。检查自动变速器外壳的泄漏情况。液压系统漏油会引起油路压力下降，油压下降是换挡打滑和延迟的常见原因。

引起泄漏的原因：油封、O形密封圈、各种垫片破损，油管插头破裂，油管卡子松动，螺栓松动等。丰田A341E自动变速器各油封和易漏油位置如图1-67所示。

4. 检测和调整节气门拉索

节气门拉索过紧会造成主油压过高、换挡粗暴等故障；过松会造成主油压过低、离合器和制动器打滑等故障。对于不符合要求的节气门拉索，应按如下步骤适当调整。

① 将加速踏板踩到底，检查节气门，应在完全打开位置。如果节气门不完全打开，调整加速踏

板拉杆。

② 继续踩着加速踏板，松开调整螺母。

③ 调整节气门拉索。

④ 拨动调整螺母，使橡胶套与拉索挡块之间的距离为0～1 mm，如图1-68所示。

⑤ 拧紧调整螺母，重新检查调整情况。

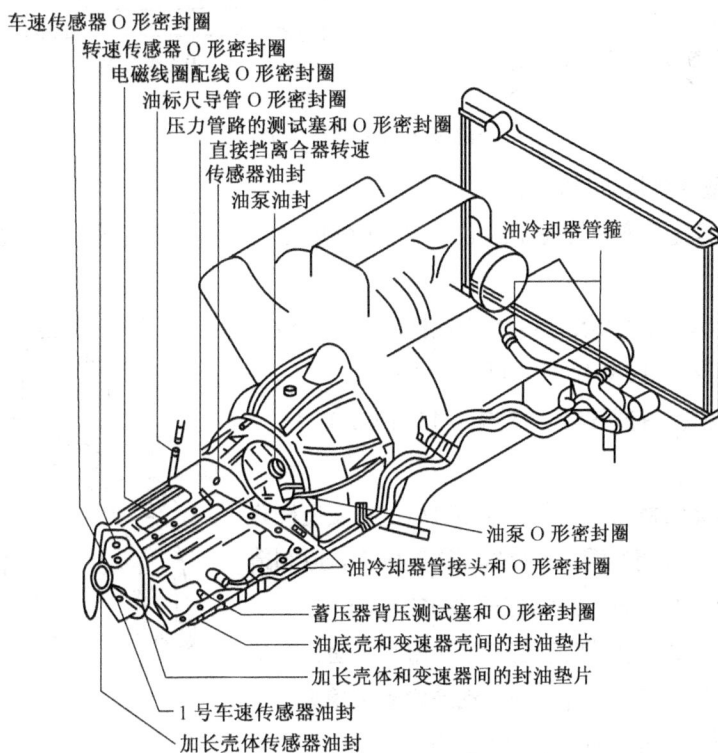

图1-67　丰田A341E自动变速器各油封和易漏油位置

5. 检测和调整变速杆位置

将变速杆从N位换至其他挡位，变速杆应平滑、准确地换至每个挡位，挡位指示器应正确地指示挡位。如指示器与正确位置不符，应按如下步骤调整（见图1-69）。

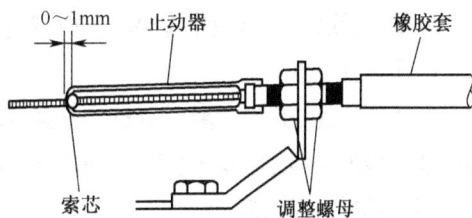

图1-68　调整节气门拉索

① 拧松变速杆上的定位螺母。

② 将控制轴向后推到底。

③ 将控制轴杆退回两个缺口至N位。

④ 将变速杆定在N位。

⑤ 将变速杆略向R位一侧握住，拧紧变速杆螺母。

⑥ 起动发动机，确保变速杆从N位换至D位时，车辆向前移动；而当变速杆换至R位时，车辆后退。

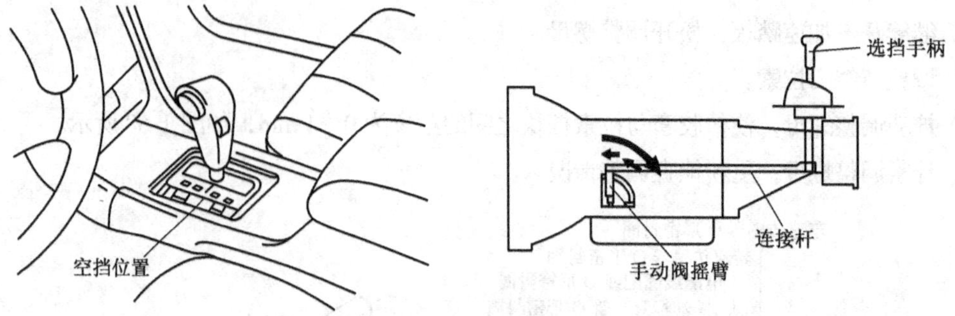

图1-69　调整变速杆位置

6. 检测和调整空挡起动开关

检查发动机，只能在变速杆位于 N 位或 P 位时起动，在其他挡位不能起动；否则，应按以下顺序进行调整。

① 拧松空挡起动开关螺栓，然后将变速杆设定在 N 位。

② 将空挡基准线与凹槽对准，如图 1-70 所示。

③ 保持在该位置，拧紧螺栓（转矩：13 N·m）。

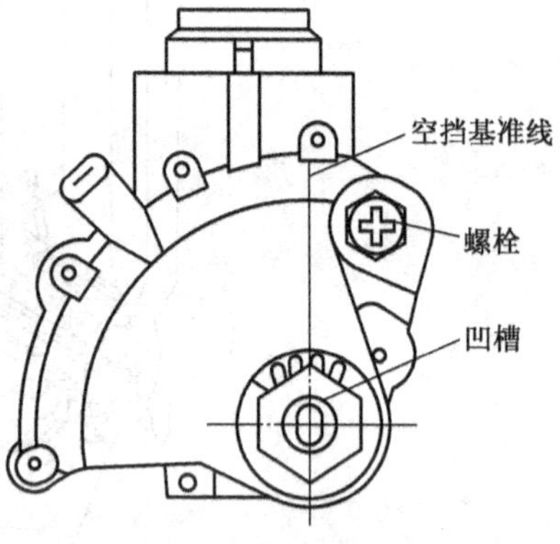

7. 检测怠速

发动机技术状况调整完好。发动机热机后，将变速杆分别处于 P 位或 N 位，关闭空调，检查怠速转速应符合原制造厂家的规范，如丰田 LS400 的正常怠速为 650 r/min。

如果发动机怠速高，换挡时容易产生冲击和震动；如果发动机怠速低，换挡时容易引起车身震动或发动机熄火。

图1-70　调整空挡起动开关

（四）自动变速器的机械系统试验

自动变速器的机械系统测试包括道路行驶试验、失速试验、时滞试验、油压测试、手动换挡试验等项目。这些试验项目是在进行自动变速器基本检查和调整后，检验变速器内各零部件的工作状态、故障分析以及总体使用效果的有效试验。

1. 道路试验

自动变速器的道路试验是分析、诊断自动变速器故障及检验修复后自动变速器工作性能和修理质量最有效的手段之一。但是在汽车已经没有驱动、出现不正常的噪声或道路测试前就已知故障时，不推荐进行道路测试。

道路测试包括 D 位测试、2 位测试、L 位测试、R 位测试、P 位测试等项目。注意在进行道路测试时，应确保避开人群和障碍物。

（1）测试条件

道路测试之前需确定汽车具有正常行驶的技术状态，完成了基本检查和调整，并在变速器油处于正常工作温度（50℃～80℃）下进行测试。在测试中应选择出现故障的路面进行测试，选择中等到最大限度的坡度测试汽车的爬坡能力，选择安全道路进行高速测试。

（2）试验项目

自动变速器的道路试验内容主要有检查换挡车速、换挡质量、换挡执行元件有无打滑、锁止离合器是否工作以及检查发动机制动效果。

（3）道路试验测试步骤

① 升挡车速的检查。将变速杆挂入前进挡 D 位置，踩下加速踏板，使节气门开度保持在 50% 左右，让汽车起步加速，检查自动变速器的升挡情况。

自动变速器在升挡时发动机会有瞬时的转速下降，同时车身有轻微的震动感。在正常情况下，汽车 D 位起步后随着车速的升高，试车者应能感觉到自动变速器能顺利地由 1 挡升入 2 挡，随后再由 2 挡升入 3 挡，最后升入超速挡。

一般 4 挡自动变速器在节气门开度保持在 50% 左右时，由 1 挡升至 2 挡的车速为 25～35 km/h，由 2 挡升至 3 挡的车速为 35～50 km/h，由 3 挡升至 4 挡（超速挡）的车速为 55～85 km/h。由于升挡车速和节气门开度有很大的关系，即节气门开度不相同时，升挡车速也不同。有些汽车维修手册中画出了该自动变速器的换挡图，从换挡图中可以得出不同节气门开度下自动变速器的升挡车速，这可作为判断换挡车速是否正确的标准。

升挡车速太低一般是机械系统的故障所致，如节气门拉索调整不当。升挡车速太高则可能是控制系统的故障所致，也可能是换挡执行元件的故障所致，如某一挡位的执行元件打滑。

② 降挡检查。将变速杆挂入前进挡 D 位置，自动变速器在降挡时发动机会有瞬时的转速上升，同时车身有轻微的震动感。

③ 换挡质量的检查。换挡质量的检查内容主要是检查有无换挡冲击。正常的自动变速器只有不太明显的换挡冲击，若换挡冲击太大，说明自动变速器的控制系统或换挡执行元件有故障，原因可能是油路油压高或换挡执行元件打滑，应做进一步的检查。

④ 锁止离合器工作状况的检查。试验中，让汽车加速至超速挡，以高于 80km/h 的车速行驶，并让节气门开度保持在低于 1/2 的位置，使变矩器进入锁止状态。此时，快速将加速踏板踩下至 2/3 开度，若发动机转速没有太大的变化，说明锁止离合器处于结合状态；反之，若发动机转速升高很多，则表明锁止离合器没有结合，其原因通常是锁止控制系统有故障。

⑤ 发动机制动作用的检查。检查自动变速器有无发动机制动作用时，应将变速杆拨至前进低挡（S、L 或 2、1 位置），在汽车以 2 挡或 1 挡行驶时，突然松开加速踏板，若车速立即随之下降，说明有发动机制动作用，否则说明控制系统或相关的离合器、制动器有故障。

⑥ 强制降挡功能的检查。检查自动变速器强制降挡功能时，应将变速杆拨至 D 位，保持节气门开度为 1/3 左右，在以 2 挡、3 挡或超速挡行驶时突然将加速踏板完全踩到底，检查自动变速器是否被强制降低一个挡位。在强制降挡时，发动机转速会突然上升至 4000 r/min 左右。

若踩下加速踏板后没有出现强制降挡，说明强制降挡功能失效。若在强制降挡时发动机转速异常升高至 5000～6000 r/min，并在升挡时出现换挡冲击，则说明换挡执行元件打滑，应拆修自动变速器。

⑦ P 位制动效果的检查。将汽车停在坡度大于 5° 的斜坡上，变速杆拨入 P 位，松开驻车制动，

检查机械闭锁爪的锁止效果。

2．失速试验

（1）试验目的

失速试验的目的是通过测量D位和R位的失速速度，检查变速器和发动机的全面性能。

（2）失速工况

在前进挡或倒挡中踩住制动踏板并完全踩下加速踏板时，发动机处于最大转矩工况，此时自动变速器的输出轴及输入轴均静止不动，液力变矩器的涡轮也因此静止不动，只有液力变矩器壳及泵轮随发动机一同转动，这种工况称为失速工况，此时的发动机转速称为失速转速。

（3）失速试验的注意事项

① 失速测试必须是在车辆维修手册说明允许的情况下才能进行测试。

② 在失速试验中，从加速踏板踩下到松开的整个过程的时间不得超过5 s。

③ 必须遵守在制动系统良好的工作状态下测试。如果在试验中发现驱动轮因制动力不足而转动，应立即松开加速踏板，停止试验。

④ 试验应在正常油温（50℃～80℃）时进行。

⑤ 为确保安全，试验应在宽阔、清洁、有良好附着力的平坦路面上进行。

⑥ 失速试验一定要由两名技术人员操作。一名进行试验时，另一名在车外观察车轮和车轮垫木的情况。

（4）失速试验的操作

失速试验的操作流程如下（见图1-71）。

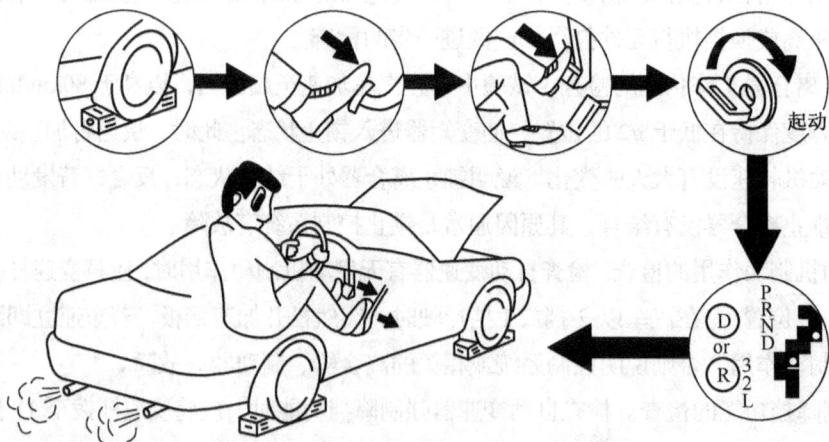

图1-71　失速试验操作过程

① 用垫木挡住4个车轮。

② 将转速表连接至发动机。

③ 将驻车制动器踩到底。

④ 用左脚牢牢踩住制动踏板。

⑤ 起动发动机。

⑥ 换入 D 位。用右脚将加速踏板踩到底，快速读出失速的转速，A140E 变速器的失速转速为（2 450±150）r/min。

⑦ 在 R 位进行同样的试验。快速读出失速的转速，A140E 变速器的失速转速为（2 450±150）r/min。

（5）失速数据的分析

不同车型的自动变速器都有其失速转速标准，需要查阅相应的车辆维修手册。如果失速的转速与规定值不相符，其故障原因见表 1-12。

表 1-12　　　　　　　　　　　　失速试验故障检查表

故 障 现 象	可 能 原 因
D 位或 R 位失速转速低	① 发动机输出功率不足 ② 液力变矩器定轮单向离合器工作不正常 ③ 如转速低于规定值 600 r/min，则可能是液力变矩器故障
D 位失速转速高	① 油路压力太低 ② 前进挡离合器打滑 ③ 2 号单向离合器工作不正常 ④ 超速挡单向离合器工作不正常
R 位失速转速高	① 油路压力太低 ② 直接挡离合器打滑 ③ 第 1 挡和倒挡制动器打滑 ④ 超速挡离合器打滑
D 位和 R 位失速转速都高	① 油路压力太低 ② 油位不正确 ③ 超速挡单向离合器工作不正常

3. 时滞试验

（1）试验目的

在发动机怠速运转时用变速杆换挡，在感觉到震动之前会有一定的时差或时滞，这可用来检查直接挡离合器、前进挡离合器、直接挡离合器、第 1 挡和倒挡制动器的工作情况。

（2）时滞试验的注意事项

① 在正常油温（50℃～80℃）下进行试验。

② 必须在各项试验之间有 1 min 的间隔。

③ 进行 3 次测量，取其平均值。

（3）时滞试验的操作

时滞试验的操作流程如下（见图 1-72）。

① 用垫木挡住前、后轮，完全拉起驻车制动器。

② 连接转速表。

③ 起动发动机，检查怠速应为（650±50）r/min。

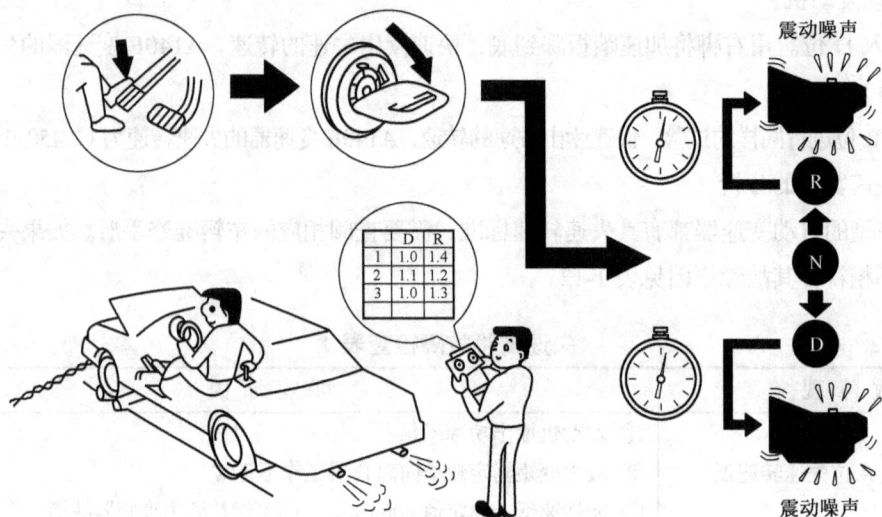

图1-72　时滞试验的操作过程

④ 将变速杆从 N 位换至 D 位。用秒表测出变速杆移动后到感觉到震动的时间，时滞时间应小于 1.2 s。

⑤ 用同样的方式，测量从 N 位到 R 位时的时滞，时滞时间应小于 1.5 s。

如果测得的时滞大于规定值，可以从表 1-13 中查找故障原因。

表 1-13　　　　　　　　　　　　时滞试验故障检查表

故 障 现 象	可 能 原 因
N—D 的时滞较长	① 油路压力太低 ② 前进挡离合器磨损 ③ 超速挡单向离合器运作不正常
N—R 的时滞较长	① 油路压力太低 ② 直接挡离合器磨损 ③ 第 1 挡和倒挡制动器磨损 ④ 超速挡离合器磨损

4．主油路油压测试

（1）实验目的

自动变速器在完成失速试验与时滞试验后，如果发现失速转速和时滞时间与要求偏差较大，或者通过检测故障码的方法判断出故障出现在液压系统或机械系统时，应该进行液压试验，以进一步寻找故障的根源。

（2）注意事项

在进行主油路油压测试时，一定要由两名技术人员操作。一名进行试验，另一名在车外观察车轮和车轮垫木状态。

（3）油压测试步骤

测量主油路油压的具体步骤如下（见图 1-73）。

① 预热变速器油。

② 拆下变速器壳左侧的测试塞，连接油压表（SST）。

③ 充分使用驻车制动器，并用垫木挡住 4 个车轮。

④ 起动发动机，检查怠速。

⑤ 用左脚牢牢踩住制动踏板，换入 D 位。

⑥ 在发动机怠速运转时，检查主油路油压。

⑦ 将加速踏板踩到底，在发动机转速达到失速转速时，快速读出油路最高压力。

⑧ 用同样的方法在 R 位进行测试。

图1-73　测量主油路油压的操作过程

主油路油压的规定值列于表 1-14 中。若主油路油压测量值与规定值不相符，查阅表 1-15 中可能的原因。

表 1-14　　　　　　　　A341E 主油路油压规定值表

转　速	主油路油压/kPa	
	D 位	R 位
怠速	382～441	579～657
失速	1 265～1 402	1 638～1 863

表 1-15　　　　　　　　主油路油压测试故障检查表

故障现象	可能原因
如所有挡位上的测量值都较高	① 节气门拉索调整不当 ② 节气门故障 ③ 一次调节阀故障

续表

故 障 现 象	可 能 原 因
如所有挡位上的测量值都较低	① 节气门拉索调整不当 ② 节气门故障 ③ 一次调节阀故障 ④ 油泵故障 ⑤ 直接挡离合器故障
如只有 D 位的压力低	① D 位油路泄漏 ② 前进挡离合器故障
如只有 R 位的压力低	① R 位油路泄漏 ② 直接挡离合器故障 ③ 第 1 挡和倒挡制动器故障

5. 手动换挡试验

通过手动换挡试验，可确定是控制系统故障还是变速器内的机械故障，操作步骤如下。

① 取下电磁阀导线（见图 1-74），让电控自动变速器变成液控自动变速器。

② 起动发动机，驾驶员移动变速杆来变换挡位，实现车辆的行驶。

③ 检查变速器的挡位和变速杆位置是否对应（见表 1-16）。

④ 连接电磁阀导线。

⑤ 清除故障码。

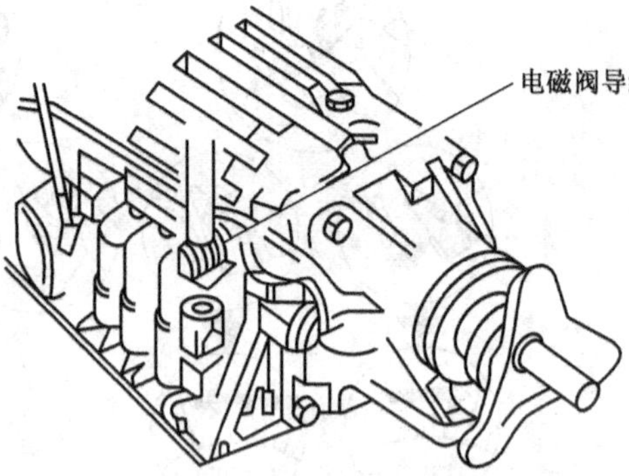

图1-74　取下电磁阀导线

表 1-16　　　　　　　丰田 A34IE 手动换挡工作表

换挡挡位	D	2	L	R	N	P
挡位	超速挡	第3挡	第1挡	倒挡	空挡	驻车挡

在上述试验中，如变速器发现异常现象，则故障在变速器机械系统。

（五）自动变速器机械系统的检修

1. 液力变矩器的检修

（1）导轮单向离合器的检修

液力变矩器易发生的故障是导轮单向离合器损坏，单向离合器如果在锁止方向上出现打滑，则使导轮变矩增扭作用消失，这样会在汽车起步或低速时加速性能变坏，即在低速区域发动机发闷，车速迟钝。如果单向离合器卡住，在汽车进入耦合区，即涡轮转速接近泵轮转速，汽车进入中高速行驶时，由于导轮卡住不转，从涡轮流出的涡流在导轮上受阻，所以使汽车中高速时动力性能变差。如果单向离合器在非锁止方向上出现半卡滞故障，则不仅影响发动机动力输出，而且会因半卡滞摩擦生热，使液力变矩器油温升高。

判断单向离合器是否卡滞可用下列方法检查。

① 用手指沿单向离合器旋转方向旋转导轮花键应畅通无阻，反方向旋转应卡住，但本田车型的单向离合器与此相反。

② 使用专用工具检查导轮单向离合器，如图 1-75 所示。

使单向离合器内座圈不动，在外座圈上施加可变转矩，在单向离合器旋转方向上的转矩应小于 2.5 N·m。如果转矩大于 2.5 N·m，说明单向离合器有卡滞现象，应更换液力变矩器总成。

（2）测量液力变矩器轴套的径向跳动

将液力变矩器所在位置做个标记，暂时装到飞轮上，以确保安装正确，并安装千分表，如图 1-76 所示。如果径向跳动超过 0.30 mm，则重新调整液力变矩器的安装方位。如果径向跳动过大，而仍然得不到修正，则应更换液力变矩器。

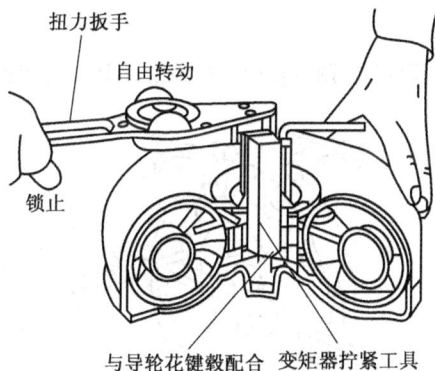

图1-75　检查导轮单向离合器

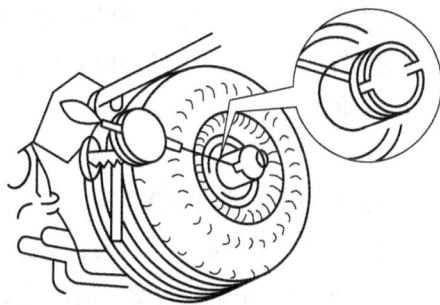

图1-76　检测轴套径向跳动

（3）锁止离合器的检修

锁止离合器发生故障时，会引起超速挡时车速超速不明显，或锁止离合器震动、有噪声，锁止离合器打滑时又易造成液力变矩器产生高温。液力变矩器锁止离合器锁止不分离，会造成紧急制动时发动机熄火等故障。

① 紧急制动发动机熄火故障的诊断方法。汽车在高速行驶中紧急制动时，锁止离合器应分离，以使泵轮和涡轮脱离刚性连接，避免紧急制动时熄火。对电控液压式自动变速器，是在紧急制动时，与制动踏板连动的制动开关向电控系统提供制动信号，电控系统接到制动信号后，便向锁止电磁阀发出指令，电磁阀的动作又驱动锁止阀动作，使锁止离合器解锁。检查时可将点火开关接通，当踩下制动踏板时，变速器壳体处应听到电磁阀"咔"的一声动作声；如听不到响声，应检查电路、电控系统及电磁阀是否损坏或卡住。

② 液力变矩器噪声的诊断方法。液力变矩器噪声可用踏动和放松制动踏板的办法判断，当轻踩制动踏板后，噪声立刻消失，放松踏板后，噪声又立刻出现，反复测试现象依旧，则可断定锁止

离合器有故障，造成噪声的原因有：液力变矩器泄油，锁止压力不足，打滑。锁止离合器锁止压盘与液力变矩器壳体因变形接触不良而造成打滑，或液力变矩器壳体端面摆动或失去动平衡造成旋转时共振引起噪声。检查液力变矩器壳体是否偏摆时，可先将变速器拆下，然后将千分表架固定在发动机上，而表针指在液力变矩器壳体外端面上，转动液力变矩器壳体一周，观察千分表的摆动量，摆动量若大于 0.20 mm 时，应更换新液力变矩器总成。

对电控锁止电磁阀控制锁止离合器的，若锁止电磁阀回位弹簧因使用时间过长而疲劳时，也会因锁止油压不良而产生噪声。

③ 锁止离合器是否工作的判断方法。锁止离合器出现故障，不仅会产生噪声，而且会影响锁止离合器的锁止和解锁。在判断闭锁离合器是否解锁时，可将车速稳定在 80 km/h 范围内，在保持车速稳定的同时，轻踩制动踏板，使踏板臂和制动开关刚刚脱离接触，此时应解除锁止，即发动机转速和进气管真空度都有所增加，如果无任何变化，则锁止离合器没有正常工作，可能根本就没锁止，也可能根本就不解除锁止。

若汽车保持稳定的 80 km/h 车速，突然紧急制动，发动机熄火，说明锁止离合器不能解除锁止。

（4）液力变矩器安装到变速器

如果液力变矩器已排尽油液并已清洗干净，则可重新加注新的自动变速器油。用卡尺和直尺测量从液力变矩器的安装面到变速器前表面的距离。丰田 A340E 自动变速器安装距离为 26 mm，如图 1-77 所示。

（5）检修液力变矩器的注意事项

若因变速器离合器或制动器片磨损而需更换或检修变速器时，应特别注意液力变矩器内是否残留杂质。若不清洗干净，总装后杂质从液力变矩器内流出后，有可能堵塞滤网，造成变速器再次损坏。为此，应注意对旧液力变矩器的清洗，为清洗彻底，应在对

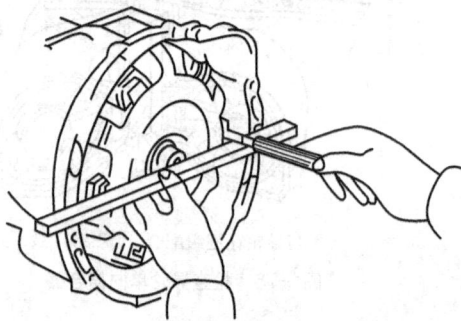

图1-77　检查安装尺寸

称方向上钻两个 8 mm 的孔，用清洗剂彻底冲出内部杂质，然后再用两块铁皮焊封，但千万注意保持液力变矩器的动平衡，尽量不要破坏原有的动平衡。

拆卸液力变矩器时，最好打上装配相互位置记号，装复时按原位装回，以免影响动平衡。更换新液力变矩器时，一定注意其型号要相同。

将变速器总成与液力变矩器组合时，要注意油泵驱动轴与油泵主动轮之间的配合键槽应确实对齐、插靠，否则在紧固固定螺钉时，必然造成液力变矩器或油泵损坏。

2. 行星齿轮机构的检修

以丰田 A341E 自动变速器超速传动行星齿轮、直接挡离合器和超速传动单向离合器检修为例，来说明行星齿轮机构的检修步骤。

丰田 A341E 自动变速器超速传动行星齿轮、直接挡离合器和超速传动单向离合器的结构如图 1-78 所示。

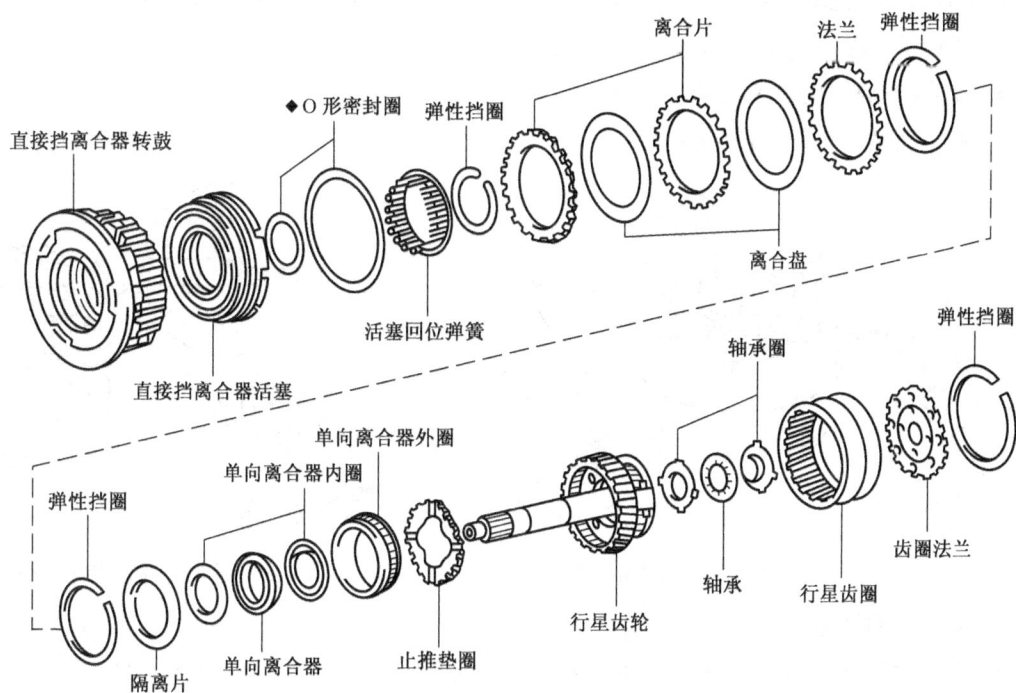

图1-78 超速传动行星齿轮、直接挡离合器和超速传动单向离合器的结构

（1）超速传动行星齿轮、直接挡离合器和超速传动单向离合器的分解

① 检查单向离合器转动情况。握住直接挡离合器转鼓并转动输入轴，输入轴顺时针转动应自如，逆时针转动则应锁住（见图1-79）。

② 从超速传动行星齿轮上拆卸直接挡离合器总成（见图1-80）。

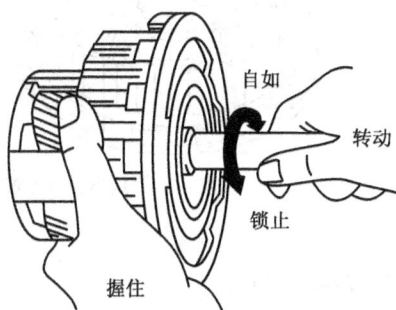

图1-79 检查单向离合器

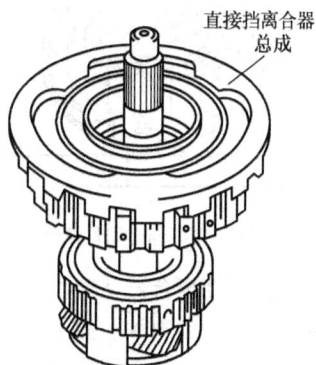

图1-80 拆卸直接挡离合器总成

③ 检查直接挡离合器的活塞行程。

• 将油泵放在液力变矩器上，然后将直接挡离合器总成放在油泵上。

• 用加入和放出压缩空气（392～785 kPa）的方法，用专用工具（SST）和千分表测量直接挡离合器活塞行程（见图1-81）。活塞行程：1.45～1.70 mm，如果数值不在规定范围内，检查全部盘。

④ 拆卸法兰盘、全部片和盘（见图1-82）。

- 从直接挡离合器转鼓上取出卡簧。
- 卸下法兰盘、2个片和2个盘。

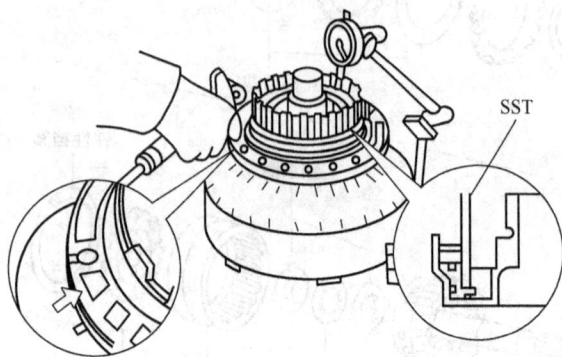

图1-81　检查直接挡离合器的活塞行程

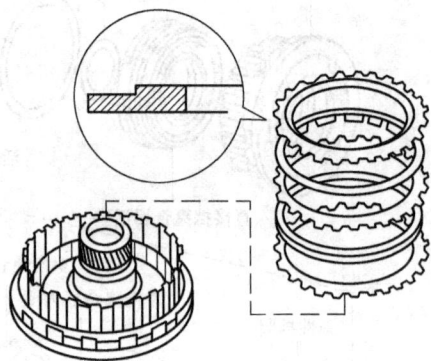

图1-82　拆卸法兰盘、全部片和盘

⑤ 取出活塞回位弹簧。

- 将专用工具（SST）放在弹簧保持架上，用压力机压缩回位弹簧（见图1-83）。
- 用专用工具（SST）取出卡簧。
- 取出活塞回位弹簧（见图1-84）。

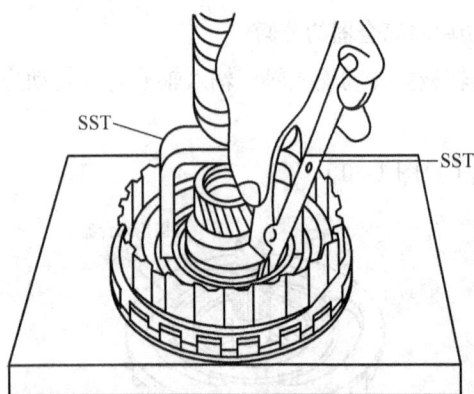

图1-83　压缩回位弹簧

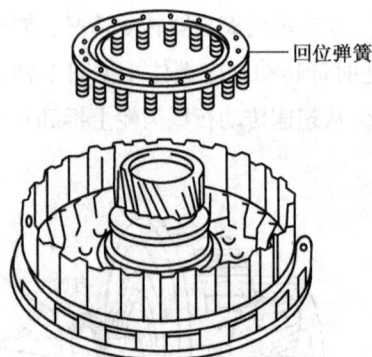

图1-84　取出回位弹簧

⑥ 拆卸直接挡离合器活塞。

- 将油泵放在液力变矩器上，然后将直接挡离合器放在油泵上。
- 用手握住直接挡离合器活塞，对油缸加压缩空气，以便取出直接挡离合器活塞（见图1-85）。
- 取出直接挡离合器活塞。

> 如果活塞倾斜，不能取出来，将凸出来的一端压下去，再加压缩空气，否则，将活塞伸出部分的周围缠上尼龙带，用尖嘴钳子将其取出。

- 取出活塞上的 2 个 O 形密封圈。

⑦ 拆卸内齿圈法兰盘（见图 1-86）。

- 取出卡簧。
- 取出内齿圈法兰盘。

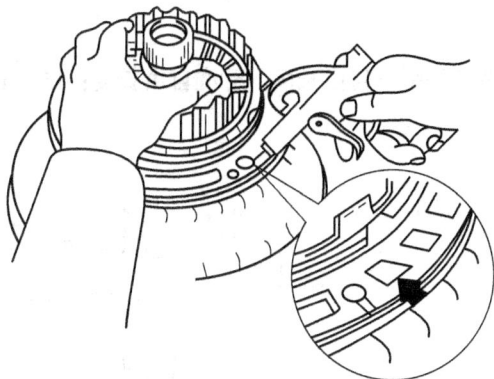

图1-85　拆卸直接挡离合器活塞

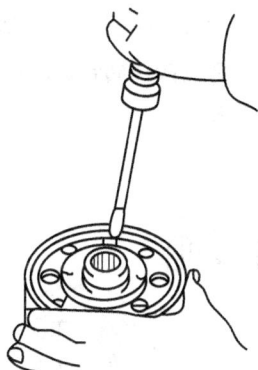

图1-86　拆卸内齿圈法兰盘

⑧ 拆卸单向离合器（见图 1-87）。

- 卸下卡簧。
- 拆下止动板、单向离合器和止推垫圈。
- 从外滚道上取出单向离合器。

（2）超速传动行星齿轮和直接挡离合器的检查

① 检查盘和法兰盘（见图 1-88）。检查盘、片和法兰盘的滑动表面是否磨损或烧伤。必要时，将其更换。

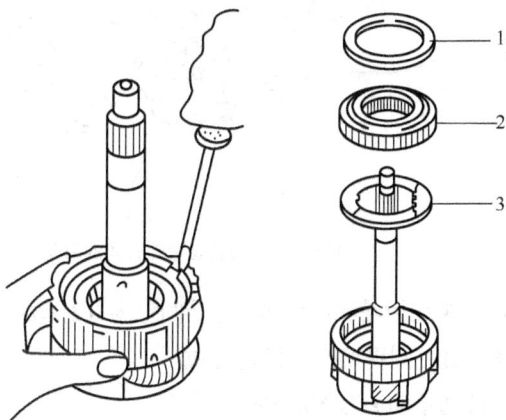

图1-87　拆卸单向离合器

1—止动板　2—单向离合器　3—止推垫圈

印有数字

图1-88　检查盘和法兰盘

注意　　如果盘的衬片硬化或变色，甚至打印数字部分表面烧毁，则更换全部盘；新的盘装配之前，应将其浸在 ATF 中至少 15 min。

② 检查直接挡离合器活塞（见图 1-89）。

· 用摇晃活塞的办法检查单向阀是不是自由的。

· 加低压压缩空气，检查单向阀应不漏气。

③ 检查直接挡离合器回位弹簧。检查带弹簧座的弹簧自由长度，标准自由长度：15.8 mm，如图 1-90 所示。

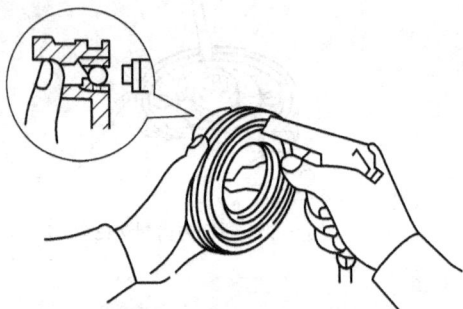

图1-89　检查单向阀应不漏气

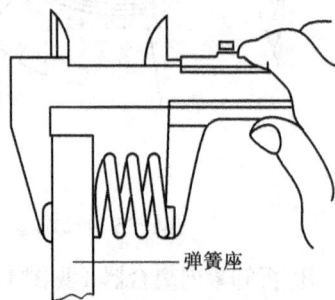

弹簧座

图1-90　检查直接挡离合器回位弹簧

④ 检查直接挡离合器转鼓衬套。用千分表测量离合器转鼓衬套的内径，最大内径：27.11 mm，如图 1-91 所示。如果内径大于最大值，则更换离合器鼓。

⑤ 检查行星齿轮衬套。用千分表测量行星齿轮衬套的内径，最大内径：11.27 mm（见图 1-92）。如果内径大于最大值，则更换行星齿轮。

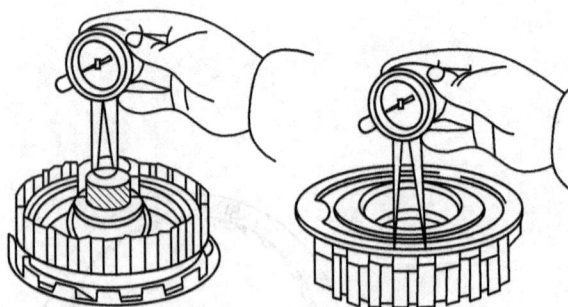

图1-91　测量离合器转鼓衬套的内径

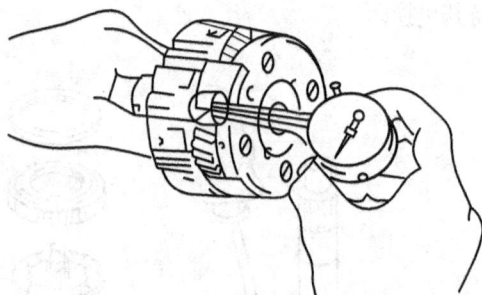

图1-92　测量行星齿轮衬套的内径

⑥ 测量行星主动齿轮轴向间隙。用塞尺测量行星主动齿轮轴向间隙，标准间隙为 0.2～0.6 mm，最大间隙为 1.0 mm（见图 1-93）。如果间隙大于最大值，则更换行星齿轮总成。

（3）超速传动行星齿轮、直接挡离合器和超速传动单向离合器的装合

① 安装单向离合器。

· 将止推垫圈装到行星齿轮上，带槽的端面朝上（见图 1-94）。

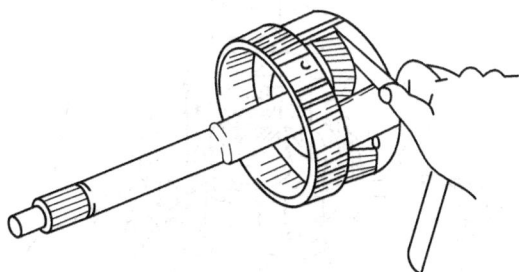

图1-93　测量行星主动齿轮轴向间隙

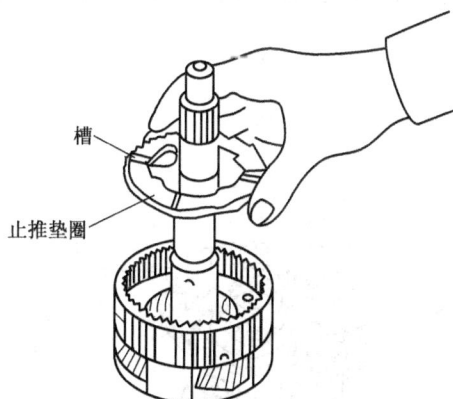

图1-94　将止推垫圈装到行星齿轮上

* 将单向离合器装入外滚道，单向离合器的法兰盘端面朝上（见图1-95）。
* 将带外滚道的单向离合器装到行星齿轮上（见图1-96）。

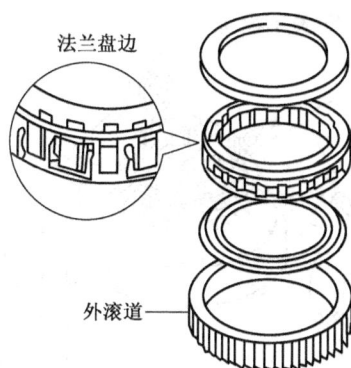

图1-95　将单向离合器装入外滚道

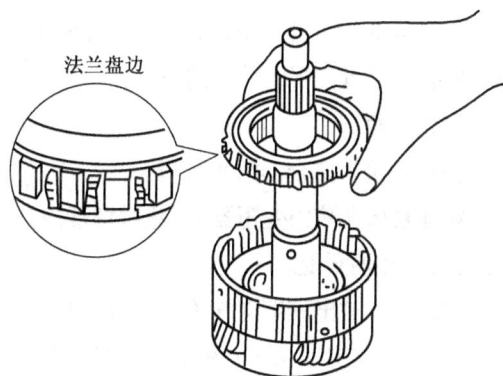

图1-96　将单向离合器装到行星齿轮上

单向离合器翻边朝前。

* 安装止动板。
* 安装卡簧。
② 将内齿圈法兰盘装到行星内齿圈上，安装卡簧。
③ 安装直接挡离合器活塞。
* 将新的O形密封圈涂上ATF，并将其装到直接挡离合器活塞上。
* 注意不能损伤O形密封圈，用双手将直接挡离合器活塞压入离合器鼓（见图1-97）。
④ 安装活塞回位弹簧。
* 将活塞回位弹簧装到活塞上。

- 将专用工具（SST）放在弹簧保持架上，用压力机压缩回位弹簧（见图1-98）。

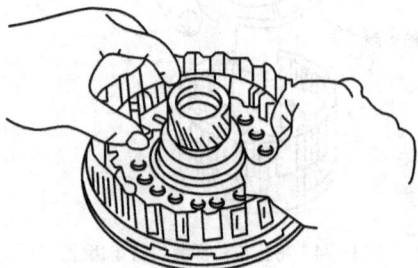

图1-97　安装直接挡离合器活塞

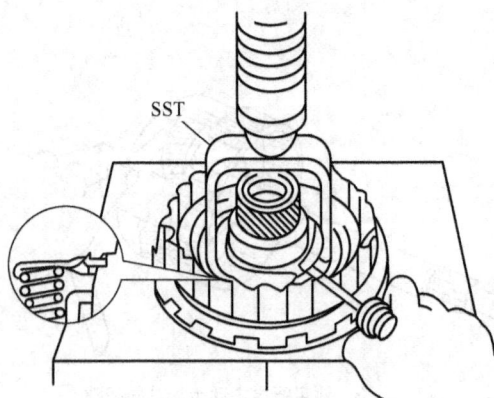

图1-98　安装活塞回位弹簧

- 用专用工具（SST）安装卡簧，确保卡簧间隙不能对着弹簧保持架凸缘。

⑤ 安装全部片、盘和法兰盘。

- 安装全部片和盘，安装顺序：P—D—P—D（P表示片，D表示盘）。
- 安装法兰盘，平的端面向下。
- 安装卡簧。

⑥ 检查直接挡离合器活塞行程。

- 将油泵放在液力变矩器上，然后将直接挡离合器总成放在油泵上。
- 用加入和放出压缩空气（392～785 kPa）的方法，用专用工具（SST）和千分表测量直接挡离合器活塞行程（见图1-99）。

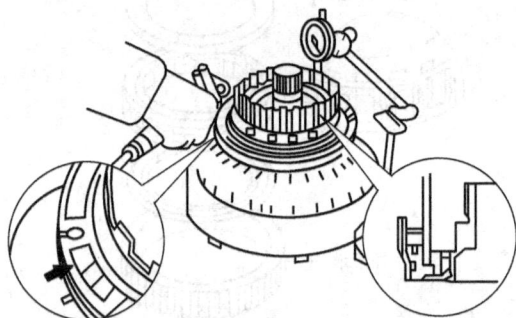

图1-99　检查直接挡离合器活塞行程

活塞行程：1.45～1.70 mm。如果活塞行程小于极限值，可能装错零件，检查并重新装配；如果活塞行程不在规定范围内，选择另一种法兰盘。法兰盘有6种不同厚度，见表1-17。

表1-17　　　　　　　　　　　法兰盘厚度

号码	16	17	18	19	20	21
厚度/mm	3.6	3.5	3.4	3.3	3.2	3.1

⑦ 安装直接挡离合器总成。

- 盘的花键对准直接挡离合器。
- 将直接挡离合器总成装到行星齿轮上。
- 检查单向离合器转动情况。

3. 带式制动器的检修

以丰田A341E自动变速器第二滑行制动器为例，说明带式制动器的检修步骤。第二滑行制动器零部件结构如图 1-100 所示。

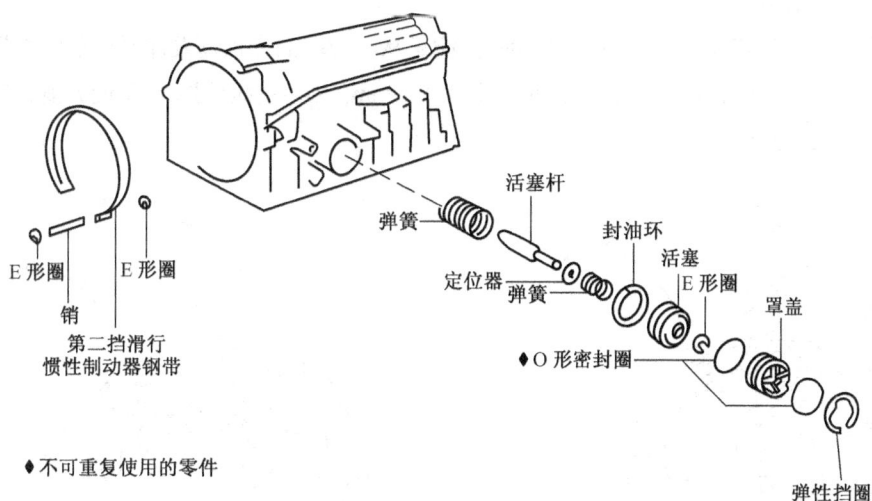

图1-100　第二滑行制动器零部件结构图

① 第二滑行制动器带的检查。如果制动带的衬片硬化、变色、烧焦、表面粉末冶金层脱落，甚至打印数字的部分表面烧伤，则更换制动带，如图 1-101 所示。在检查制动带时，不要将制动带反折，以防止制动带变形。

> 在新带安装之前，应将新带浸在 ATF 中至少 15 min。封油环涂上 ATF。

② 选择活塞杆。如果带是好的，因活塞杆行程不在规定数值范围内，要选择活塞杆（见图 1-102）。活塞杆有 4 种不同长度：70.7 mm、71.4 mm、72.2 mm 和 72.9 mm。

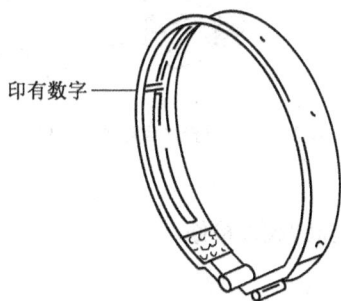

图1-101　第二滑行制动带的检查

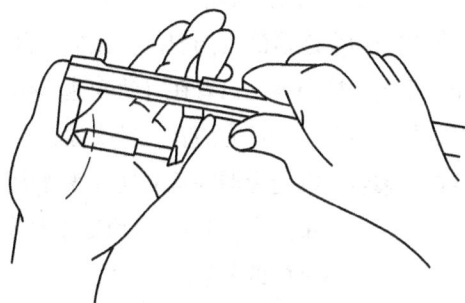

图1-102　选择活塞杆

③ 检查制动器伺服机构部件有无磨损和划痕，检查制动器的活塞，其表面应无损伤或拉毛，其液压缸内表面应无损伤或拉毛；如有异常，应更换新件。

（六）自动变速器液压控制系统的检修

1. 油泵的检修

① 检查从动齿轮壳体间隙（见图 1-103）。将从动齿轮推向壳体的一侧，用塞尺测量间隙。标

准壳体间隙为 0.07～0.15 mm，最大壳体间隙为 0.3 mm。如果壳体间隙大于最大值，则更换主动齿轮、从动齿轮或泵体。

② 检查从动齿轮齿顶间隙（见图 1-104）。测量从动齿轮的齿顶与泵体月牙形件之间的间隙，标准齿顶间隙为 0.11～0.14 mm，最大齿顶间隙为 0.3 mm。如果齿顶间隙大于最大值，则更换主动齿轮、从动齿轮或泵体。

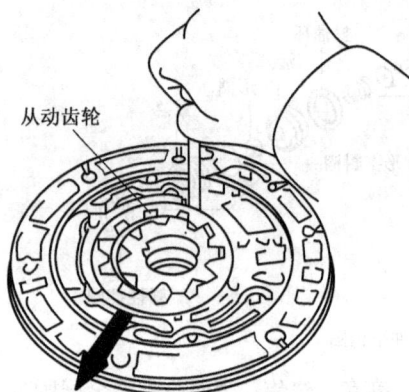

图1-103　检查从动齿轮壳体间隙　　　　　　　　图1-104　检查从动齿轮齿顶间隙

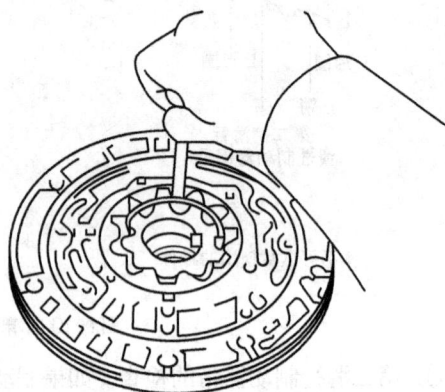

③ 检查两齿轮端面间隙（见图 1-105）。使用直尺和塞尺测量两齿轮端面间隙，标准端面间隙为 0.02～0.05 mm，最大端面间隙为 0.1 mm。如果端面间隙大于最大值，则更换主动齿轮、从动齿轮或泵体。

④ 检查油泵小齿轮、内齿轮、泵壳端面有无肉眼可见的磨损痕迹，如有，应更换新件。

2. 阀体的清洗和检修

阀体是自动变速器中最精密的部件之一，它的性能直接影响自动变速器的换挡规律。在拆检自动变速器时，并非一定要拆检阀体，只有在自动变速器换挡规律失常或摩擦片严重烧毁，阀体内沾有大量摩擦粉末时，才对阀体进行拆检修理，以免无谓的拆装破坏阀体内各个控制阀的装配精度。

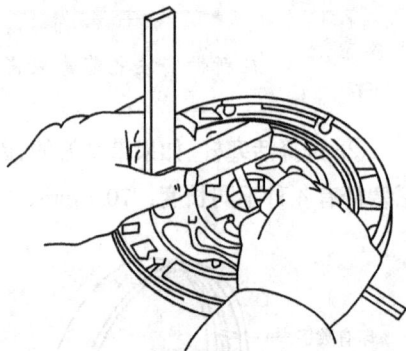

图1-105　检查两齿轮端面间隙

下面以丰田汽车 A341E 自动变速器为例，说明电控自动变速器的阀体检修。

（1）阀体总成的分解

阀体分解时应特别小心，不能丢失或分散小的节流阀、安全阀、随动阀和有关的弹簧。图 1-106 所示为 A341E 自动变速器的阀体总成图，自动变速器的分解步骤如下。

① 拆下带爪弹簧和弹簧片。

② 拆下手动阀。

③ 拆下 1、2、3、4 号电磁线圈，并从 1 号和 2 号电磁线圈上拆下 O 形密封圈和锁紧片。

④ 拆下滤油器和卸压阀。

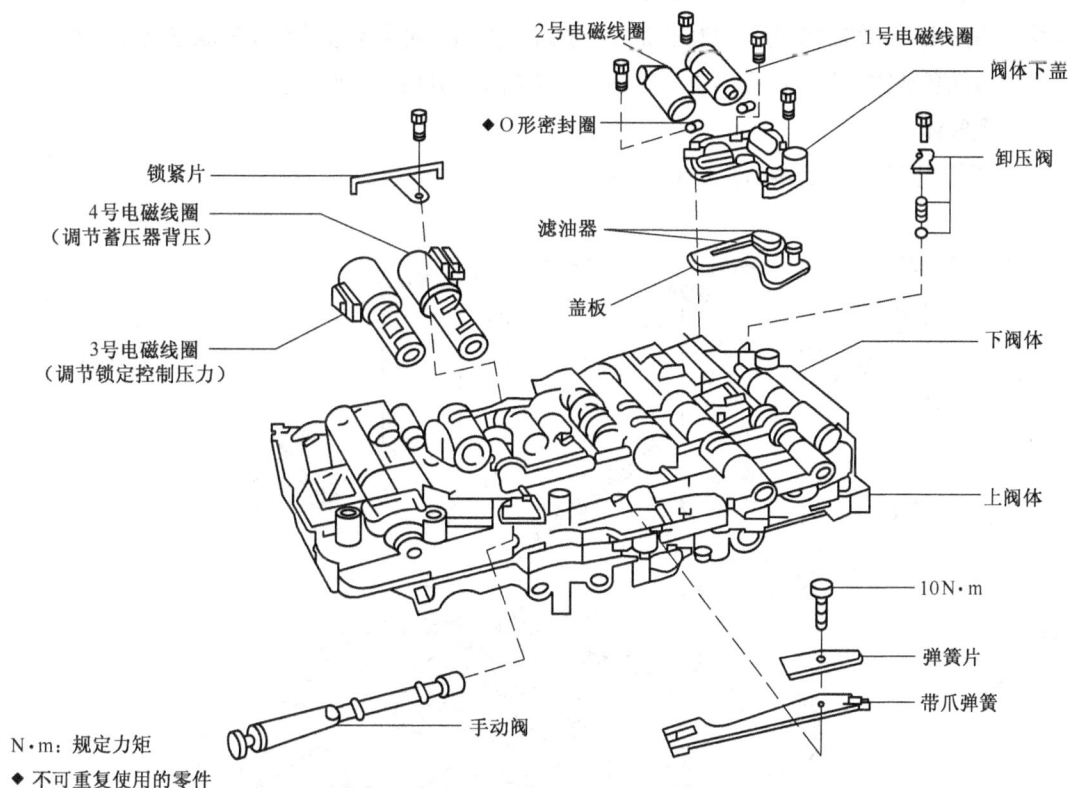

图1-106　A341E自动变速器的阀体总成图

⑤ 翻转总成并拆下28个螺栓。

⑥ 将上下阀体分开,如图1-107所示。在拿起上阀体时,为了防止上阀体油道内的单向节流阀球阀掉落,应将上下阀体之间的隔板和上阀体一同拿起,并将上阀体油道一面朝上放置,用木锤轻轻敲击隔板,防止小球阀粘在隔板上,然后再取下隔板。特别是在没有详细技术资料的情况下检查自动变速器时,更要特别注意。

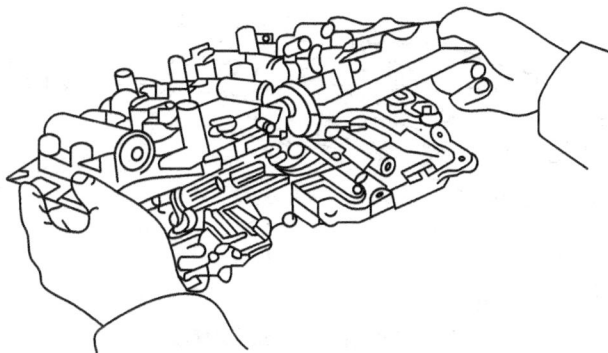

图1-107　将上下阀体分开

⑦ 从上阀体一侧取下隔板,取出上阀体油道内的所有单向球阀。

⑧ 拆出阀体中所有的控制阀。在拆出每个控制阀时，应先取出锁销和挡塞，再让阀芯和弹簧从阀孔中自由落出。若阀芯在阀孔中有卡滞，不能自由落出，可用木锤或橡皮锤敲击阀体，将阀芯震出，不要用铁丝或钳子伸入阀孔内去取阀芯，以免损坏阀孔内径或阀芯。

（2）上阀体

① 上阀体零部件的分解如图 1-108 所示。

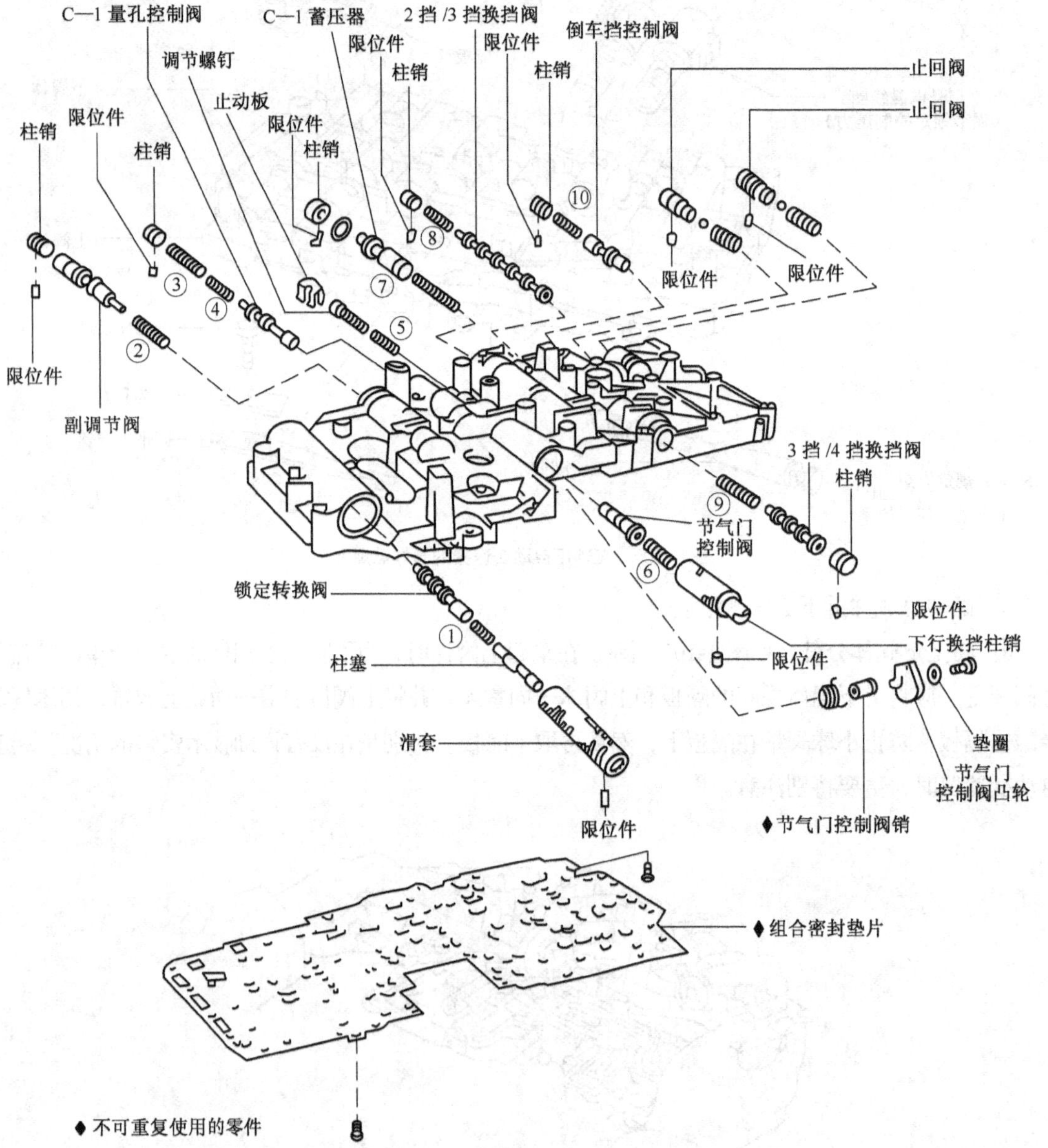

图1-108　上阀体零部件分解图

② 上阀体剖面图如图 1-109 所示。

③ 上阀体弹簧规格见表 1-18。

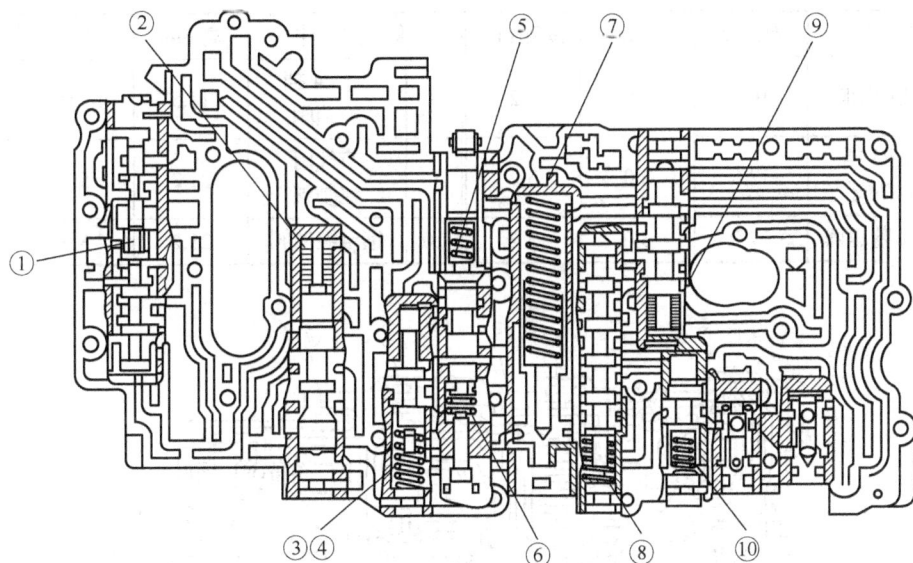

图1-109　上阀体剖面图

表 1-18　　　　　　　　　　　　　　上阀体弹簧规格

	弹　　簧	自由长度/mm	弹簧外径/mm	总　圈　数	颜　　色
1	锁定继动阀	23.42	5.86	12.25	红
2	副调节阀	36.78	9.22	13.50	—
3	C—1 量孔控制阀	37.13	11.14	11.25	白
4	C—1 量孔控制阀	21.50	7.76	11.50	—
5	节气门控制阀	27.25	8.73	12.50	黄
6	节气门控制阀	17.50	7.20	10.25	红
7	C—1 蓄压器	75.26	15.02	17.06	粉红
8	2 挡/3 挡换挡阀	30.77	9.70	10.50	紫
9	3 挡/4 挡换挡阀	30.77	9.70	10.50	紫
10	倒挡控制阀	25.58	8.64	8.75	—

注：当重新装配时，可参照上述弹簧规格，区别不同的弹簧。

④ 上阀体限位件的位置如图 1-110 所示，上阀体限位件的规格见表 1-19。

表 1-19　　　　　　　　　　　　　　上阀体限位件规格

限　位　件		高/mm	宽/mm	厚度/mm	限　位　件		高/mm	宽/mm	厚度/mm
1	止回阀	10.0	5.0	3.2	6	C—1 量孔控制阀	12.5	5.0	3.2
2	止回阀	21.2	5.0	3.2	7	副调节阀	10.0	5.0	3.2

续表

限位件		高/mm	宽/mm	厚度/mm	限位件		高/mm	宽/mm	厚度/mm
3	倒挡控制阀	16.0	5.0	3.2	8	3挡/4挡换挡阀	11.5	5.0	3.2
4	2挡/3挡换挡阀	12.5	5.0	3.2	9	节气门控制阀	21.2	5.0	3.2
5	C—1蓄压器	37.5	5.0	3.2	10	锁定继动阀	21.2	5.0	3.2

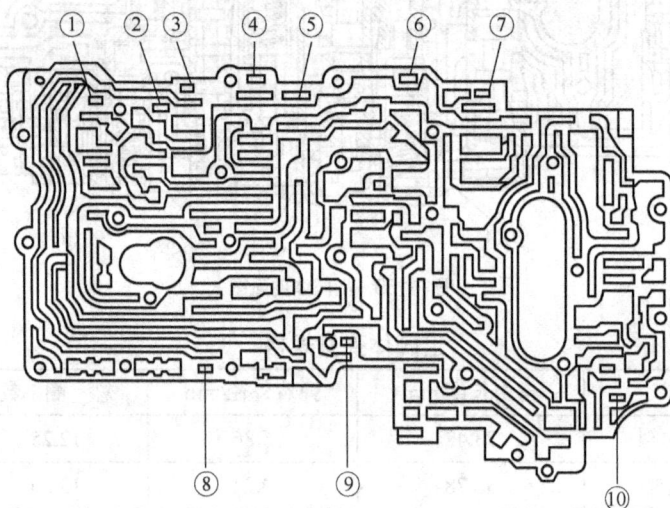

图1-110　限位件的位置图

⑤ 止回球的位置如图 1-111 所示，止回球的规格见表 1-20。

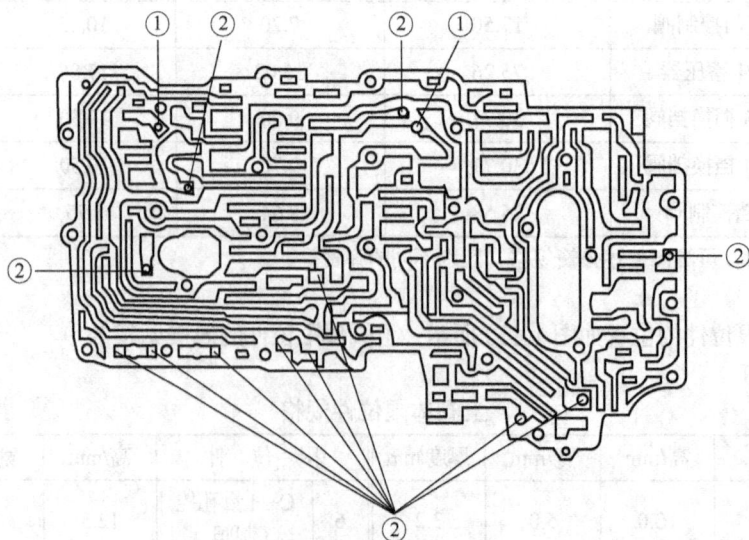

图1-111　止回球的位置图

表 1-20　　　　　　　　　　　　止回球规格

止　回　球		直径/mm
1	橡胶球	6.35
2	橡胶球	5.54

（3）下阀体

① 下阀体零部件分解如图 1-112 所示。

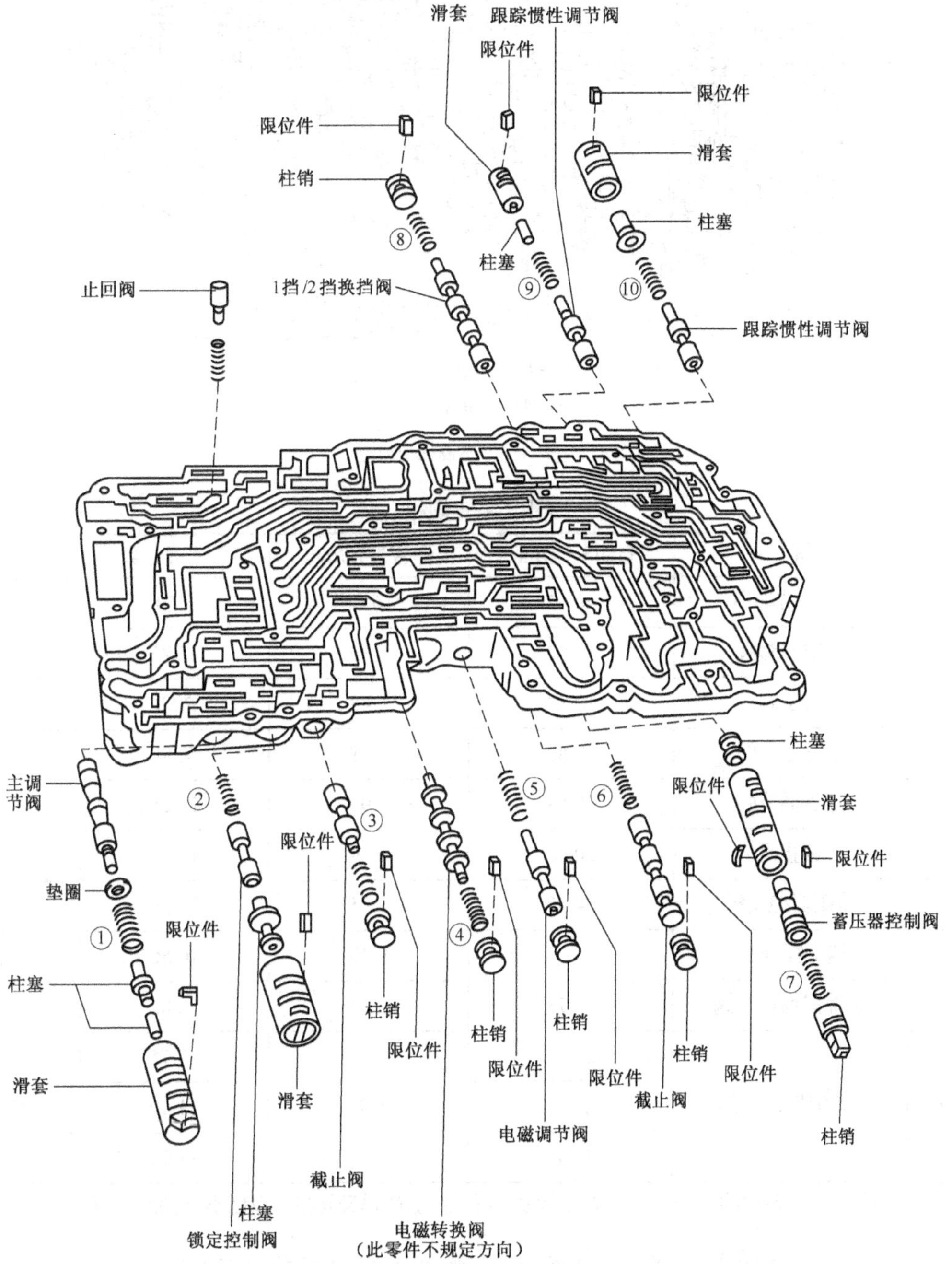

图1-112　下阀体零部件分解图

② 下阀体剖面图如图 1-113 所示。

③ 阀体弹簧规格见表 1-21 所示。

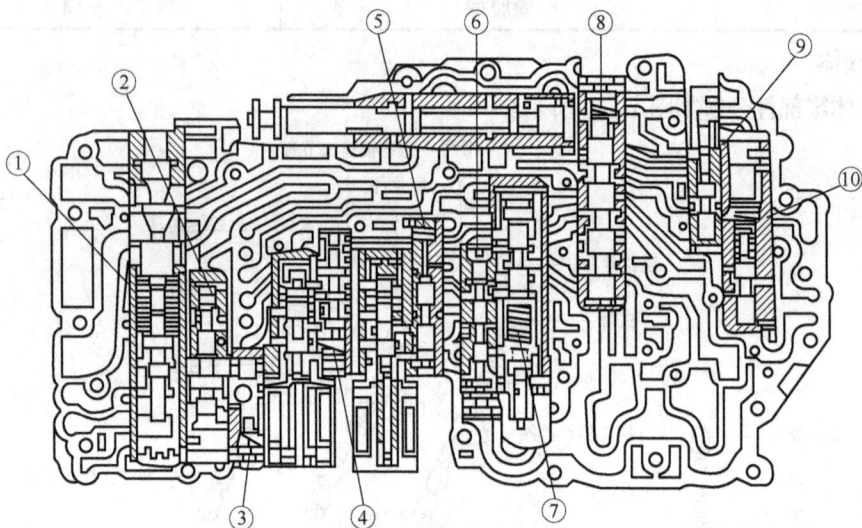

（此零件不规定方向）

图1-113　下阀体剖面图

表 1-21　　　　　　　　　　　　阀体弹簧规格

	弹　簧	自由长度/mm	弹簧外径/mm	总　圈　数	颜　色
1	主调节阀	40.62	16.88	9.50	红
2	锁定控制阀	18.52	5.30	12.75	白
3	回位阀	18.80	7.48	7.50	—
4	电磁继动阀	18.80	7.48	7.50	—
5	电磁调节阀	30.63	7.99	15.25	
6	截止阀	20.30	6.10	12.75	
7	蓄压器控制阀	34.50	8.85	12.50	—
8	1挡/2挡换挡阀	30.77	9.70	10.50	紫
9	跟踪惯性调节阀	19.73	8.04	9.80	—
10	跟踪惯性调节阀*	26.11	8.04	10.75	—
		26.71		11.50	淡绿
		27.41		11.75	黄

注：*表示安装3种弹簧中的一种。当重新装配时，可参照上述弹簧规格，以区别不同的弹簧。

④ 下阀体限位件的位置如图 1-114 所示，下阀体限位件的规格见表 1-22。

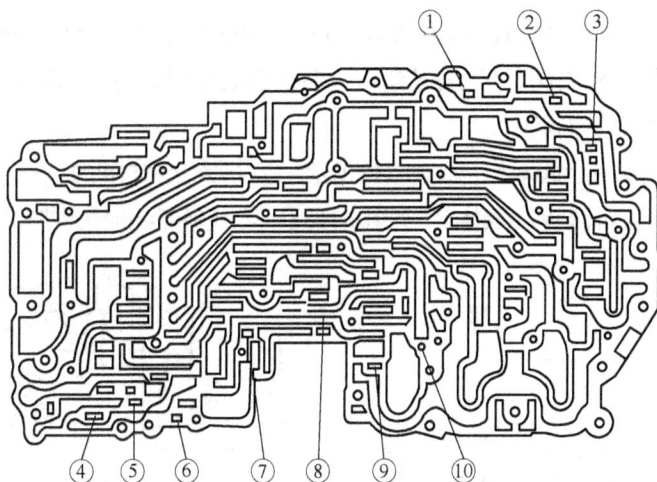

图1-114　下阀体限位件位置图

表1-22　　　　　　　　　　　　下阀体限位件规格

限　位　件		高/mm	宽/mm	厚度/mm	限　位　件		高/mm	宽/mm	厚度/mm
1	1挡/2挡换挡阀	14.5	5.0	3.2	6	回位阀	8.5	5.0	3.2
2	跟踪惯性调节阀	14.5	5.0	3.2	7	电磁继动阀	12.5	5.0	3.2
3	跟踪惯性调节阀	14.5	5.0	3.2	8	电磁调节阀	14.5	5.0	3.2
4	主调节阀	13.0	5.0	3.2	9	截止阀	19.0	5.0	3.2
5	锁定控制阀	14.5	5.0	3.2	10	蓄压器控制阀	29.0	5.0	3.2

（4）阀体零件的检修

① 将上下阀体的所有控制阀的零件用清洁的煤油或酒精清洗干净。

② 检查控制阀阀芯表面，如有轻微伤痕迹，可用金相砂纸抛光。

③ 检查各阀弹簧有无损坏，测量各阀弹簧的长度，如不符合规定要求，应更换。

④ 检查滤油器，如有损坏或堵塞，应更换。

⑤ 检查隔板，如有创伤或损坏，应更换。

⑥ 更换隔板上的纸质衬垫。

⑦ 更换所有塑胶球阀。

⑧ 如控制阀卡死在阀孔中，应更换阀体总成。

（5）阀体总成的装配

① 将清洗后的上下阀体和所有控制阀零件放在干净的液压油中，浸泡几分钟。

② 安装上下阀体各控制阀，注意各控制阀弹簧的安装位置，切不可将各控制阀的弹簧装错。

③ 将上阀体油道内的球阀装入。

④ 将组装的密封垫装在上阀体上，如图1-115所示，应对准组装密封垫的每一个螺栓孔并装上螺钉。

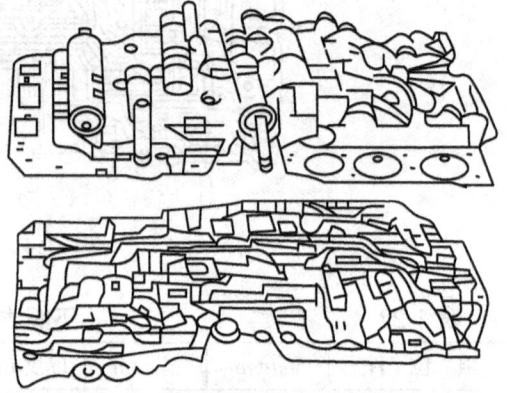

⑤ 将带密封垫的上阀体装到下阀体上，如图1-116所示，应保证对准密封垫和阀体的每一个螺栓孔。

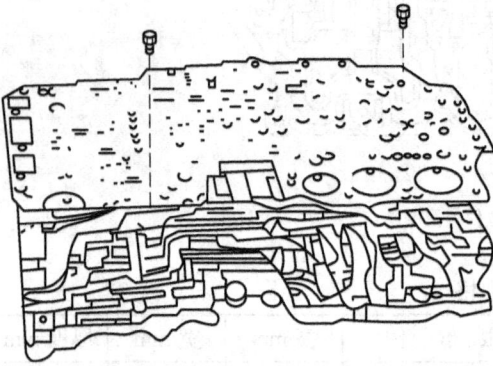

图1-115　将组装的密封垫装在上阀体上　　图1-116　将带密封垫的上阀体装到下阀体上

⑥ 安装28个螺栓到上阀体，如图1-117所示，长度为A螺栓45 mm、B螺栓35 mm、C螺栓20 mm，拧紧力矩为6.1 N·m。

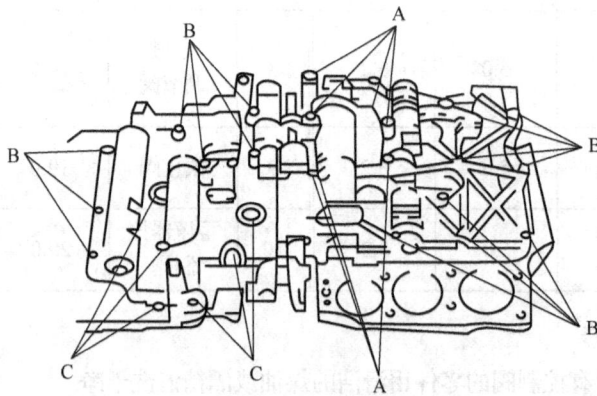

图1-117　安装28个螺栓到上阀体

⑦ 安装滤油器、卸压阀和4个电磁线圈。

⑧ 安装手动阀，如图1-118所示。

⑨ 安装带爪弹簧，拧紧力矩为10 N·m。

⑩ 确保手动阀运动平稳。

（七）自动变速器电控系统的检修

控制系统中的传感器、执行器、开关等产生故障，会对自动变速器工作产生影响。

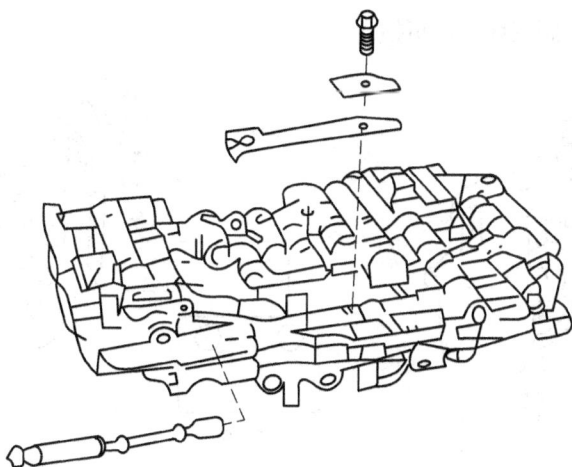

图1-118　安装手动阀

1. 车速传感器和输入轴转速传感器的检修

（1）感应线圈电阻的测量

关闭点火开关，拔下传感器线束插头。用万用表测量传感器两接线端之间的电阻（见图 1-119）。如果感应线圈短路、断路或电阻值不符合标准，应更换传感器。

（2）传感器输出脉冲的测量

用千斤顶将汽车一侧的驱动轮顶起，使变速杆位于 N 位，用手转动悬空的驱动轮，同时用万用表测量车速传感器两接线柱之间有无脉冲感应电压。若在转动车轮时传感器有脉冲输出，说明其工作正常；否则应更换传感器。

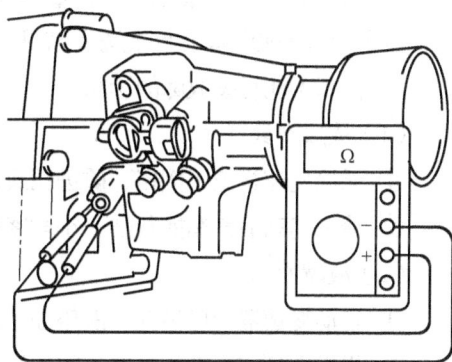

图1-119　传感器感应线圈电阻的测量

2. 电磁阀的检修

（1）电磁阀的就车检查

用万用表测量电磁阀线圈的电阻。开关式电磁阀线圈的电阻一般为 10～30 Ω。脉冲线性式电磁阀的线圈电阻值较小，一般为 2～6 Ω。若电磁阀线圈短路、断路或电阻值不符合标准，应更换。

将 12V 电源施加在电磁阀线圈上，此时应能听到电磁阀工作的"咔嗒"声；否则说明阀芯卡住，应更换电磁阀。

（2）电磁阀的性能检验

开关式电磁阀性能的检验方法：拆下电磁阀，将压缩空气吹入电磁阀进油口。当电磁阀线圈不接电源时，进油孔和泄油孔之间应不通气；接上电源后，进油孔和泄油孔之间应相通，如图 1-120 所示。若不满足要求，说明电磁阀损坏，应更换电磁阀。

脉冲线性式电磁阀性能的检验方法：拆下脉冲线性式电磁阀，将蓄电池串联一个 8～10 W 的车用灯泡，然后与电磁阀线圈连接。通电时，电磁阀阀芯应向外伸出；断电时，电磁阀阀芯应向内缩入。如果异常，说明电磁阀损坏，应更换。

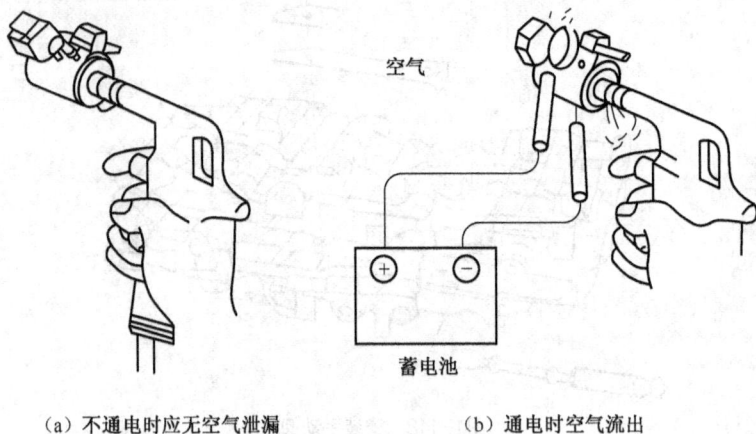

（a）不通电时应无空气泄漏　　　　　（b）通电时空气流出

图1-120　检测电磁阀性能

（八）自动变速器典型故障的诊断与排除

本节内容说明汽车自动变速器常见故障产生的原因和诊断排除方法。

1. 汽车不能行驶故障的诊断

（1）故障现象

① 无论变速杆位于倒挡、前进挡或前进低挡，汽车都不能行驶。

② 冷车起动后汽车能行驶一小段路程，但热车状态下汽车不能行驶。

（2）故障原因

① 自动变速器油底渗漏，液压油全部漏光。

② 操纵手柄和手动阀摇臂之间的连杆或拉索松脱，手动阀保持在空挡或停车挡位置。

③ 油泵进油滤网堵塞。

④ 主油路严重泄漏。

⑤ 油泵损坏。

（3）故障诊断与排除

汽车不能行驶的故障诊断与排除流程如图1-121所示。

2. 无前进挡故障的诊断

（1）故障现象

① 汽车倒挡行驶正常，在前进挡时不能行驶。

② 变速杆在D位时不能起步，在S位、L位（或2位、1位）时可以起步。

（2）故障原因

① 前进挡离合器严重打滑。

② 前进单向超越离合器打滑或装反。

③ 前进挡离合器油路严重泄漏。

④ 变速杆调整不当。

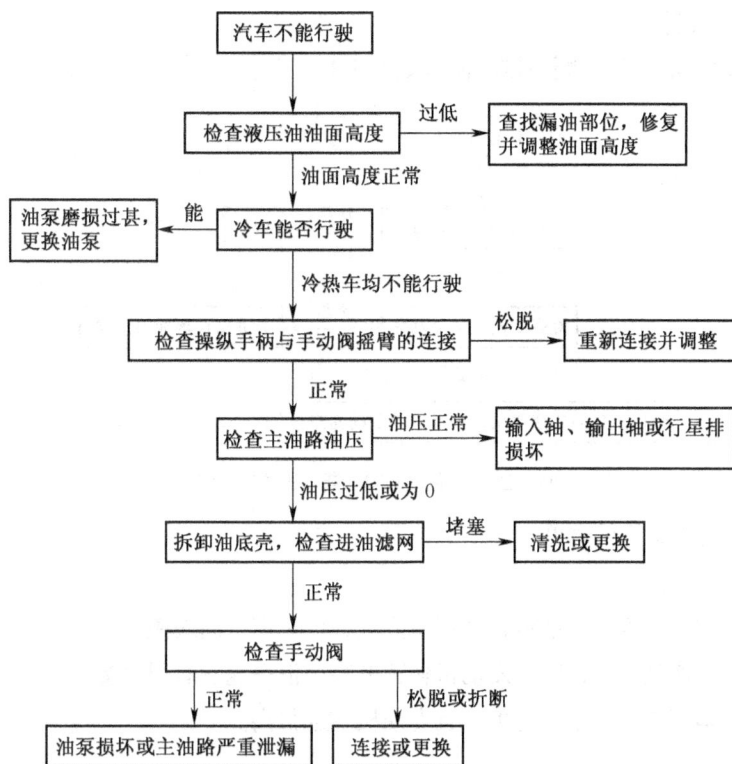

图1-121 不能行驶故障诊断与排除流程图

（3）故障诊断与排除

自动变速器无前进挡的故障诊断与排除流程如图 1-122 所示。

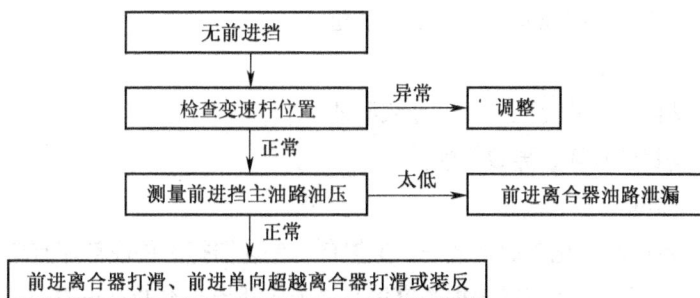

图1-122 无前进挡故障诊断与排除流程图

3. 无倒挡故障的诊断

（1）故障现象

汽车在前进挡能正常行驶，但在倒挡时不能行驶。

（2）故障原因

① 变速杆调整不当。

② 倒挡油路泄漏。

③ 倒挡及高挡离合器或低挡及倒挡制动器打滑。

（3）故障诊断与排除

自动变速器无倒挡的故障诊断与排除流程如图1-123所示。

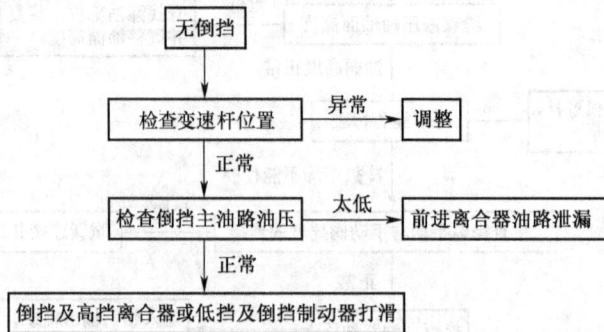

图1-123　无倒挡故障诊断与排除流程图

4. 自动变速器打滑故障的诊断

（1）故障现象

① 起步时踩下加速踏板，发动机转速很快升高，但车速升高缓慢。

② 行驶中踩下加速踏板加速时，发动机转速升高，但车速没有很快提高。

③ 平路行驶基本正常，但上坡无力，且发动机转速很高。

（2）故障原因

① 液压油油面太低。

② 液压油油面太高，运转中被行星排剧烈搅动后产生大量气泡。

③ 离合器或制动器摩擦片、制动带磨损过甚或烧焦。

④ 油泵磨损过甚或主油路泄漏，造成油路油压过低。

⑤ 单向超越离合器打滑。

⑥ 离合器或制动器活塞密封圈损坏，导致漏油。

⑦ 减震器活塞密封圈损坏，导致漏油。

（3）故障诊断与排除

打滑是自动变速器中最常见的故障之一。虽然自动变速器打滑往往都伴有离合器或制动器摩擦片严重磨损甚至烧焦等现象，在更换磨损的摩擦片之前应找出打滑的真正原因。

自动变速器打滑的故障诊断与排除流程如图1-124所示。

5. 无发动机制动故障的诊断

（1）故障现象

① 在行驶中，当变速杆位于前进低挡（S、L或2、1）位置时，松开加速踏板，发动机转速降至怠速，但汽车没有明显减速。

② 下坡时，变速杆位于前进低挡，但不能产生发动机制动作用。

（2）故障原因

① 挡位开关调整不当。

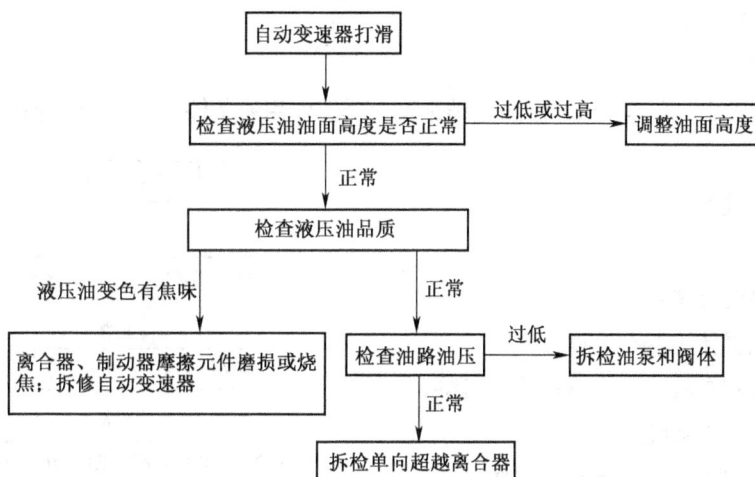

图1-124 自动变速器打滑故障诊断与排除流程图

② 变速杆调整不当。

③ 2挡强制制动器打滑或低挡及倒挡制动器打滑。

④ 控制发动机制动的电磁阀有故障。

⑤ 阀体有故障。

⑥ 自动变速器打滑。

⑦ ECU有故障。

（3）故障诊断与排除

自动变速器无发动机制动的故障诊断与排除流程如图1-125所示。

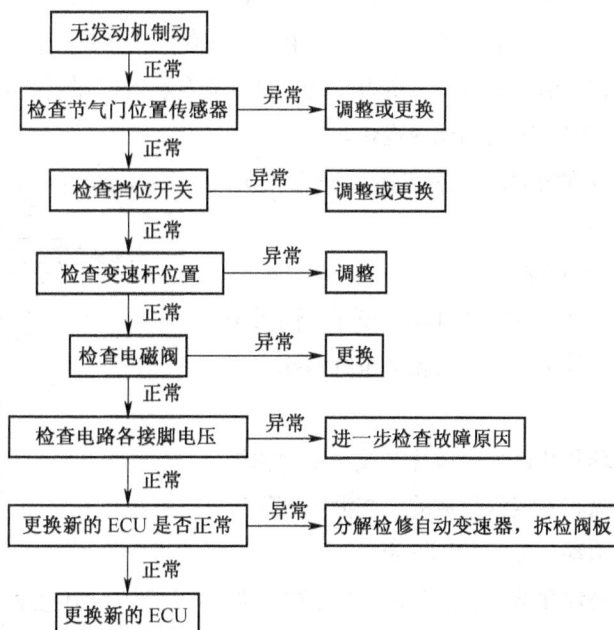

图1-125 无发动机制动故障诊断与排除流程图

6. 无锁止故障的诊断

（1）故障现象

① 在汽车行驶中，车速、挡位已满足锁止离合器起作用的条件，但锁止离合器仍没有产生锁止作用。

② 汽车油耗较大。

（2）故障原因

① 液压油温度传感器有故障。

② 节气门位置传感器有故障。

③ 锁止电磁阀有故障或线路短路、断路。

④ 锁止控制阀有故障。

⑤ 液力变矩器中的锁止离合器损坏。

（3）故障诊断与排除

自动变速器无锁止的故障诊断与排除流程如图 1-126 所示。

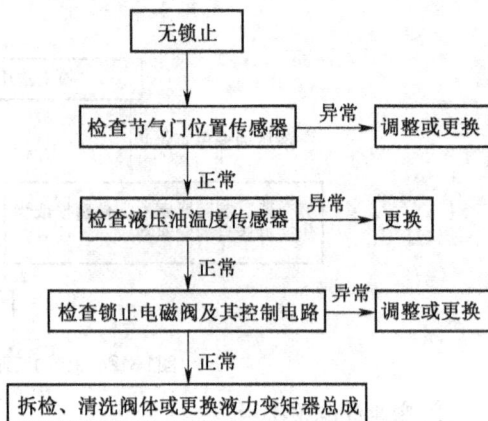

图1-126　无锁止故障诊断与排除流程图

四、拓展知识

现在市场上销售的汽车，其装备的变速器主要有手动变速器（MT）、自动变速器（AT）、无级变速器（CVT）、双离合自动变速器（DCT 或 DSG）。

（一）认识无级变速器

无级变速器（Continuously Variable Transmission，CVT）与有级式的区别在于，它的变速比不是间断的点，而是一系列连续的值，例如可以从 3.455 一直变化到 0.85。CVT 结构比传统变速器简单，体积更小，它既没有手动变速器的众多齿轮副，也没有自动变速器复杂的行星齿轮组，它主要靠主、从动轮和金属带来实现速比的无级变化。

目前，国内使用 CVT 的车辆主要有奥迪、飞度、西耶那（派力奥）、旗云等。

1. 无级变速器的基本原理

CVT 的主要结构和工作原理如图 1-127 所示，该系统主要包括主动轮组、从动轮组、金属带和液压缸等基本部件。

金属带由两束金属环和几百个金属片构成。主动轮组和从动轮组都是由可动盘和固定盘组成的，与液压缸靠近的一侧带轮可以在轴上滑动，另一侧则固定。

可动盘与固定盘都是锥面结构，它们的锥面形成 V 形

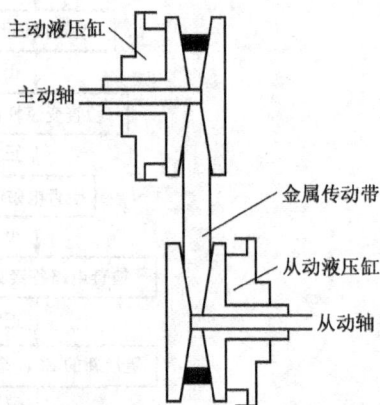

图1-127　CVT的工作原理

槽来与 V 形金属传动带啮合。发动机输出轴输出的动力首先传递到 CVT 的主动轮组，然后通过 V

形传动带传递到从动轮组，最后经主减速器、差速器传递给车轮来驱动汽车。

工作时通过主动轮组与从动轮组的可动盘进行轴向移动来改变主动轮、从动轮锥面与 V 型传动带啮合的工作半径，从而改变传动比。两个带轮可以实现反向调节，即当其中一个带轮凹槽逐渐变宽时，另一个带轮凹槽就会逐渐变窄。可动盘的轴向移动量是由控制系统调节主动轮、从动轮液压缸压力来实现的。由于主动轮组和从动轮组的工作半径可以实现连续调节，从而实现了无级变速。

2. CVT 变速器的优点

① 由于没有了一般自动挡变速器的传动齿轮，也就没有了自动挡变速器的换挡过程，由此带来的换挡顿挫感也随之消失，所以 CVT 变速器的动力输出是线性的，在实际驾驶中非常平顺。

② CVT 的传动系统理论上挡位可以无限多，挡位设定更为自由，传统传动系统中的齿轮比、速比以及性能、耗油、废气排放的平衡，都更容易达到。

③ CVT 传动的机械效率、省油性大大优于普通的自动挡变速器，仅次于手动挡变速器，燃油经济性好。

3. CVT 变速器的缺点

① 相比传统自动挡变速器而言，它的成本要略高；而且操作不当的话，出问题的概率更高。

② CVT 变速器本身还有它的缺点，就是传动的钢制传动带能够承受的力量有限，一般在 2.8L 排量或者 280N·M 以内。钢带的问题在逐步得到解决。

（二）认识奥迪 01J 型无级变速器

奥迪 01J 型无级变速器被称为 Multitronic，其结构如图 1-128 所示，主要由减震缓冲装置、动力连接装置、速比变换系统、液压控制单元和 ECU 等组成。

发动机输出转矩通过飞轮减震装置或双质量飞轮传递给变速器输入轴，前进挡和倒挡通过前进挡离合器和倒挡制动器实现。发动机的转矩通过减速齿轮组传递到无级变速器，并由此传递到主减速器。电子液压控制阀体和变速器控制单元集成为一体，位于变速器内部。

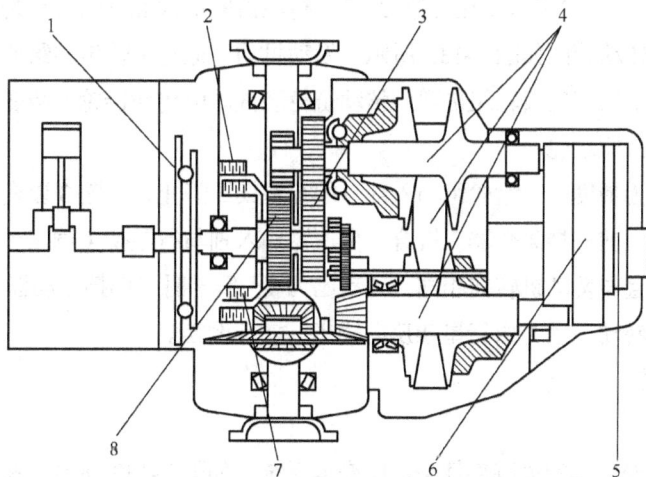

图1-128　奥迪01J型无极变速器的结构
1—飞轮减震装置　2—倒挡制动器　3—辅助减速齿轮组　4—速比变换器及传动链
5—变速器ECU　6—液压控制单元　7—前进挡离合器　8—行星齿轮组

1. 减震缓冲装置

奥迪 01J 型无级变速器取消了变矩器。由于飞轮在工作时转动是不均匀的，即在做功行程转得快，而在其他行程则转得慢。这种转动的不均匀性传递到变速器内就会形成震动。因此在 CVT 上需要一个减震缓冲装置来缓冲这种震动。目前奥迪 V6 2.8L 发动机采用飞轮减震装置，奥迪 A4 1.8L 四缸发动机采用双质量飞轮作为减震缓冲装置，如图 1-129 所示。

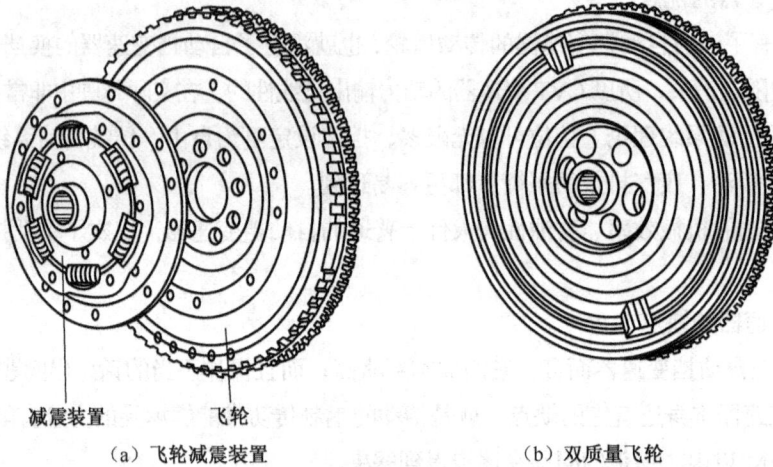

减震装置   飞轮
（a）飞轮减震装置   （b）双质量飞轮

图1-129   减震缓冲装置

2. 动力连接装置

动力连接装置包括行星齿轮装置、前进挡离合器和倒挡制动器。

奥迪 01J 型无级变速器前进挡离合器和倒挡制动器配合单排行星齿轮机构实现前进挡和倒挡。前进挡离合器和倒挡制动器采用了湿式多片式摩擦片，用于起步并将转矩传递给辅助减速齿轮组，如图 1-130 所示。起步和转矩传递过程由电子和液压控制单元监控和调整。

行星齿轮机构如图 1-131 所示，在奥迪 CVT 中行星齿轮机构唯一的功能是倒挡时改变变速器输出轴的旋转方向，其传动简图如图 1-132 所示。发动机动力通过飞轮传递给变速器输入轴，再通过行星齿轮机构、一对辅助变速齿轮组传递到传动链轮装置。由传动链轮无级变速后，动力经过主减速器和差速器，传递到驱动轮。

车辆怠速时，作为辅助减速齿轮组输入部分的行星架 5 静止，齿圈 3 以发动机转速一半的速率怠速运转；前进挡时，前进挡离合器 2 接合，变速器输入轴与行星架（输出）连接，行星齿轮系变成一个刚体传动，并且与发动机转向相同，传动比为 1；倒挡时，倒挡制动器 1 制动，齿圈 3 与壳体固定在一起，不能转动，动力由行星架反向输出，实现倒挡。

3. 速比变换系统

（1）组成

奥迪 01J 型无级变速器的关键部件是速比变换系统，如图 1-133 所示。速比变换系统由主动链轮装置、从动链轮装置以及传动链 3 部分组成。主动链轮装置由发动机通过辅助减速齿轮组驱动，发动机转矩经传动链传递到从动链轮装置，并由此传给主减速器。每组链轮装置中的其中一个链轮可沿轴向移动，两组链轮装置中的可动链轮必须同时进行移动，这样才能保证传动链始终处于张紧状态，并有足够的传动链和链轮之间的接触压力。

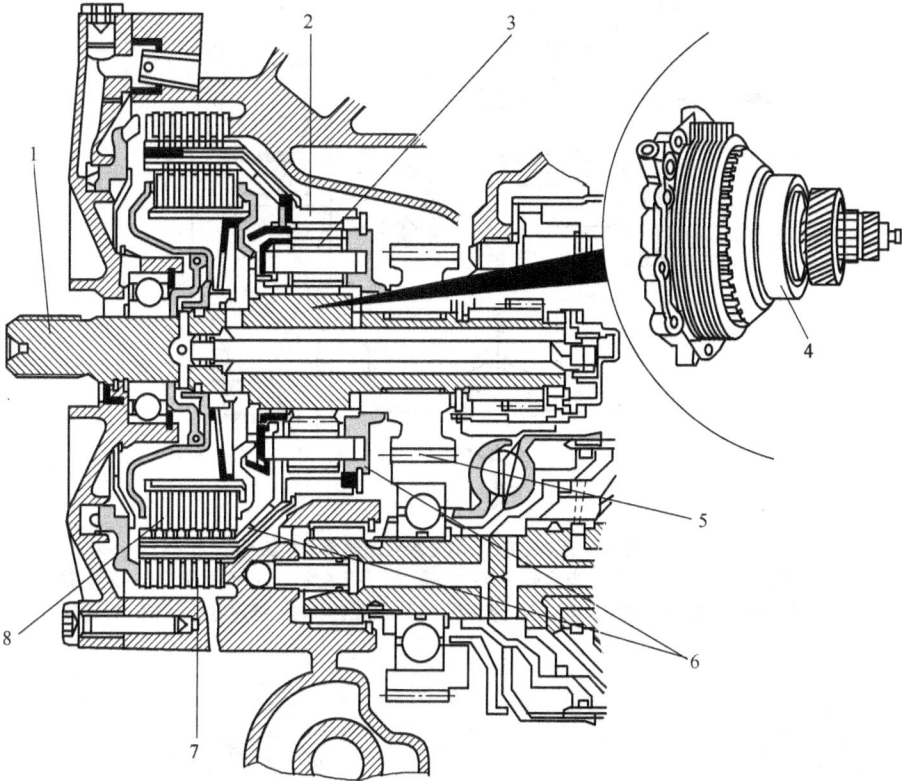

图1-130 离合器、制动器及行星齿轮机构
1—变速器输入轴 2—齿圈 3—行星齿轮 4—行星齿轮机构
5—转助减速齿轮组 6—行星架 7—倒挡制动器 8—前进挡离合器

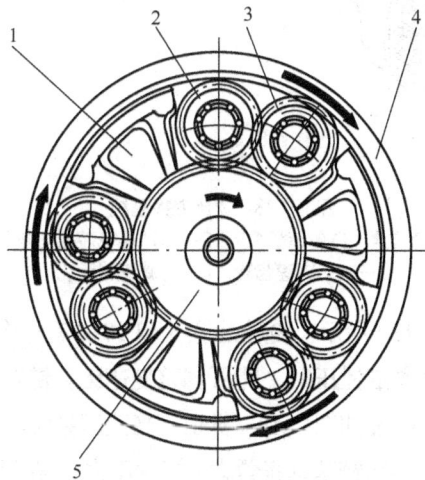

图1-131 行星齿轮机构
1—行星架 2—行星轮1 3—行星轮2 4—齿圈 5—太阳轮

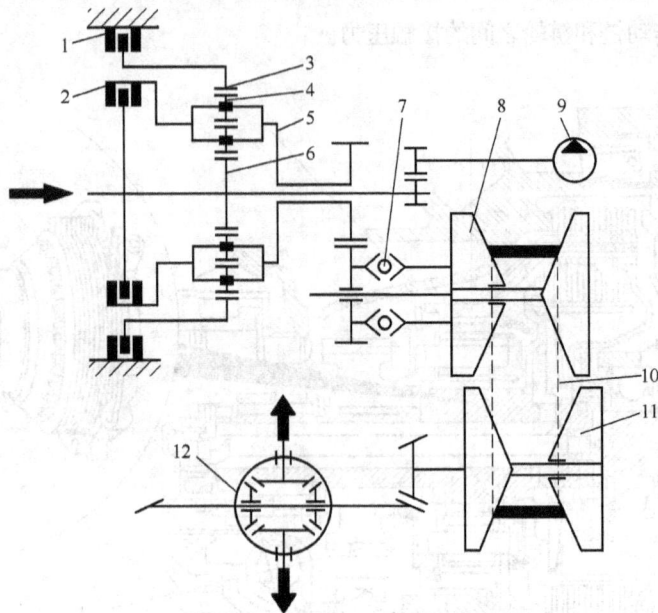

图1-132　奥迪01J型无级变速器传动简图

1—倒挡制动器　2—前进挡离合器　3—齿圈　4—行星轮　5—行星架　6—太阳轮
7—转矩感应装置　8—链轮装置1　9—液压泵　10—传动链　11—链轮装置2　12—差速器

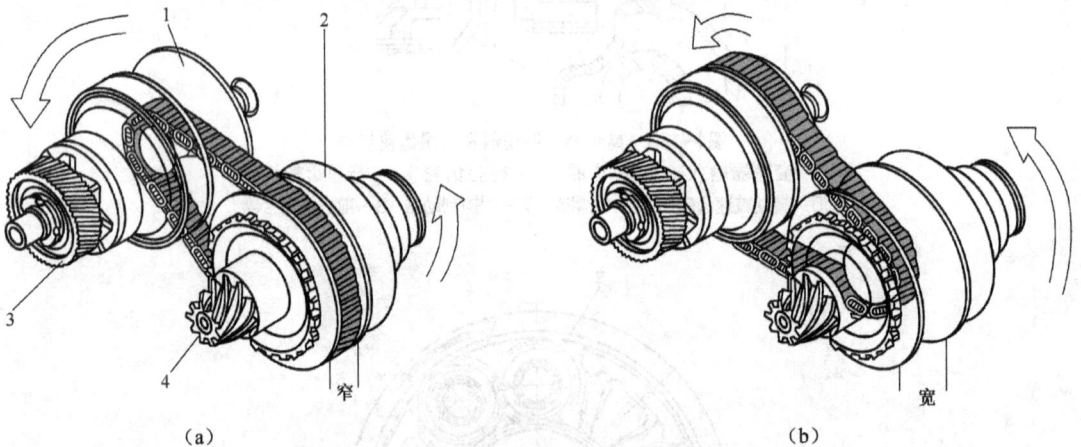

（a）　　　　　　　　　　　　　　　（b）

图1-133　速比变换系统

1—主动链轮装置（链轮装置1）　2—从动链轮装置（链轮装置2）
3—辅助减速齿轮　4—主减速器齿轮

　　速比变换系统的结构如图1-134所示。链轮装置5和10各有一个压力缸2、8和分离缸6、11。当一个分离缸进油，而另一个分离缸泄压时，即可调整变速比。链轮和传动链之间的接触压力由压力缸内的油压来保证，基本工作原理如图1-135所示。当液压系统泄压时，主动链轮膜片弹簧和从动链轮螺旋弹簧产生一个额定的传动链基础张紧力（接触压力）。在泄压状态下，变速器起动转矩变速比由从动链轮的螺旋弹簧弹力调整。

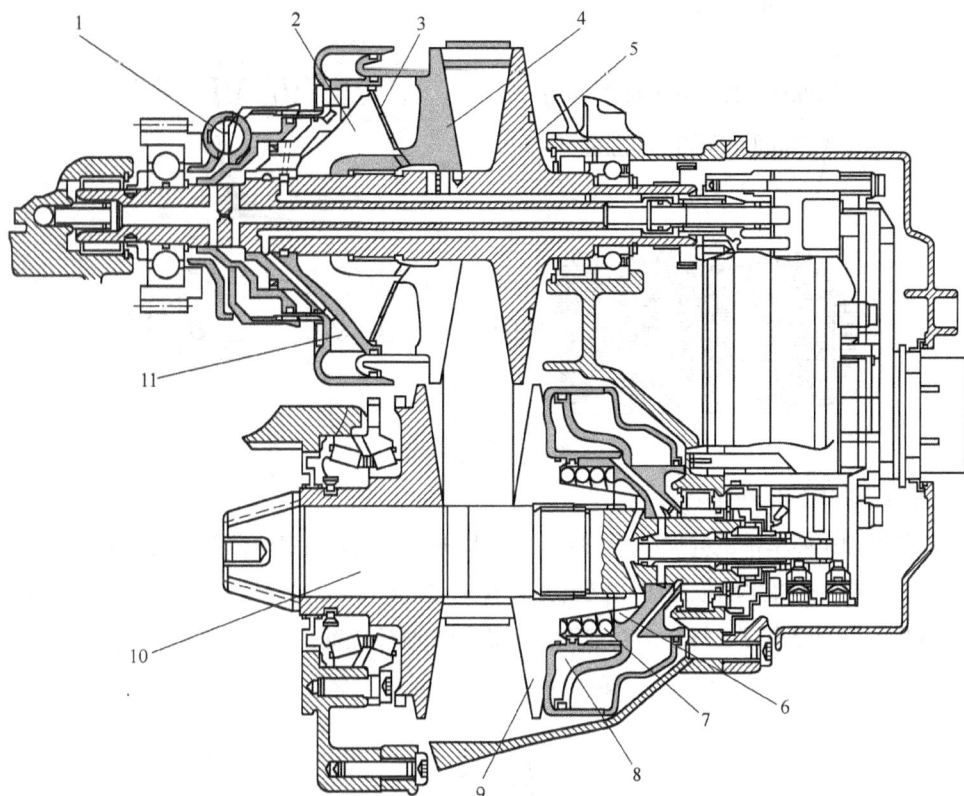

图1-134 速比变换系统的结构

1—转矩传感器 2、8—压力缸 3—膜片弹簧 4、9—变速器链轮
5、10—链轮装置 6、11—变速器分离缸 7—螺旋弹簧

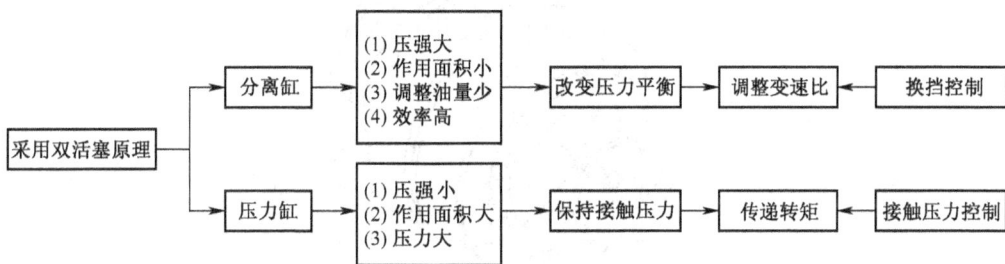

图1-135 速比变换系统工作原理

（2）传动链

传动链（见图1-136）是 Multitronic 变速器的关键部件，传动链具有转矩大和效率高等特点。

传动链的相邻链节通过转动压块连接成一排（每个销子连接两个链节），转动压块在变速器链轮间"跳动"。转矩靠转动压块正面和链轮接触面的摩擦力来传递。两个转动压块组成一个转动节。转动压块相互滚动，当其在链轮跨度半径范围内驱动传动链时，几乎没有摩擦。尽管转矩和弯曲角度大，动力损失和磨损却最小，因此寿命延长并提高了效率。

传动链是由两种不同长度的链节构成的，使用两种不同长度链节的目的是防止共振并减小运动噪声。

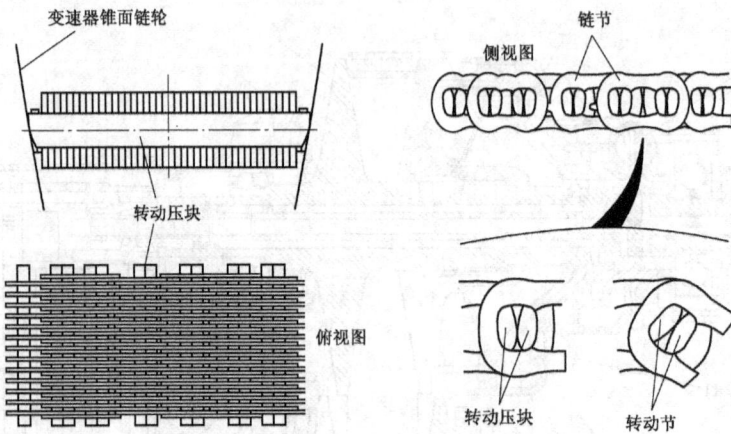

图1-136　传动链

4. 变速杆选挡轴和停车锁

变速杆选挡轴和停车锁机构如图1-137所示。奥迪01J型无级变速器变速杆位置有P、R、N、D及手动选挡位置。选择手动模式时，仪表会显示6、5、4、3、2或者1。通过变速杆可触发液压控制单元手动阀、控制停车锁、触发多功能开关以识别变速杆位置。

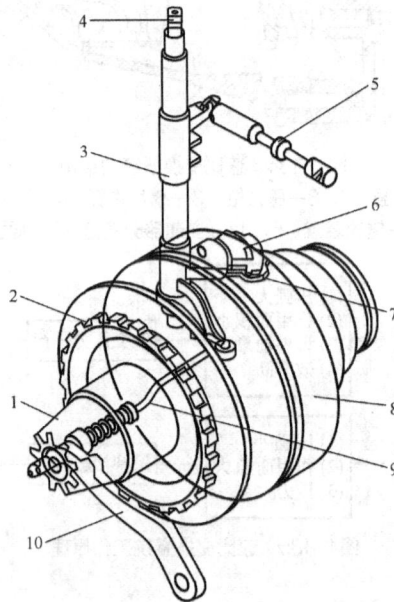

图1-137　选挡轴及停车锁机构

1—驱动小齿轮　2—驻车锁止齿轮　3—选挡轴　4—外选挡机构　5—手动阀
6—电磁铁　7—锁止通道　8—链轮装置　9—锁止推杆　10—锁止爪

在变速杆处于P位时，与选挡轴相连的锁止推杆9轴向移动，锁止爪10被压向驻车锁止齿轮2，并相互啮合，实现机械锁止功能。

5. 液压控制系统

奥迪Multitronic CVT的液压控制系统主要控制离合器和制动器的接合、冷却以及链轮接触压力和速比变化等。

系统油路图如图 1-138 所示。

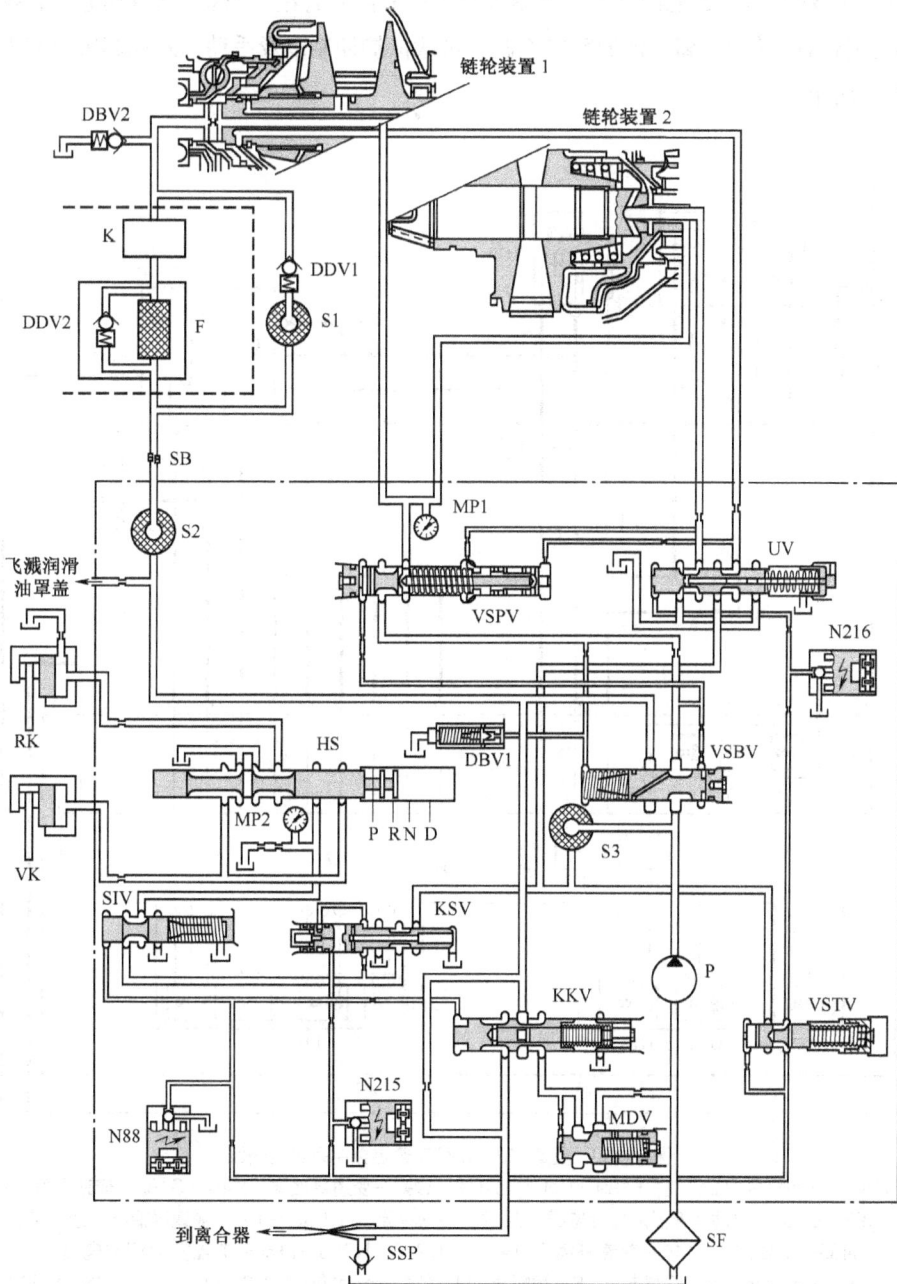

图1-138　系统油路图

DBV1—限压阀1　DBV2—限压阀2　DDV1—差压阀1　DDV2—差压阀2　F、SF—ATF滤清器　HS—手动选挡阀
K—ATF冷却器　KKV—离合器冷却阀　KSV—离合器控制阀　MDV—最小压力阀　MP1—接触压力测试点
（由G194监测）　MP2—离合器压力测试点（由G193监测）　N88、N215、N216—电磁阀　P—油泵
RK—倒挡离合器　S1—ATF滤清器I　S2—ATF滤清器2　S3—ATF滤清器3　SB—链轮润滑/冷却喷孔
SIV—安全阀　SSP—吸气喷射泵　UV—减压阀　VK—前进挡离合器　VSBV—体积改变率限制阀
VSPV—施压阀　VSTV—输导压力阀

6. 电子控制系统

奥迪 Multitronic CVT 的电控系统主要用来监测变速器所有输入信息，通过动态控制程序实现经济模式与动力模式的转换、离合器的爬坡控制、过载保护控制以及手动模式控制等。其电子控制电路如图 1-139 所示。

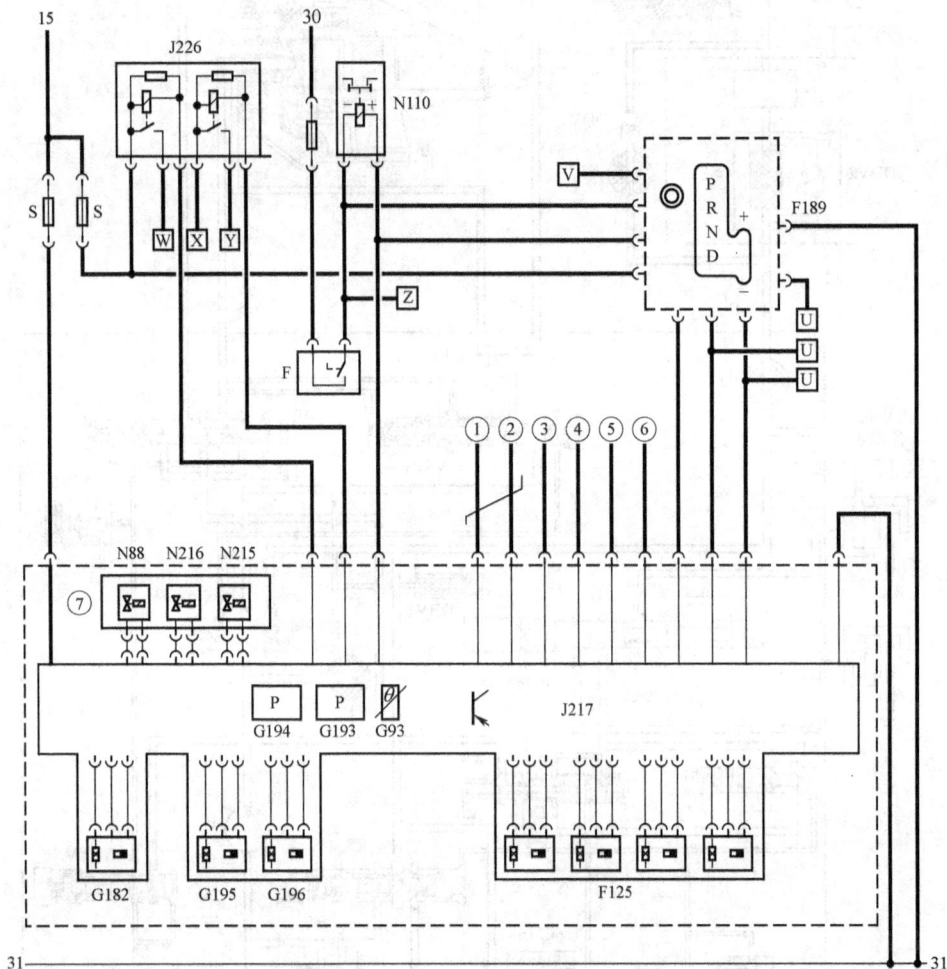

图1-139　奥迪01J型无级变速器控制系统电路图

F—制动灯开关　F125—多功能开关　F189—Tiptronic开关　G93—变速器油温传感器　G182—变速器输入转速传感器
G193、G194—自动变速器油压传感器　J217—控制单元　G195、G196—变速器输出转速传感器
N88—电磁阀　N110—变速杆锁止电磁阀　N215、N216—自动变速器压力调节电磁阀
J226—起动锁止和倒车灯继电器　S—熔断器　U—到Tiptronic转向盘（选装）　V—来自接线柱58d
W—到倒车灯　X—来自点火开关接线柱50　Y—到起动机接线柱50　Z—到制动灯
1—传动系CAN总线，低位　2—传动系CAN总线，高位　3—换挡指示信号　4—车速信号
5—发动机转速信号　6—诊断插头　7—电磁阀

（三）认识双离合自动变速器

双离合自动变速器简称 DCT，英文全称为 Dual Clutch Transmission。双离合变速器结合了手动

变速器和自动变速器的优点，没有使用变矩器，转而采用两套离合器，通过两套离合器的相互交替工作，来到达无间隙换挡的效果。

两组离合器分别控制奇数挡与偶数挡，具体说来就是在换挡之前，DCT 已经预先将下一挡位齿轮啮合，在得到换挡指令之后，DCT 迅速向发动机发出指令，发动机转速升高，此时先前啮合的齿轮迅速结合，同时第一组离合器完全放开，完成一次升挡动作，后面的动作依此类推。

福特福克斯使用的双离合自动变速器如图 1-140 所示。大众汽车使用的双离合自动变速器称为 DSG（Direct Shift Gearbox），如图 1-141 所示。

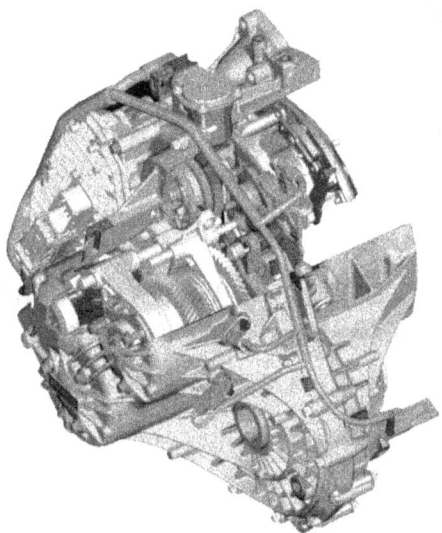

图1-140　福特DCT双离合变速器

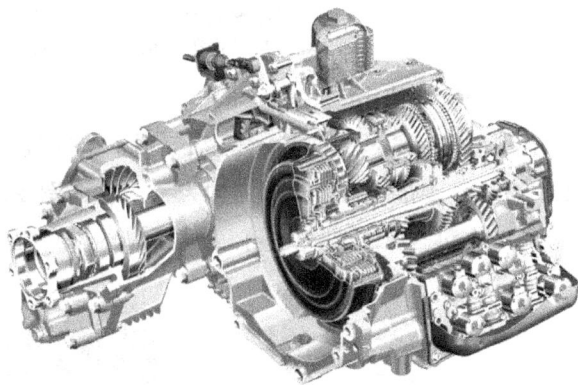

图1-141　大众DSG双离合变速器

双离合自动变速器根据离合器形式不同可分为干式双离合器和湿式双离合器两种类型。双离合自动变速器的优点是动力传输连贯，效率较高。缺点是结构复杂，现阶段制造成本较高。

（四）认识福克斯 DCT 双离合变速器

福特福克斯使用的双离合变速器型号为 6DCT250，在车上的布局如图 1-142 所示，6 表示 6 个前进挡，250 表示最大输入转矩为 250N · m。

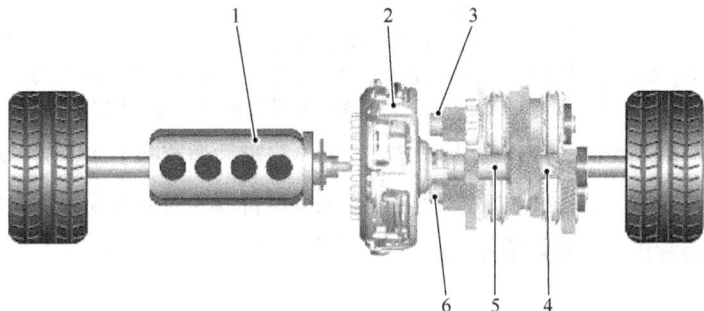

图1-142　6DCT250自动变速器布局示意图

1—发动机　2—干式双离合器　3—3挡、4挡和倒挡输出轴　4—输入轴（实心轴）
5—输入轴（空心轴）　6—1挡、2挡、5挡和6挡输出轴

1. 双离合器

离合器系统由离合器单元、接合单元、两个电动机械式传动杠杆执行器组成，如图1-143所示。

图1-143　双离合器的结构

1—离合器单元　2—电动机械式传动杠杆执行器1　3—导向轴套
4—电动机械式传动杠杆执行器2　5—接合单元　6—卡环

（1）离合器单元

出于安全性的考虑，离合器在不工作状态时处于分离状态，如果膜片弹簧上没有施加力或者施加的力很小，则离合器的接触压力为零。为了降低扭转震动，扭转减震器被集成在离合器片上。双离合器的驱动盘通过轴承安装在变速器的输入轴（空心轴）上。图1-144为双离合器的剖视图。

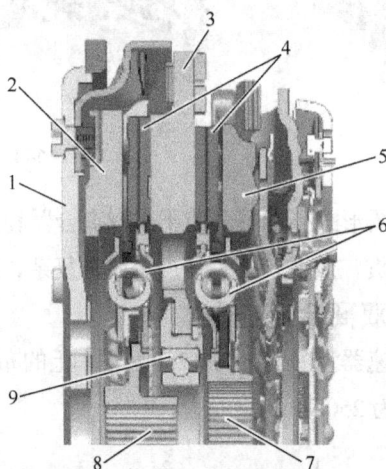

图1-144　双离合器剖视图

1—飞轮　2—压盘1　3—驱动盘　4—离合器片　5—压盘2　6—扭转减震器
7—空心输入轴花键毂　8—实心输入轴花键毂　9—驱动盘轴承

当离合器处于分离状态时，两个膜片弹簧不受力；当膜片弹簧受到压力时，相对应的压盘就会将离合器片和驱动盘压紧，如图1-145所示。为了保持执行器的传动路径限制在规定的距离内，离合器装有一个内部行程控制磨损调节系统。

（2）接合单元

接合单元剖视图如图1-146所示。

接合单元的两个接合轴承被安置在导管上，他们可以相互独立地在导管上移动。滑动套筒上开有沟槽与导管相配合。补偿元件用于补偿电动机械式传动杠杆执行器的执行杠杆的偏差。两个接合轴承都装有一个坚硬的接合片，用于接合轴承传递轴向力。

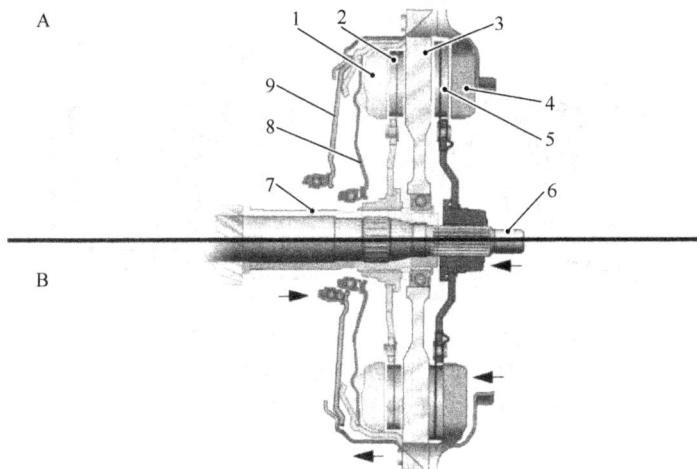

图1-145　离合器分离和接合的示意图
A—离合器处于分离状态　B—离合器1接合　1—压盘2　2—离合器片2　3—驱动盘　4—压盘1
5—离合器片1　6—输入轴（实心轴）　7—输入轴（空心轴）　8—膜片弹簧2　9—膜片弹簧1

（3）电动机械式传动杠杆执行器

离合器接合所需的力是由压紧弹簧经由杠杆执行器完成，电动机械式传动杠杆执行器如图1-147所示。

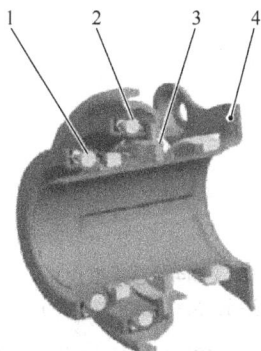

图1-146　接合单元剖视图
1—接合轴承2　2—接合轴承1　3—补偿元件　4—导管

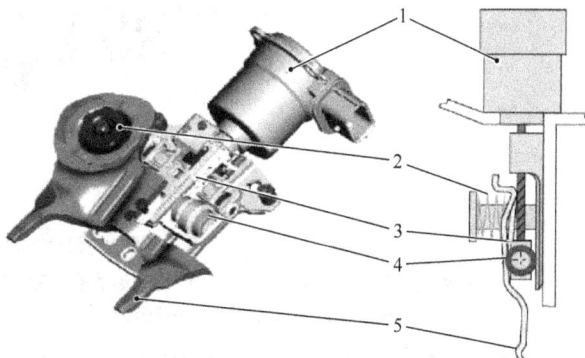

图1-147　电动机械式传动杠杆执行器
1—无电刷式直流电动机　2—压紧弹簧　3—循环球螺母
4—滚柱　5—接合杠杆

无电刷式直流电动机安装在变速器的壳体上。当需要离合器接合时，TCM控制电动机通电并带动丝杆旋转，滚柱借助循环球螺母向下移动，从而接合杠杆的中心支撑点移动，通过杠杆产生接合力。为了将离合器保持在接合的位置，电动机会一直被控制接通一个保持电流。当TCM控制切断保持电流，膜片弹簧上的压紧力释放从而离合器分离开，同时接合轴承和接合杠杆会旋转到原来的初始位置，接合杠杆的形状会促使滚柱也回到它的起始位置。传动杠杆执行器作动情况如图1-148所示。

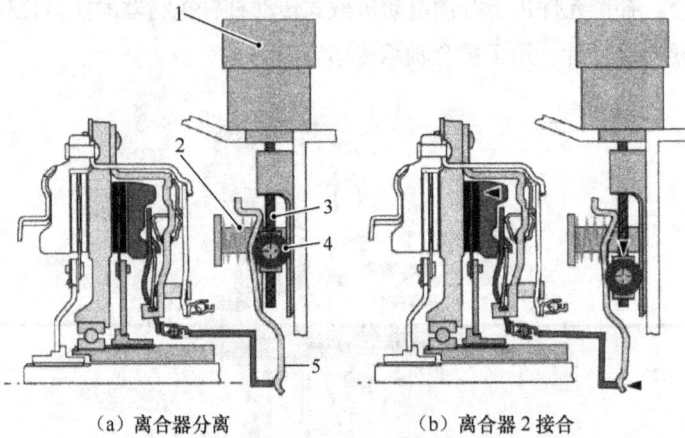

（a）离合器分离　　　　　　　（b）离合器2接合

图1-148　传动杠杆执行器作动情况

1—无电刷式直流电动机　2—压紧弹簧　3—丝杆　4—滚柱　5—接合杠杆

2. 内部换挡机构

换挡是通过 TCM 控制两个直流无电刷电动机实现的，电动机通过中间齿轮的两级减速来作动换挡鼓，换挡鼓上有一个狭槽用于拨动换挡拨叉。由于换挡鼓的换挡原理，不需要额外的锁止机构来防止同时挂上两个挡。内部换挡机构的布置如图 1-149 所示。

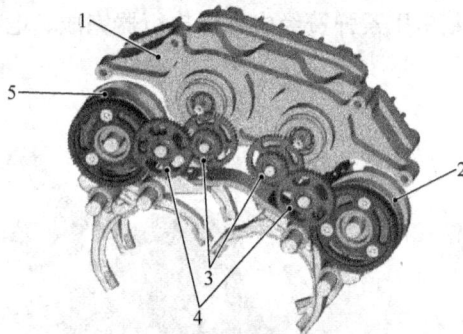

图1-149　内部换挡机构的布置

1—集成在TCM中的电动机　2—带传动齿的换挡鼓2（控制2/6挡换挡拨叉和4/倒挡换挡拨叉）
3—传动齿轮1　4—传动齿轮2　5—带传动齿的换挡鼓1（控制1/5挡换挡拨叉和3挡换挡拨叉）

换挡鼓的旋转总角度依靠变速器壳体上的两个停止装置限制，换挡鼓 1 的旋转角度为 $200°$，换挡鼓 2 的旋转角度为 $290°$（因为控制 4 个挡位）。当换挡鼓转动时，带凸轮的狭槽通过滑块带动换挡拨叉，从而通过同步器控制挡位接合或分开。换挡系统的布置如图 1-150 所示。

3. 转矩传递路径

变速器齿轮机构如图 1-151 所示。

（1）1 挡转矩传递路径

转矩通过飞轮传递到双离合器，再通过双离合器的驱动盘、压盘 1 和离合器片 1 传递到实心输入轴。实心输入轴再将转矩传递给带有 1 挡齿轮的输出轴 1。转矩最后通过输出齿轮传递给主减速器，如图 1-152 所示。

图1-150 换挡系统的布置示意图

1—带驱动齿的换挡鼓 2—换挡拨叉（倒挡/4挡） 3—换挡拨叉（3挡） 4—换挡拨叉（1挡/5挡）
5—带驱动齿的换挡鼓1 6—换挡狭槽 7—低位凸轮 8—换挡拨叉（2挡/6挡） 9—滑块 10—高位凸轮

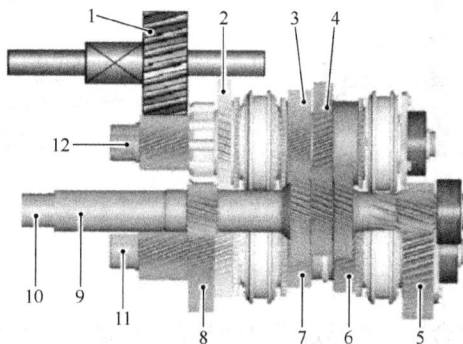

图1-151 变速器齿轮机构

1—差速器 2—倒挡齿轮 3—第4挡齿轮 4—第3挡齿轮 5—第1挡齿轮 6—第5挡齿轮
7—第6挡齿轮 8—第2挡齿轮 9—输入轴（空心轴） 10—输入轴（实心轴）
11—输出轴1（1挡、2挡、5挡和6挡） 12—输出轴2（3挡、4挡和倒挡）

（2）2挡转矩传递路径

转矩通过飞轮传递到双离合器，再通过双离合器的驱动盘、压盘2和离合器片2传递到空心输入轴。空心输入轴再将转矩传递给带有2挡齿轮的输出轴1。转矩最后通过输出齿轮传递给主减速器，如图1-153所示。

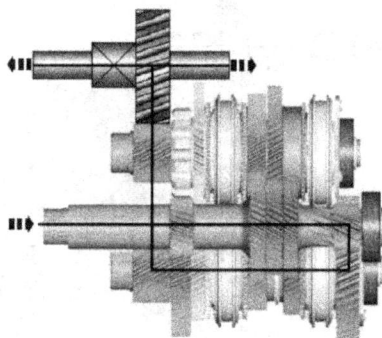

图1-152 1挡转矩传递路径

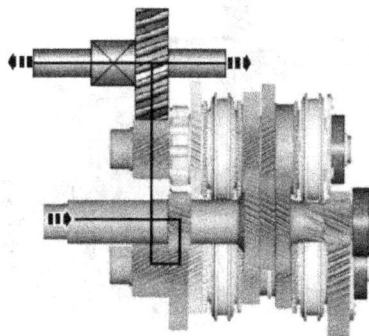

图1-153 2挡转矩传递路径

（3）3挡转矩传递路径

转矩通过飞轮传递到双离合器，再通过双离合器的驱动盘、压盘1和离合器片1传递到实心输入轴。实心输入轴再将转矩传递给带有3挡齿轮的输出轴2。转矩最后通过输出齿轮传递给主减速器，如图1-154所示。

（4）4挡转矩传递路径

转矩通过飞轮传递到双离合器，再通过双离合器的驱动盘、压盘2和离合器片2传递到空心输入轴。空心输入轴再将转矩传递给带有4挡齿轮的输出轴2。转矩最后通过输出齿轮传递给主减速器，如图1-155所示。

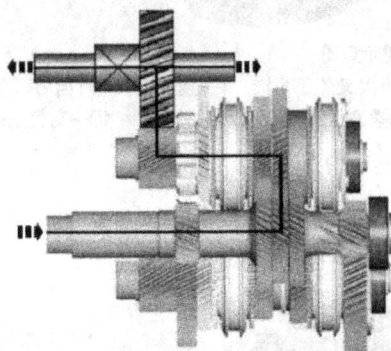

图1-154　3挡转矩传递路径　　　　　　图1-155　4挡转矩传递路径

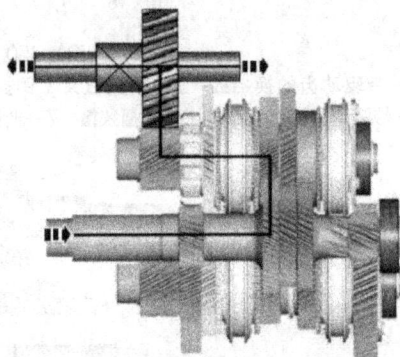

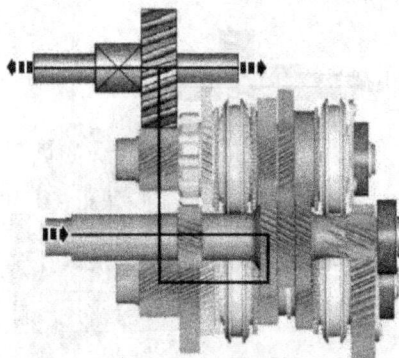

（5）5挡转矩传递路径

转矩通过飞轮传递到双离合器，再通过双离合器的驱动盘、压盘1和离合器片1传递到实心输入轴。实心输入轴再将转矩传递给带有5挡齿轮的输出轴1。转矩最后通过输出齿轮传递给主减速器，如图1-156所示。

（6）6挡转矩传递路径

转矩通过飞轮传递到双离合器，再通过双离合器的驱动盘、压盘2和离合器片2传递到空心输入轴。空心输入轴再将转矩传递给带有6挡齿轮的输出轴1。转矩最后通过输出齿轮传递给主减速器，如图1-157所示。

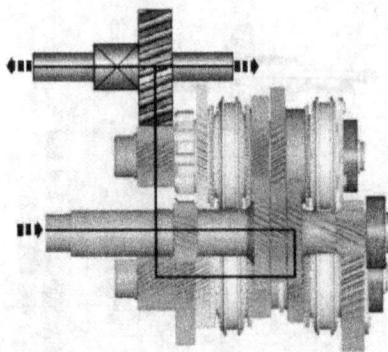

图1-156　5挡转矩传递路径　　　　　　图1-157　6挡转矩传递路径

（7）倒挡转矩传递路径

转矩通过飞轮传递到双离合器，再通过双离合器的驱动盘、压盘 2 和离合器片 2 传递到空心输入轴。空心输入轴再将转矩传递给 2 挡齿轮的输出轴 1。与 2 挡齿轮固定连接在一起的还有一个中间齿轮，中间齿轮将转矩传递给带有倒挡齿轮的输出轴 2。转矩最后通过输出齿轮传递给主减速器，如图 1-158 所示。

4. 电控系统组成

双离合器自动变速器的电控系统组成和控制信号流程如图 1-159 所示。

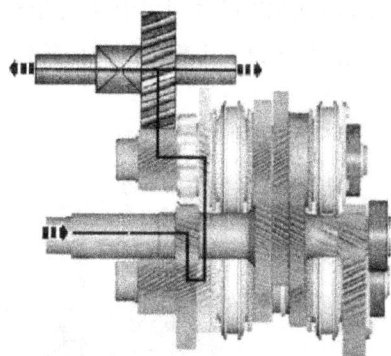

图1-158　倒挡转矩传递路径

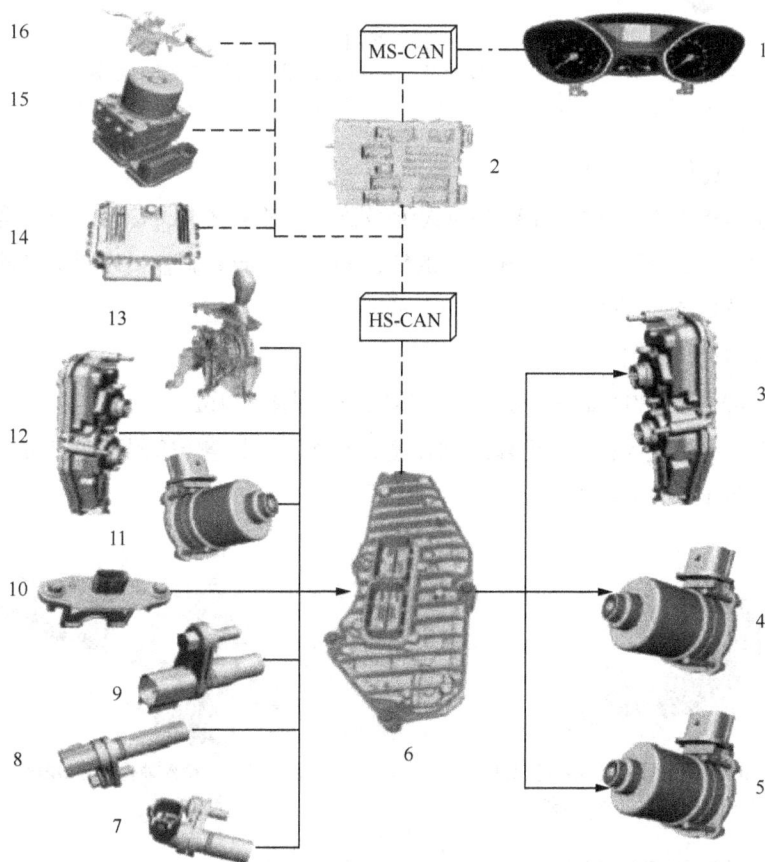

图1-159　控制信号流程图

1—仪表　2—BCM　3—集成在TCM内的直流电动机　4—直流电动机1　5—直流电动机2　6—变速器控制单元TCM
7—输入轴转速传感器ISS1（实心轴）　8—输入轴转速传感器ISS2（空心轴）　9—输出轴转速传感器OSS
10—TR挡位传感器　11—直流电动机1和2的霍尔传感器　12—集成在TCM上直流电动机的霍尔传感器
13—换挡开关　14—发动机控制单元PCM　15—ABS控制单元　16—转向盘转角传感器

（1）变速器控制单元 TCM

变速器控制单元 TCM 的主要功能是接收传感器信号，对信号进行处理后控制相应的执行器工作。控制单元和两个用于换挡的无电刷式直流电动机都集成在 TCM 内，如图 1-160 所示。售后服务中，TCM 只能以一个整体的总成零件进行更换。

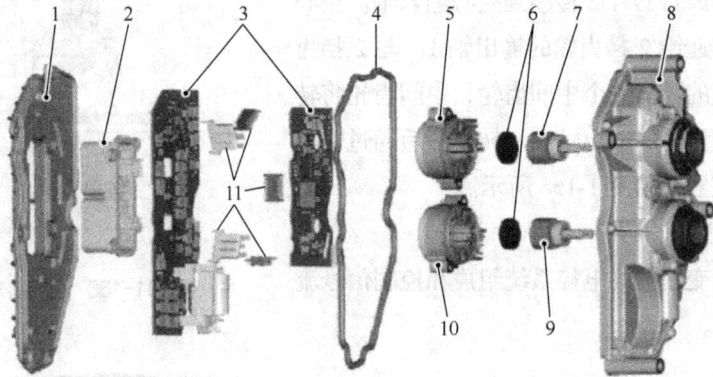

图1-160   控制单元TCM

1—后盖   2—插接器 3—控制电路   4—密封圈   5—电动机1定子线圈 6—电动机轴承   7—电动机1转子
8—前盖   9—电动机2转子   10—电动机2定子线圈   11—控制电路插接器

（2）输入轴转速传感器 ISS1

输入轴转速传感器 ISS1 是一个磁感应式传感器（见图 1-161），安装在变速器壳体上，通过输入轴上（实心轴）的 3 挡齿轮来检测输入轴的转速和旋转方向。调整垫片调整传感器和变速器转轮之间的间隙，调整垫片的厚度是（3.5±0.05）mm。

（3）输入轴转速传感器 ISS2

输入轴转速传感器 ISS2 是一个磁感应式传感器（见图 1-162），安装在变速器壳体上，通过输入轴上（空心轴）的 4 挡齿轮来检测输入轴转速。调整垫片调整传感器和变速器转轮之间的间隙，调整垫片的厚度是（3.2±0.05）mm。

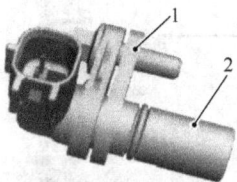

图1-161   输入轴转速传感器ISS1
1—调整垫片   2—ISS1

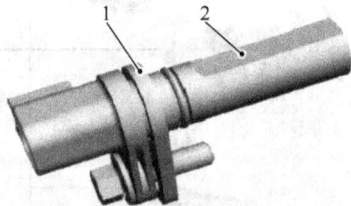

图1-162   输入轴转速传感器ISS2
1—调整垫片   2—ISS2

（4）输出轴转速传感器 OSS

输出轴转速传感器 OSS 是一个磁感应式传感器（见图 1-163），安装在变速器壳体上，通过连接在差速器上的齿轮来检测输出轴转速。

（5）TR 挡位传感器

TR 挡位传感器是一个双非接触式的感应式传感器（见图 1-164），安装在变速器壳体上，在 TR 挡位传感器的两个面上都配置有操纵杆盖板，移动变速杆会驱使操纵杆和盖板移动。

图1-163　输出轴转速传感器OSS

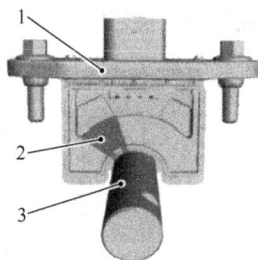

图1-164　TR挡位传感器
1—TR挡位传感器　2—盖板　3—操纵杆

　　TR 挡位传感器的工作原理和变压器非常相似。首先，输入的直流电压被转换成模拟电压。当变速杆移动时会造成盖板也移动，导致磁场变化和次级线圈里的感应模拟电压也变化，这个模拟电压被集成电路处理并被转换成数字信号（PWM 信号）。通过这两组 PWM 信号，TCM 监测到变速杆的位置。

　　（6）电动机

　　变速器电控系统中的电动机包括用于离合器传动杠杆执行器的电动机 1 和电动机 2，以及集成在 TCM 内用于内部换挡机构的电动机 1 和电动机 2，如图 1-165 所示。

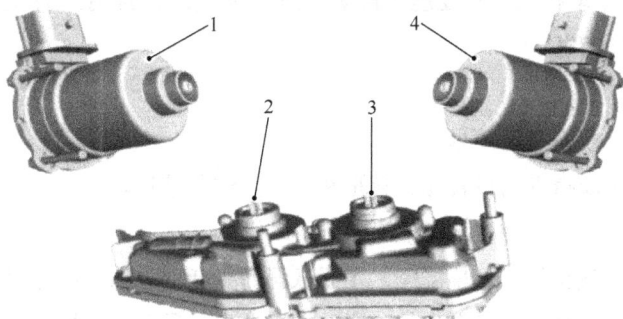

图1-165　电动机
1—电动机1　2—TCM内的电动机2　3—TCM内的电动机1　4—电动机2

　　电动机内部线路如图 1-166 所示，TCM 控制定子线圈通电产生一个变化的圆形磁场，转子在磁场里旋转。霍尔传感器检测转子位置信号并且用于计算电动机已经转了多少圈，TCM 根据这个信号控制换挡拨叉。

　　5. 变速器工作原理

　　6DCT250 变速器的结构可以分为离合器系统和换挡系统。TCM 利用集成有位置传感器的 4 个无电刷式的直流电动机来控制离合器系统和换挡系统，相对应的直流电动机只有在离合器工作和换挡的时候工作。直流电动机的位置信息是通过集成式的位置传感器传递给 TCM 模块的，基于这个信息，TCM 知道哪个挡位接合和哪个离合器在传递动力。

　　双离合变速器的电动机械控制系统可以控制两个挡位同时接合。在驾驶过程中，其中一个离合器接合，虽然下一个挡位已经预先选定，但其对应的离合器是处于分离状态。根据加速踏板的位置和驾驶员的驾驶意图，换挡时，当前接合的离合器在分离的同时另一个先前处于分离状态的离合器接合，由于两个离合器工作时的重叠，在换挡时仅仅只有少量的能量损失。

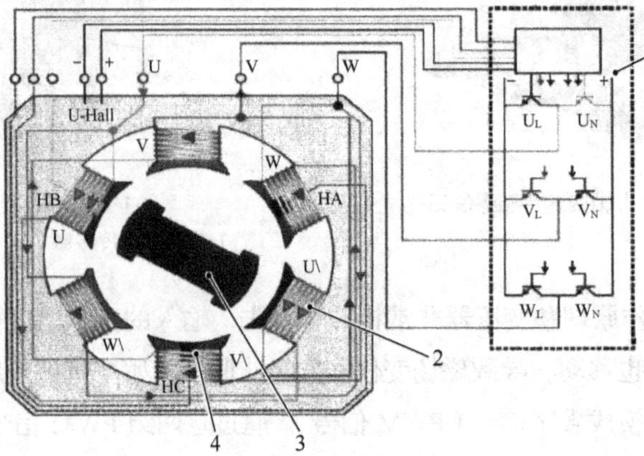

图1-166　电动机内部线路图
1—TCM内的控制电路　2—定子线圈　3—转子　4—霍尔传感器

（1）换挡控制

换挡控制系统的软件控制策略是基于车辆的行车条件和驾驶员的操作意图来控制换挡的。TCM是通过控制相关的直流电动机来控制变速器自动换挡。基于变速器的控制程序，为了能精确地控制换挡点，TCM收到下列信息。

- 选择的挡位。
- 通过HS—CAN获得车速信息。
- 通过HS—CAN获得发动机转速、转矩和节气门位置信息。
- 通过HS—CAN获得发动机水温信息。
- 通过HS—CAN获得外部环境温度，用于低温时判断变速器油的黏度。
- 通过HS—CAN获得方向盘转角传感器的转角信息，用于在车辆转弯时避免升挡或降挡。
- 通过HS—CAN获得制动信息。
- 通过奇数挡输入轴和偶数挡输入轴的转速传感器获得各自的转速信息。

① 自动模式，变速杆处于D位位置。为了适应相对应的驾驶条件，TCM自适应控制换挡点。如果发现特殊的驾驶条件，TCM切换到预先定义的程序。

② 运动模式，变速杆处于S位位置。在这种模式下，TCM切换到运动风格特性曲线控制程序（如换挡点控制在更高的发动机转速）。

③ 手动换挡模式。这个手动换挡模式只能在变速杆处于S位时才能使用，通过操作位于变速杆边上的换挡开关，可以手动控制每个挡位的接合。

注意：只有发动机转速不超过或者低于预先规定的值才能执行手动换挡。

如果车速下降的时候发动机转速低于允许的下限，TCM会自动控制变速器降低一个挡位。在降挡时，TCM会检查发动机的转速的上限是否超过，如果超过，TCM阻止换挡。如果在加速的时候发动机的转速超过6500r/min，变速器会转换到下一高速挡位。

④ 变速杆从 N 位移到 R 位。只有车速低于 14.5km/h 的时候，TCM 才允许挂上倒挡。

⑤ 变速杆在 N 位。为了与 TCM 的校准程序一致，在变速杆位于 N 位位置时下列挡位接合。

当变速杆从 R 位移到 N 位时，1 挡和倒挡接合。

当变速杆从 D 位移到 N 位时，1 挡和 N 挡接合。

⑥ 变速杆在 P 位位置。为了与 TCM 的校准程序一致，如果变速杆处于 P 位位置，则 TCM 控制 1 挡和倒挡接合。这保证了车辆在起动过程中变速器响应迅速。

（2）自适应控制

为了保证车辆在所有驾驶条件下能够换挡平顺，TCM 监测每个挡位。这样，控制单元通过开环控制系统控制离合器和换挡系统的无电刷式直流电动机。

下列的自适应被执行。

● 离合器接合点。

● 离合器的摩擦系数。

● 各同步器装置的位置。

● 自适应学习值存储在控制单元的 RAM 中。这可以改善变速器的换挡平顺性并延长变速器的使用寿命。

① 高海拔校正。当车辆处于高海拔时由于大气压的下降发动机性能也会下降，PCM 模块可检测到这种高海拔环境。在这种运行环境，TCM 改变换挡点。

② 速度控制系统。当车辆的速度控制系统开启，TCM 根据节气门的开度位置控制换挡。

③ 坡道辅助功能。双离合变速器的车型都具备坡道起步辅助功能。

当车辆上坡停在坡道上，在 P 和 N 位时会预选 1 挡。在制动系统里会一直保持有制动压力直到发动机的转矩足够推动车辆上坡。

④ 过热模式。离合器的温度是通过 TCM 模块计算的。

下列可变因素一起用于计算。

● 发动机转矩。

● ISS1、ISS2、OSS 和发动机转速信号。

● 经计算得到的离合器转矩。

过热模式的功能是用于防止离合器温度过高而导致离合器损坏。在这种模式下，离合器接合得更快并且发动机的输出力矩被限制降低，当计算的离合器温度超过 300℃度时，离合器不会接合。

经计算，若离合器温度上升到可能导致离合器片损坏，仪表上会显示以下信息。

● 变速器过热——停车或者停止加速。

● 变速器过热——等待。

● 变速器过热——等待 10min。

● 一旦离合器已经冷却，仪表上会显示出"变速器准备运转"的信息。

⑤ 跛脚回家模式。当变速器控制系统出现故障时，TCM 仍能控制变速器运行，使用何种控制

策略由故障特性所决定。除非 TCM 本身或者 TR 挡位传感器有故障，否则车辆仍能受限制地行驶。处于跛脚回家模式，一条文字信息会现示在仪表上，故障指示灯或者是变速器警告灯会点亮（取决于故障类型）。

> **说明**　如果 TCM 有故障，则两个离合器都不能接合，同时车辆也不能继续行使。在 TR 挡位传感器故障的情况下，车辆就不能再起动，或者变速器被固定在 N 位，这也会导致车辆不能继续行驶。

在控制离合器的直流电动机故障的情况下，TCM 仅仅只会控制那个没有故障的电动机。例如，如果电动机 1 故障，这时变速器用于控制 1 挡、3 挡、5 挡的传动路径受阻。TCM 仅仅作动电动机 2，它控制倒挡、2 挡和 4 挡的离合器工作。

在换挡系统或者转速传感器故障的情况下，系统故障的范围可能是冻结某个挡位或者冻结变速器的整个传动路径（偶数/奇数挡），甚至只能允许以目前车辆接合的挡位行驶。在故障情况下，如果有必要可以继续驾驶车辆，寻找最近的维修站进行维修处理。

小结

本项目从自动变速器的作用、组成谈起，深入地认识了液力变矩器的组成和工作过程、齿轮变速机构的动力传递过程和液压控制系统、电控系统的组成和工作过程。其中齿轮动力传递路线和电控系统在学习中要特别注意。

在自动变速器故障诊断和维修的内容中，按照维修站实际流程，对客户故障分析、电控系统自诊断、自动变速器的基本检查与调整、自动变速器的机械系统试验、自动变速器典型故障的诊断与排除等步骤进行了技能训练，能够达到自动变速器故障诊断和维修的能力。

习题与实践操作

1. 简述自动变速器的优缺点。
2. 变矩器的主要组成有哪些？简述其工作过程。
3. 简述齿轮传动机构的特点。选择某种类型的自动变速器，画出它各个挡位的动力传动路线图。
4. 液压控制系统的组成和作用是什么？
5. 电子控制系统的组成和作用是什么？
6. 自动变速器维修中的安全注意事项有哪些？
7. 操作任务：自动变速器电控系统故障诊断和维修。

教师为学生提供装备电控的自动变速器的车辆（已设置系统故障）和维修手册，学生按照维修手册的步骤进行操作，并记录使用的仪器设备、主要步骤和数据。

车　　型	
自动变速器型号	
使用的仪器和工具：	
诊断和排除故障的步骤（记录主要数据）：	
故障原因和排除方法：	

项目二

防抱死制动/牵引力控制系统维修与故障诊断

一、项目要求

在车辆制动时如果车轮抱死滑动，则车轮与路面间的侧向附着能力将完全消失。防抱死制动系统（Anti-lock Braking System，ABS）的设计目的，就是不论道路情况如何，将滑移率控制在20%左右，从而保证车辆能获得最佳的制动性能。汽车牵引力控制（Traction Control System）系统简称TRC，是在防抱死制动系统的基础上，用于车轮防滑的电子控制系统，在有些车系上称为汽车驱动防滑系统（Anti-Slip Regulation，ASR）。

因为防抱死制动系统和牵引力控制系统能很好地提高制动性能，所以在轿车上得到了广泛的应用，成为许多车型的标准配置。

【知识要求】

要能够进行防抱死制动/牵引力控制系统维修与故障诊断，首先应该掌握防抱死制动/牵引力控制系统的组成和工作过程，应该掌握的知识有如下几点。

① 认识防抱死制动系统的功能和分类。

② 认识防抱死制动系统的组成。

③ 认识循环式防抱死制动系统的工作过程。

④ 认识可变容积式防抱死制动系统的工作过程。

⑤ 认识牵引力控制系统的功能和组成。

⑥ 认识牵引力控制系统的工作过程。

重点掌握内容

防抱死制动系统和牵引力控制系统的工作过程。

安全提示

当对任何车辆的防抱死制动/牵引力控制系统进行诊断和维修时，技术人员必须遵守所有规定的安全操作程序，避免任何系统带来的有意或无意的伤害，如防抱死制动系统中可能因油压较高而造成对人的伤害，因为制动液具有腐蚀作用。

【能力要求】

在对防抱死制动/牵引力控制系统进行维修和故障诊断时需要掌握的能力有如下几点。

① 对客户提供的故障进行分析。

② 防抱死制动/牵引力控制系统自诊断。

③ 防抱死制动/牵引力控制系统部件拆装。

④ 防抱死制动/牵引力控制系统泄压与排气。

⑤ 防抱死制动/牵引力控制系统部件故障判断与更换。

⑥ 防抱死制动/牵引力控制系统常见故障的诊断与排除。

常见故障诊断

ABS 油泵不工作、故障灯常亮、制动踏板抖动、防抱死制动/牵引力控制系统不起作用等。

二、相关知识

（一）认识防抱死制动系统的功能和分类

1. 汽车制动时的运动分析

评价汽车制动性能的指标主要有以下两个方面：制动效能和制动时的方向稳定性。在车辆制动时如果车轮抱死滑动，则车轮与路面间的侧向附着能力将完全消失。如果只是前轮（转向轮）制动抱死滑移而后轮还在滚动，则汽车将失去转向能力。如果只是后轮制动抱死滑移而前轮还在滚动，即使汽车受到不大的侧向干扰力，也将产生侧滑（甩尾）现象。这些都极易造成严重的交通事故。

车速与车轮速度之差与车速的比值，称为滑移率（S）。滑移率为 0%，反映车轮为纯滚动；滑移率为 100%，反映车轮完全抱死，轮胎在路面上滑移。

车辆制动力和转弯力与滑移率的关系如图 2-1 所示。从图 2-1 中可以看出：当滑移率在 10%～30% 之间时制动力最大。所以当汽车制动时，若将车轮滑动率 S 控制在峰值系数滑移率（即 $S=20\%$）附近，可使纵向附着系数和横向附着系数都较大，这样既能使汽车获得较高的制动效能，又可保证它在制动时的方向稳定性。

2. 防抱死制动系统的作用

防抱死制动系统能防止汽车在常规制动过程中由于车轮完全抱死而出现的后轴侧滑、前轮丧失转向能力等现象，从而充分发挥轮胎与路面间的潜在附着力，最大限度地改善汽车的制动性能，以提高汽车在制动过程中的方向稳定性和转向操纵能力，从而满足行车安全的需要。

目前欧、美、日、韩等国家和地区的汽车使用最多的 ABS 的品牌有德国博世（Bosch）、德国戴维斯公司的坦孚（TEVES），另外还有美国德尔科公司（Delco）、美国本迪克斯公司（BENDIX）等。

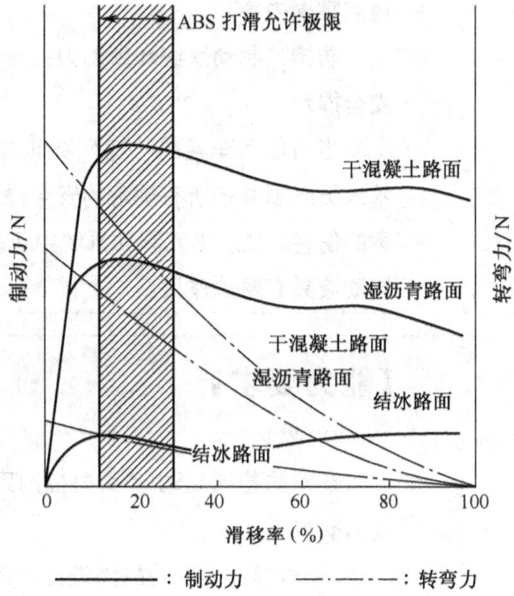

3. ABS 的控制方式分类

在 ABS 中，能够独立进行制动压力调节的制

图2-1　滑移率与制动性能的关系

动管路称为控制通道。如果对某车轮的制动压力可以进行单独调节，称这种控制方式为独立控制；如果对两个（或两个以上）车轮的制动压力一同进行调节，则称这种控制方式为一同控制。

在对两个车轮的制动压力进行一同控制时，如果以保证附着力较大的车轮不发生制动抱死为原则进行制动压力调节，称这种控制方式为按高选原则；如果以保证附着力较小的车轮不发生制动抱死为原则进行制动压力调节，则称这种控制方式为按低选原则。

按照控制通道数目的不同，ABS 分为四通道、三通道、双通道和单通道 4 种形式。

（1）四通道控制方式

为了对 4 个车轮的制动压力进行独立控制，在每个车轮上各安装一个转速传感器，并在通往各制动轮缸的制动管路中各设置一个制动压力调节分装置（通道）。

对应于双制动管路的 H 型（前后）或 X 型（对角）两种布置形式，四通道 ABS 也有两种布置形式，如图 2-2 所示。使用四通道控制方式的常见车型有：奥迪（前轮驱动）、红旗轿车、广州本田（X 型）。

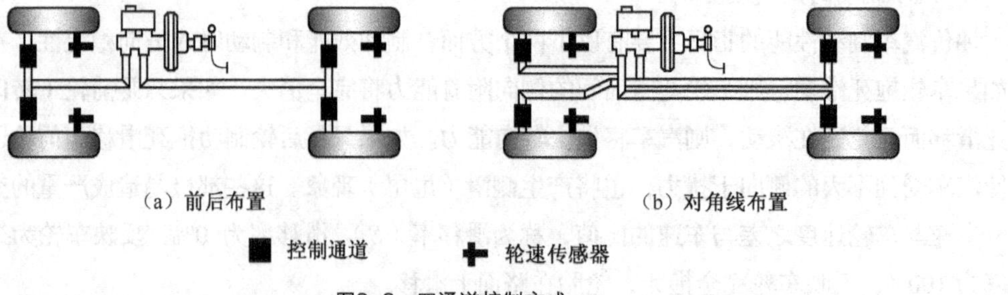

（a）前后布置　　　　　　　　　　　　（b）对角线布置

■ 控制通道　　✚ 轮速传感器

图2-2　四通道控制方式

前后布置方式的系统是通过各车轮转速传感器的信号分别对各车轮制动压力进行独立控制，其制动距离和操纵性最好，但在附着系数不对称路面上制动时的方向稳定性较差，其原因是此时同一轴上左右车轮的制动力不同，从而使汽车产生较大的偏转力矩并产生制动跑偏。

对角线布置方式适用于 X 型制动管路系统，由于左、右、后轮不共用一条制动管路，故对它们实施一同控制（一般为低选择控制）。由于左、右、后轮不是同一制动管路，因此需要两个通道。此种控制方式的操纵性和稳定性较好，但制动效能稍差。

（2）三通道控制方式

四轮 ABS 大多为三通道系统，而三通道系统都是对两前轮的制动压力进行单独控制，对两后轮的制动压力按低选原则一同控制，其布置形式如图 2-3 所示。使用三通道控制方式的常见车型有：桑塔纳 2000GSi、北京切诺基。

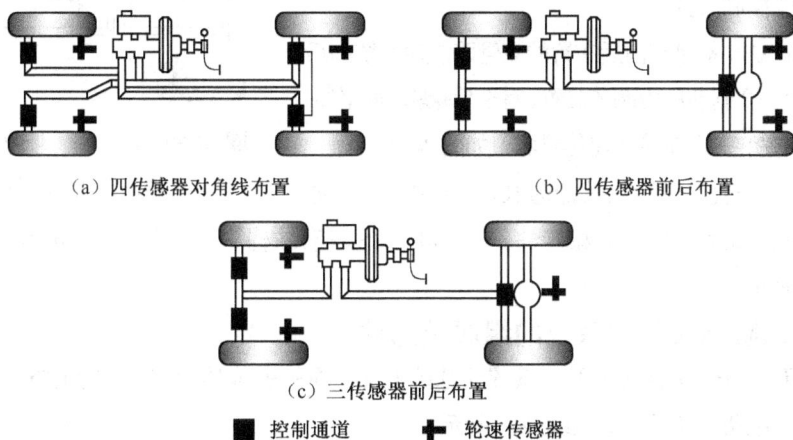

（a）四传感器对角线布置　　　　（b）四传感器前后布置

（c）三传感器前后布置

■ 控制通道　　✚ 轮速传感器

图2-3　三通道控制方式

在图 2-3（a）所示的按对角线布置的双管路制动系统中，虽然在通往 4 个制动轮缸的制动管路中各设置一个制动压力调节分装置，但两个后制动压力调节分装置却是由电子控制装置一同控制的，实际上仍是三通道 ABS。由于三通道 ABS 对两后轮进行一同控制，对于后轮驱动的汽车可以在变速器或主减速器中只设置一个转速传感器来检测两后轮的平均转速。

汽车紧急制动时，会发生很大的轴荷转移（前轴荷增加，后轴荷减小），使得前轮的附着力比后轮的附着力大很多（前置前驱动汽车的前轮附着力占汽车总附着力的 70%～80%）。对前轮制动压力进行独立控制，可充分利用两前轮的附着力对汽车进行制动，有利于缩短制动距离，并且汽车的方向稳定性也得到很大改善。

（3）双通道控制方式

双通道控制方式通常有以下两种（见图 2-4）。

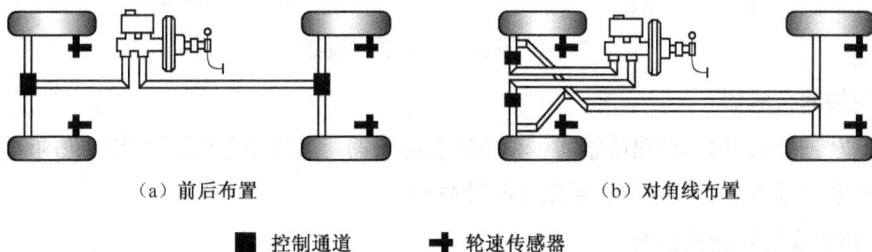

（a）前后布置　　　　　　　　（b）对角线布置

■ 控制通道　　✚ 轮速传感器

图2-4　双通道控制方式

图 2-4（a）所示的双通道 ABS 在按前后布置的双管路制动系统的前后制动管路中各设置一个制动压力调节分装置，分别对两前轮和两后轮进行一同控制。两前轮可以根据附着条件进行高选和低选转换，两后轮则按低选原则一同控制。

图 2-4（b）所示的双通道 ABS 多用于制动管路按对角线布置的汽车上，两前轮独立控制，制动液通过比例阀按一定比例减压后传给对角后轮。

由于双通道 ABS 难以在方向稳定性、转向操纵能力和制动距离等方面得到兼顾，所以目前很少被采用。

（4）单通道控制方式

所有单通道 ABS 都是在前后布置的双管路制动系统的后制动管路中设置一个制动压力调节装置，对于后轮驱动的汽车只需在传动系中安装一个车轮转速传感器，如图 2-5 所示。

单通道 ABS 一般对两后轮按低选原则一同控制，其主

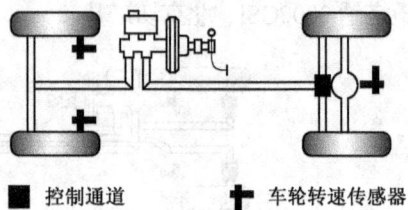

■ 控制通道　　＋ 车轮转速传感器

图2-5　单通道控制方式

要作用是提高汽车制动时的方向稳定性。单通道 ABS 具有结构简单、成本低的优点，因此在轻型货车上得到广泛应用。

（二）认识防抱死制动系统的组成及部件

通常情况下，ABS 是在普通制动系统的基础上加装车轮速度传感器、ABS ECU、制动压力调节装置及制动控制电路等组成的，如图 2-6 所示。

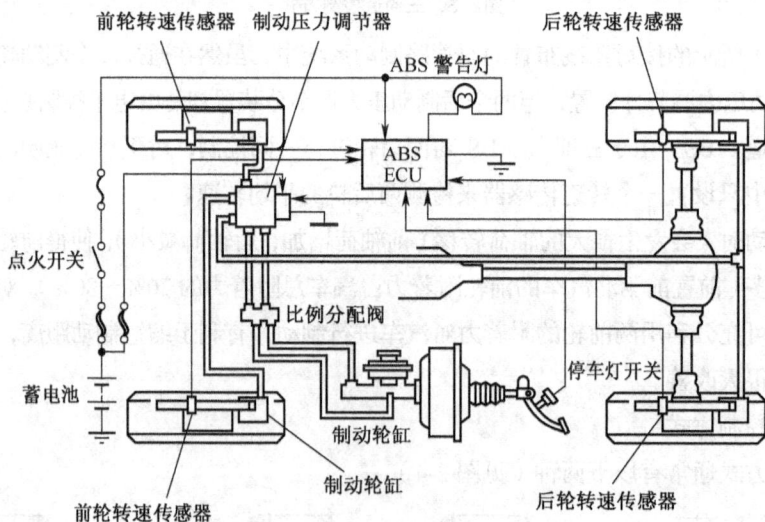

图2-6　典型的汽车ABS系统组成

1. 车轮转速传感器

车轮转速传感器又称为轮速传感器、车轮速度传感器，其作用是检测汽车车轮的转速，目前用于汽车 ABS 系统的主要有电磁式和霍尔式两种类型。

（1）电磁式车轮转速传感器

目前大多数车轮转速传感器都采用电磁式转速传感器。车轮转速传感器由电磁感应传感头和信

号转子两部分组成，其外形如图 2-7 所示。

电磁感应传感头用来产生感应电压，通常由永久磁铁、电磁线圈和极轴等构成，根据极轴的结构不同，又可分为凿式极轴传感头、柱式极轴传感头，如图 2-8 所示。

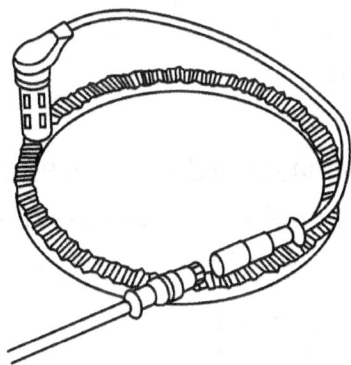

图2-7 电磁式车轮转速传感器外形图

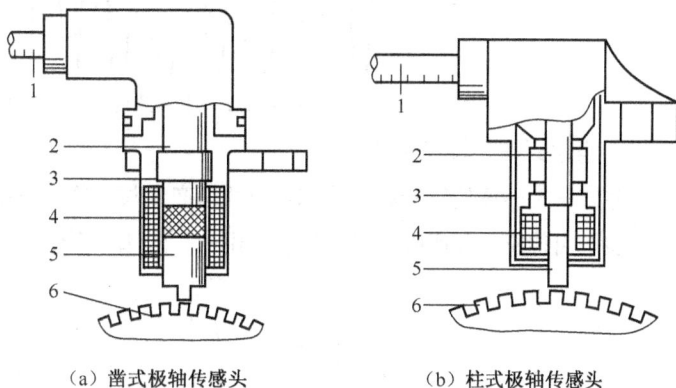

（a）凿式极轴传感头　　（b）柱式极轴传感头

图2-8 电磁式车轮转速传感器结构图

1—电缆　2—永久磁铁　3—外壳　4—感应线圈　5—极轴　6—信号转子（齿圈）

车轮转速传感器的传感头一般安装在车轮附近，如制动底板、转向节、半轴套管等处。信号转子是一个齿圈，齿数多少与车型、ABS ECU 有关，一般安装在随车轮一起转动的部件上，如轮毂、半轴、制动盘等处。图 2-9 所示为奥迪 C3V6 轿车车轮转速传感器的安装位置。

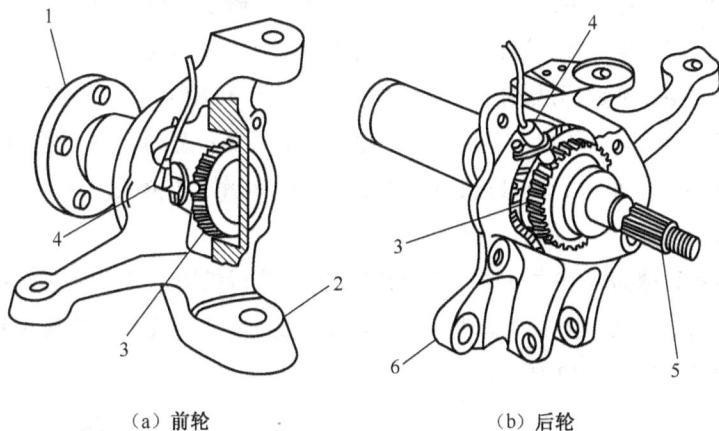

（a）前轮　　　　　　　　（b）后轮

图2-9 奥迪C3V6轿车车轮转速传感器的安装位置

1—轮毂　2—转向节　3—信号转子　4—传感头　5—半轴　6—悬架支撑

车轮转速传感器产生的信号如图 2-10 所示。当车轮转速较高时，感应电压的频率和波幅均较大；反之，感应电压的频率和波幅均较小。

电磁式车轮转速传感器结构简单，成本低，但存在以下缺点：当车速很低时，传感器输出的电压信号较弱；传感器频率响应较低，当车速过高时，传感器的频率响应跟不上，容易产生错误信号；传感器的抗电磁波干扰能力较差。

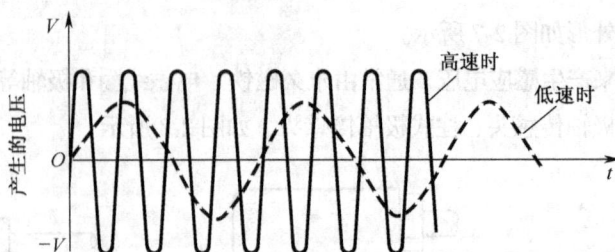

图2-10 电磁式车轮转速传感器输出的电压信号

（2）霍尔式车轮转速传感器

霍尔式车轮转速传感器利用霍尔效应原理产生与车轮转速相对应的电压脉冲信号。霍尔车轮转速传感器也是由传感头和齿圈组成。传感头由永久磁体、霍尔元件和电子电路等组成，如图2-11所示。

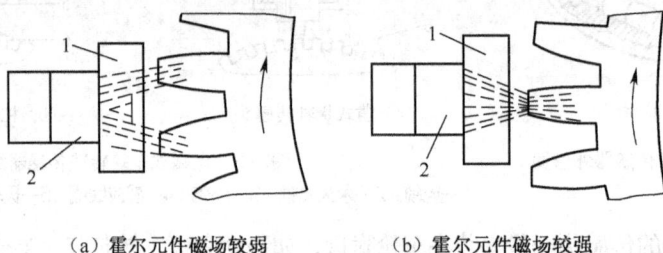

（a）霍尔元件磁场较弱 （b）霍尔元件磁场较强

图2-11 霍尔式车轮转速传感器

1—霍尔元件 2—永久磁铁

当齿轮位于图2-11（a）所示位置时，穿过霍尔元件的磁力线分散，磁场相对较弱；而当齿轮位于图 2-11（b）所示位置时，穿过霍尔元件的磁力线集中，磁场相对较强。齿轮转动时，使得穿过霍尔元件的磁力线密度发生变化，因而引起霍尔电压的变化，霍尔元件将输出一个毫伏级的准正弦波电压，通过电子电路转换成标准的脉冲电压输出信号，电压幅值为7～14 V，如图2-12所示。

霍尔车轮转速传感器具有的优点：输出信号电压幅值不受转速的影响；频率响应高，其响应频率高达20 kHz，相当于车速为1 000 km/h时所检测的信号频率；抗电磁波干扰能力强。

2. 制动压力调节器

制动压力调节器又称为ABS控制器，是ABS系统的执行机构，其功用是接受ECU的指令，通过电磁阀的动作控制车轮制动轮缸的制动压力，通常主要由电动液压泵、液压控制单元（包括储能器和电磁阀）等构成，如图2-13所示。

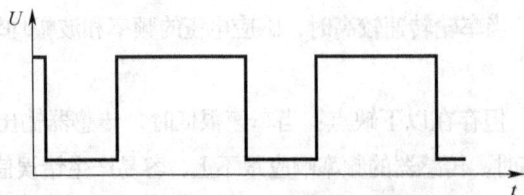

图2-12 霍尔式车轮转速传感器电压波形

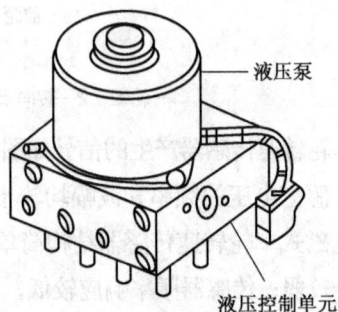

图2-13 制动压力调节器

制动压力调节器串接在制动主缸与轮缸之间，通过电磁阀直接或间接地控制轮缸的制动压力。通常，把电磁阀直接控制轮缸制动压力的制动压力调节器称为循环式调节器，把间接控制制动压力的制动压力调节器称为可变容积式调节器。

（1）电动液压泵

在 ABS 运行时，电动液压泵根据 ECU 的信号确定是否工作，从而起到循环制动液或提高制动液油压的作用。它可在汽车起动 1 min 内将制动液压力提高到 14～22 MPa。

ABS 系统所用的电动液压泵多为柱塞式液压泵，它由直流电动机、活塞式油泵、进出油阀等组成，其原理如图 2-14 所示。电动机 8 由压力开关 1 控制，当柱塞出油口的压力低于设定的控制压力时，压力控制开关闭合，接通电动机电路，于是电动机驱动柱塞泵工作，将制动液泵入储能器中。

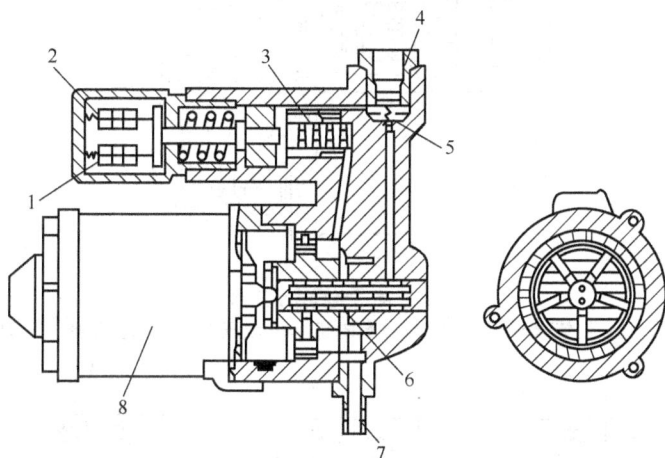

图2-14　柱塞式电动液压泵

1—控制开关　2—警告开关　3—限压阀　4—出油口　5—单向阀　6—滤芯　7—进油口　8—电动机

（2）蓄压器（储能器）

蓄压器的结构形式多种多样。例如活塞—弹簧式蓄压器，该蓄压器位于电磁阀与回油泵之间，由轮缸来的液压油进入蓄压器，进而压缩弹簧使蓄压器液压腔容积变大，以暂时储存制动液。又如气囊式蓄压器（见图 2-15）内充满了高压氮气，可使制动液的压力保持在 14～18 MPa 较高的压力。为了安全起见，近年来生产的部分车型中，已经取消了蓄压器。

（3）电磁阀

ABS 系统中通常有 4～8 个电磁阀，分别对应控制前后轮的制动。常用的电磁阀有三位三通阀和二位二通阀等多种形式。

电磁阀由固定铁心和可动铁心组成。通过改变电磁阀的电流改变磁场力，可以改变柱塞的位置，从而控制液体通道的开闭。图 2-16 所示是博世 ABS 三位三通电磁阀，根据电流的大小，可将柱塞控制在 3 个位置，改变 3 个阀口之间的通路。

3. ABS ECU

根据来自轮速传感器的信号，ABS ECU 测量车轮转速和车速，大众车型 ABS ECU 如图 2-17 所示。在制动过程中，虽然车轮转速下降，但减速幅度会视制动中的车速和路面状况（如干沥青路面、湿路面或结冰路面等）而异。ECU 根据制动中车轮转速的变化，判断车轮与路面之间的滑移情况，控制 ABS 执行器，将最佳液压力传送至盘式制动分泵，以获得对车轮转速的最佳控制。

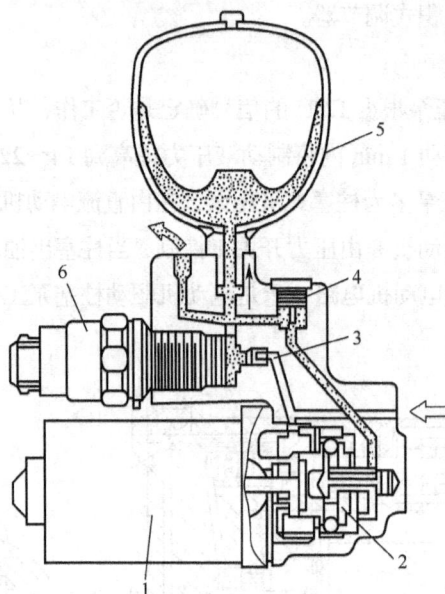

图2-15　气囊式蓄压器

1—电动泵　2—回转球阀式活塞泵　3—单向阀　4—限压阀　5—通蓄压器　6—压力开关

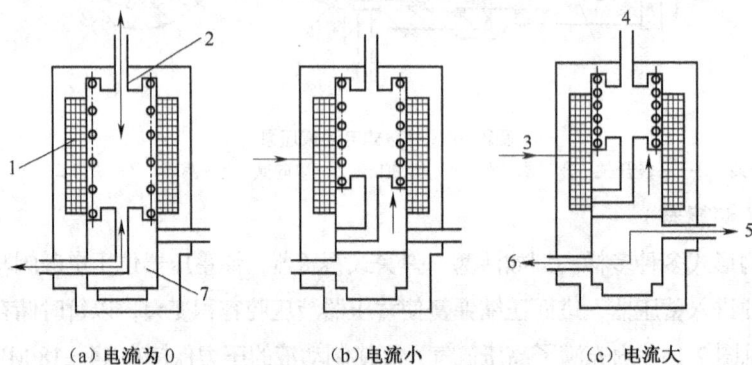

（a）电流为0　　　　（b）电流小　　　　（c）电流大

图2-16　三位三通电磁阀的动作

1—线圈　2—固定铁心　3—电流　4—通主缸　5—通蓄压器　6—通轮缸　7—衔铁

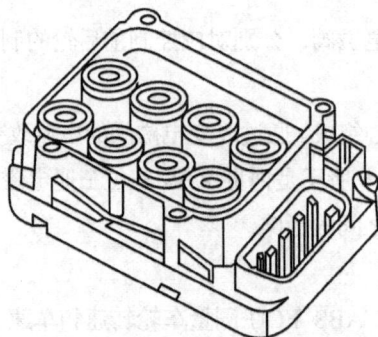

图2-17　ABS ECU

（三）认识丰田循环式防抱死制动系统

1. 丰田循环式 ABS 系统的部件

图 2-18 所示是雷克萨斯 LS400 轿车无牵引力控制装置的 ABS 部件配置图。

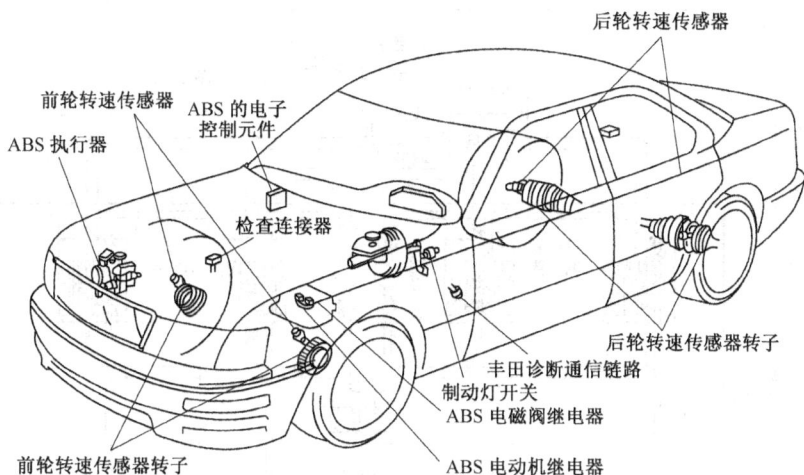

图2-18 雷克萨斯LS400轿车的ABS部件

（1）车轮转速传感器

前轮和后轮转速传感器为磁电式，由永久磁铁、线圈和传感器转子组成。前轮转速传感器安装在转向节上，后轮转速传感器安装在后桥壳上。锯齿形转子安装在驱动轴或轮毂上，作为一个整体转动。

（2）ABS 执行器

丰田汽车 ABS 执行器因车型不同，其安装位置和制动管路的布置等均有所不同，但其本身的构造和工作原理则基本相同，它由电磁阀、储液室和泵构成，如图 2-19 所示。

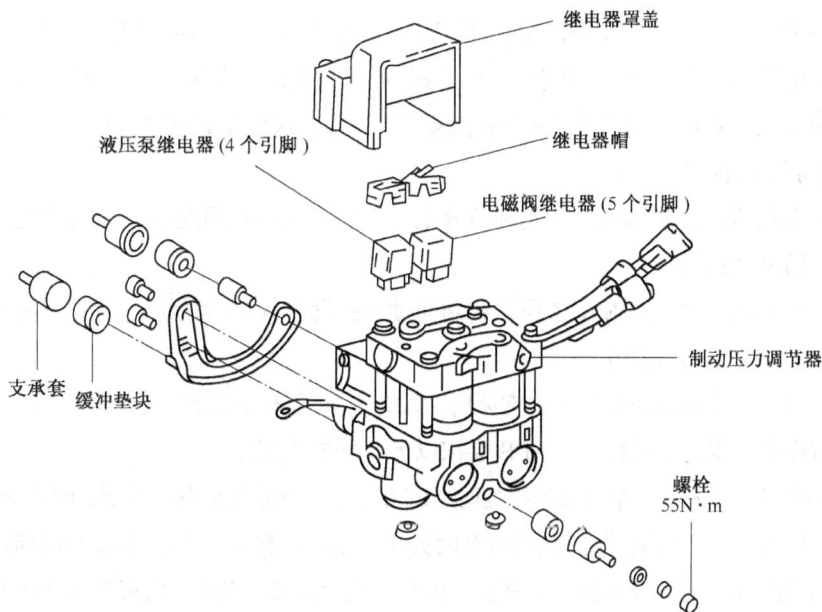

图2-19 LS400轿车的ABS执行器

（3）ABS系统管路

ABS执行器有4个三位置电磁阀，用于前轮的，分别控制左、右轮；而用于后轮的，则同时控制左、右轮，如图2-20所示。因此，这个系统称为三通道系统。

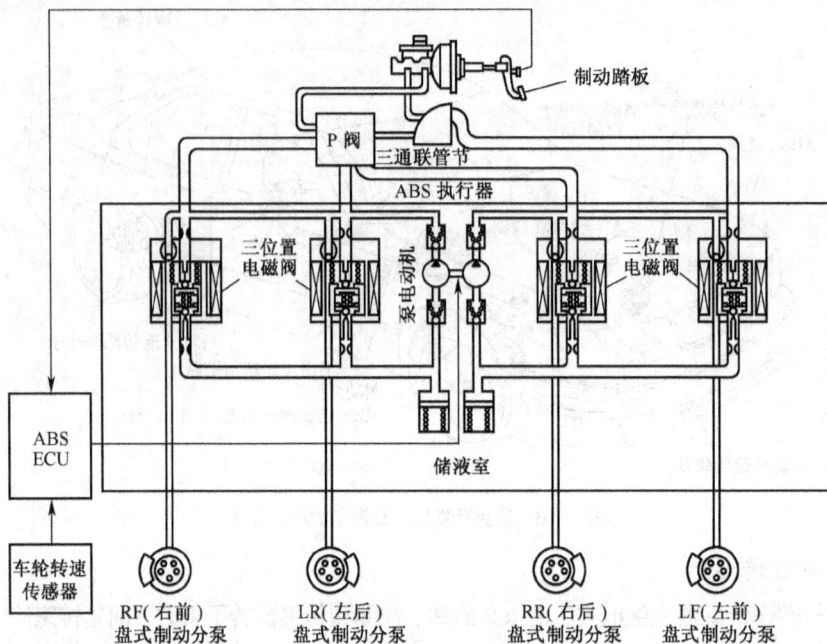

图2-20 ABS系统管路示意图

2. 丰田循环式ABS系统的工作过程

下面以前轮为例，说明ABS系统的工作过程。

（1）常规制动（ABS不工作）

如图2-21所示，在正常制动中，ABS不工作，ABS ECU没有电流送至电磁线圈。此时，回位弹簧将三位置电磁阀推下，"A"孔保持打开，"B"孔保持关闭。当踩下制动踏板时，制动总泵液压上升，制动液从三位置电磁阀内的"A"孔流至"C"孔，送至盘式制动分泵。位于泵油路中的1号单向阀阻止制动液流进泵内。

当松开制动踏板时，制动液从盘式制动分泵，经三位置电磁阀内的"C"孔流至"A"孔和3号单向阀，流回制动总泵。

因此，在正常制动中，ABS不工作，其制动过程和没有ABS的制动过程是一样的。

（2）紧急制动（ABS工作）

在紧急制动中，当任何一个车轮被抱死时，ABS执行器根据来自ECU的信号，控制作用在车轮上的制动液压力，阻止车轮抱死。ABS会按以下3种模式工作。

① "压力降低"模式。当车轮将要抱死时，ECU将5A电流送至电磁线圈，产生一强磁力。三位置电磁阀向上移动，"A"孔随"B"孔的打开而关闭。结果，制动液从盘式制动分泵流经三位置电磁阀内的"C"孔至"B"孔，从而流入储液室。同时，执行器泵的电动机由来自ECU的信号接通，制动液从储液室送回总泵。由于"A"孔（此时关闭）以及1号和3号单向阀阻止来自总泵的制动液流

入三位置电磁阀，结果，盘式制动分泵内的液压降低，阻止车轮被抱死。液压降低速率通过"压力降低"和"保持"模式的反复交替进行调节。ABS系统"压力降低"模式工作图如图2-22所示。

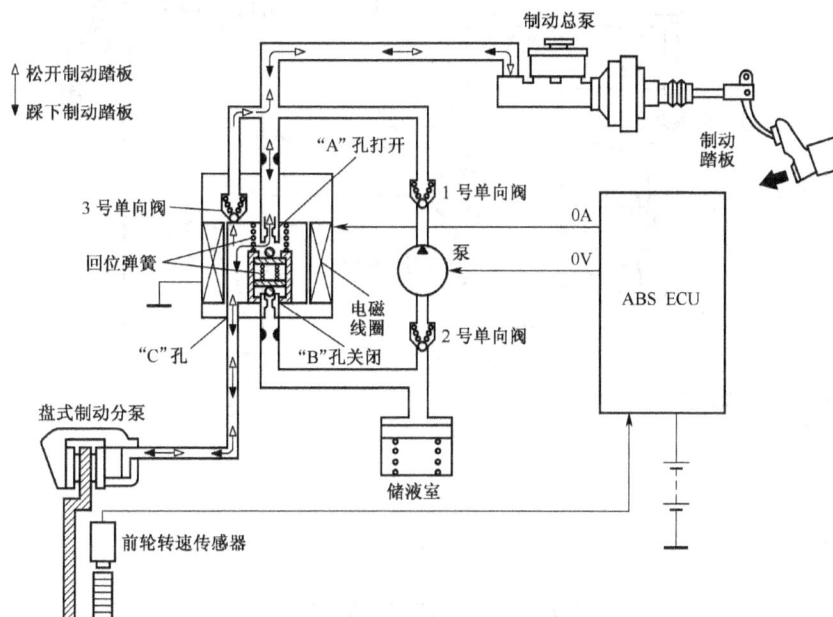

图2-21 正常制动时（ABS不工作）油路

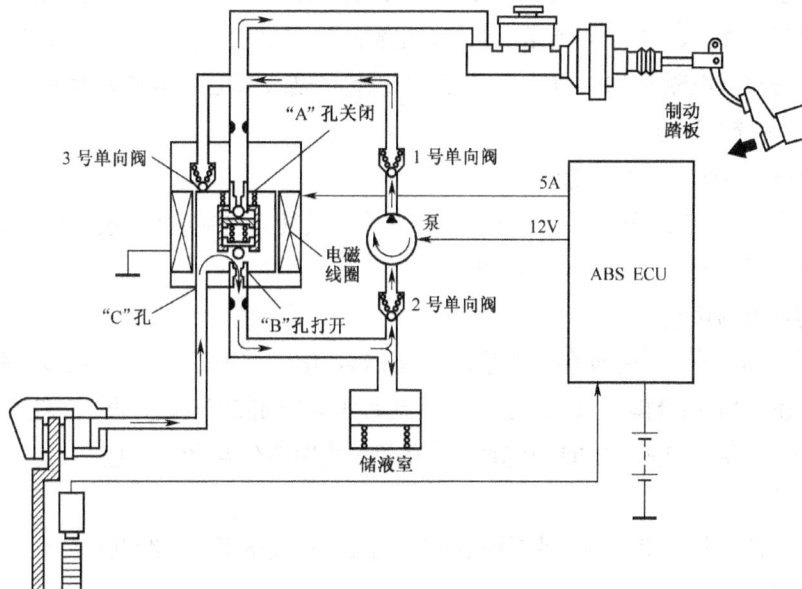

图2-22 ABS系统"压力降低"模式

② "保持"模式。随着盘式制动分泵内压力的降低或提高，车轮转速传感器传送一个信号，表示转速达到目标值，于是，ECU供应2A电流至电磁线圈，将盘式制动分泵内的压力保持在该值。

如图2-23所示，当提供给电磁线圈的电流从5A（在"压力降低"模式）降至2A（在"保持"模式）时，在电磁线圈内产生的磁力也减小。于是回位弹簧的弹力将三位置电磁阀向下推至中间位置，将"B"孔关闭。

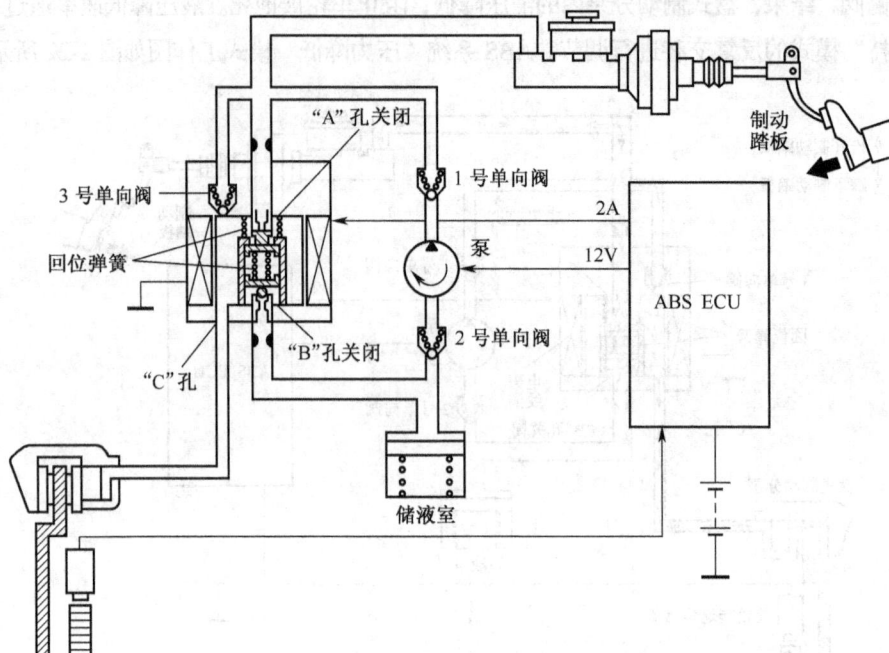

图2-23　ABS系统"保持"模式

　　③　"压力提高"模式。当盘式制动分泵内的压力需要提高，以施加更大的制动力时，ECU 停止传送电流至电磁线圈，如图 2-24 所示。三位置电磁阀的"A"孔打开，"B"孔关闭。从而使总泵内的制动液经三位置电磁阀内的"C"孔流至盘式制动分泵。液压提高速率通过"压力提高"和"保持"模式的反复交替进行控制。

　　3. 丰田循环式 ABS ECU 的功能

　　ABS ECU 系统控制电路图如图 2-25 所示。它具有车轮转速控制功能、初始检查功能、诊断功能、车轮转速传感器检查功能和失效保护功能。

　　（1）车轮转速控制功能

　　ECU 不断地收到来自 4 个车轮转速传感器的车轮转速信号，通过对每个车轮转速和减速度进行运算，以估算车速。当踩下制动踏板时，各个盘式制动分泵内的液压开始升高，车轮转速开始降低。如果有任何一个车轮将要抱死，ECU 就降低这个车轮盘式制动分泵内的液压。

　　（2）继电器的控制功能

　　电磁线圈继电器控制功能。当满足下列条件时，ECU 接通电磁线圈继电器。

　　①　点火开关接通。

　　②　初始检查功能完成，这一功能在点火开关接通后立即执行。

　　③　诊断中未发现故障（故障码 37 除外）。

　　如果上述条件中有任何一项不满足，ECU 就断开电磁线圈继电器。

　　执行器泵电动机继电器控制功能。当满足下列条件时，ECU 接通电动机继电器。

　　①　在 ABS 运作中或初始检查中。

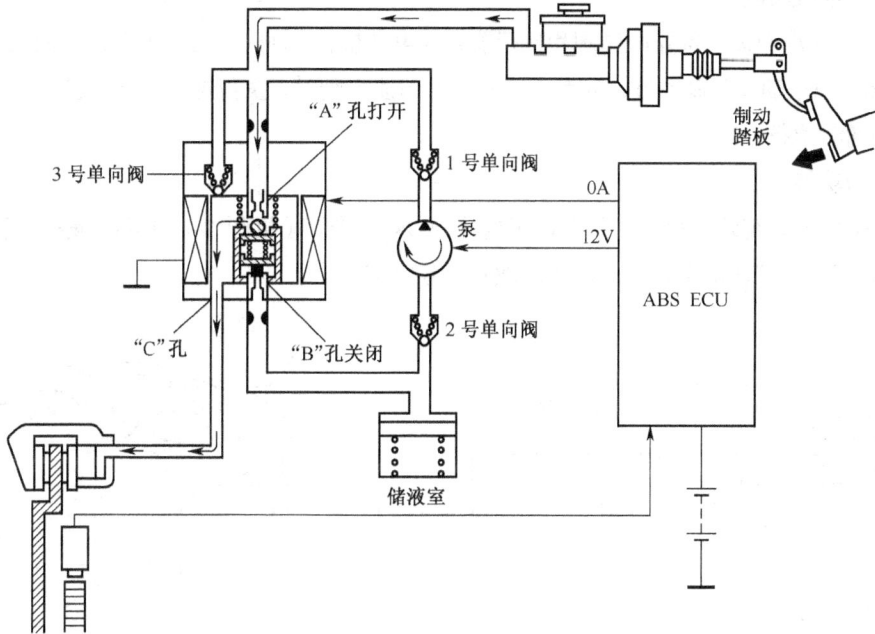

图2-24 ABS系统"压力提高"模式

② 当电磁线圈继电器接通时。如果上述条件中有任何一项不满足，ECU就断开电动机继电器。

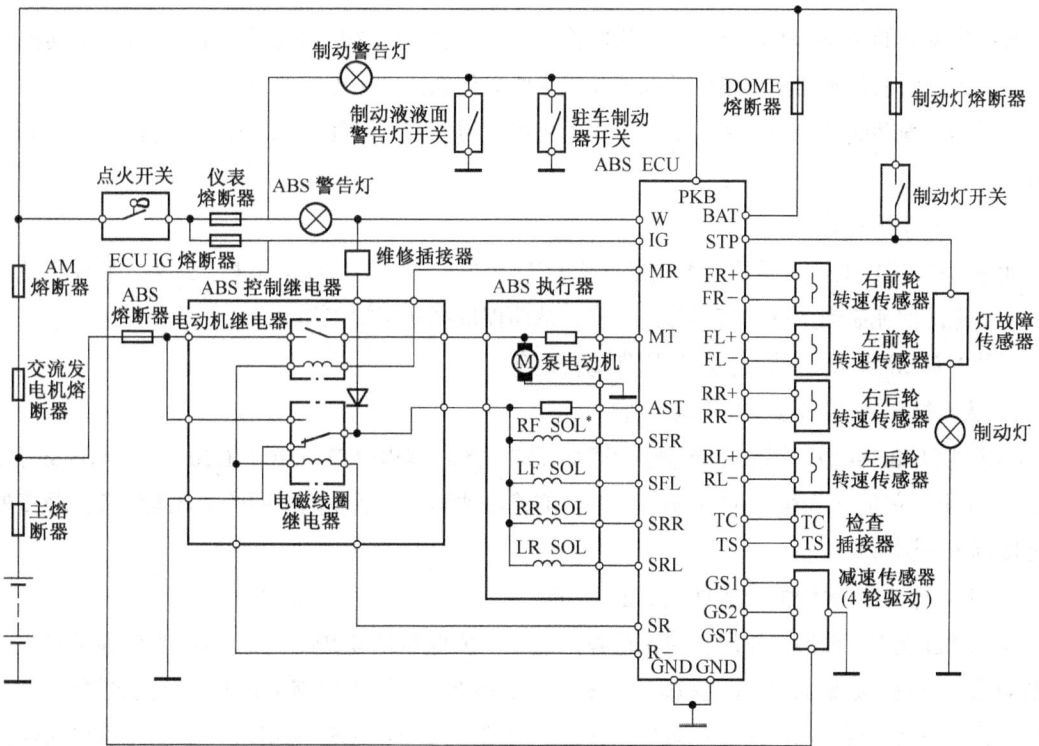

*SOL—电磁线圈

图2-25 ABS ECU系统控制电路图

（3）初始检查功能

ABS ECU 依次操纵三位置电磁阀和执行器泵的电动机，分别检查每个电器系统的工作情况，如图 2-26 所示。当车辆关断制动灯，以大于 6km/h 的车速行驶时，执行这一功能。这一功能仅在每次点火开关接通时执行一次。

（4）诊断功能

任何一个信号系统发生故障，组合仪表内的 ABS 警告灯（见图 2-27）都会发亮，警告驾驶员有故障发生。ABS ECU 也会将这一故障的故障码存储起来。

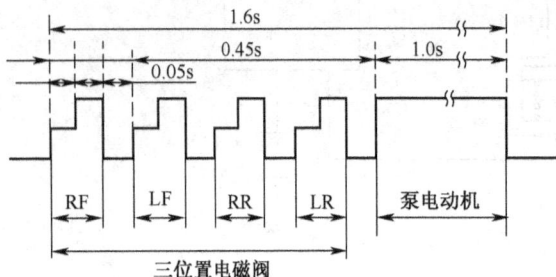

图2-26　ECU初始检查过程

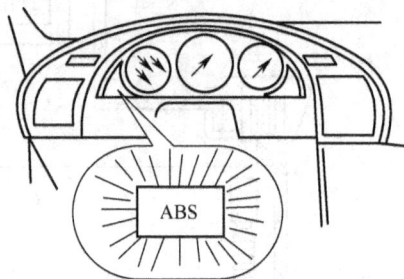

图2-27　ABS警告灯

（5）传感器检查功能

有些车型上的 ABS ECU 还具有传感器检查功能，检查传感器的运行特性。车轮转速传感器检查功能是检查所有传感器输出电压的高低和检查所有传感器输出电压的波动。

传感器检查功能是专为技术人员使用的，要用专门程序设置其运作条件，以诊断每个传感器的运行特性。

（6）失效保护功能

如果通往 ECU 的信号系统发生故障，从 ECU 至执行器的电流就会中断。结果，制动系统照常运作，好像防抱死制动系统没有起作用一样，从而保证制动正常工作。

（四）认识大众循环式防抱死制动系统

1. 大众循环式 ABS 系统的基本组成

桑塔纳 2000GSi 型和都市先锋/捷达王轿车采用的都是美国 ITT 公司 MK20－I 型 ABS 系统，如图 2-28 所示。它是三通道的 ABS 调节回路，前轮单独调节，后轮则以两轮中地面附着系数低的一侧为依据统一调节。

MK20-I 型 ABS 系统的组成如图 2-29 所示。

在制动过程中，如果车轮没有抱死趋势，ABS 系统将不参与制动压力控制，此时制动过程与常规制动系统相同。如果 ABS 出现故障，ABS ECU 将不再对液压控制单元 HCU 进行控制，并将仪表板上的 ABS 故障警告灯点亮，向驾驶员发出报警信号，此时 ABS 不起作用，制动过程与没有 ABS 的常规制动系统的工作相同。

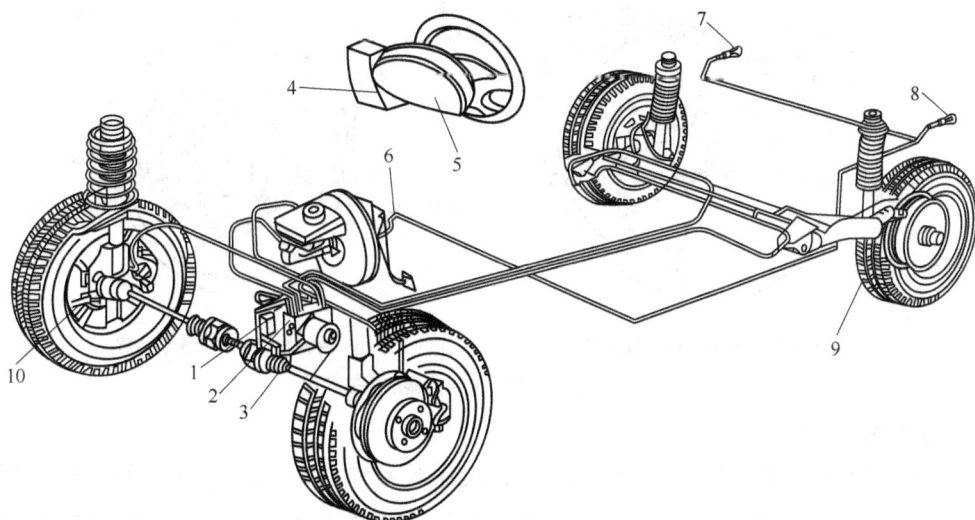

图2-28　美国ITT公司MK20-Ⅰ型ABS系统

1—ABS ECU J104　2—ABS液压控制单元N55　3—ABS液压泵V64
4—ABS故障警告灯K47　5—制动装置警告灯K118　6—制动开关F　7—右制动灯M10
8—左制动灯M9　9—左后轮转速传感器G46　10—右前轮转速传感器G44

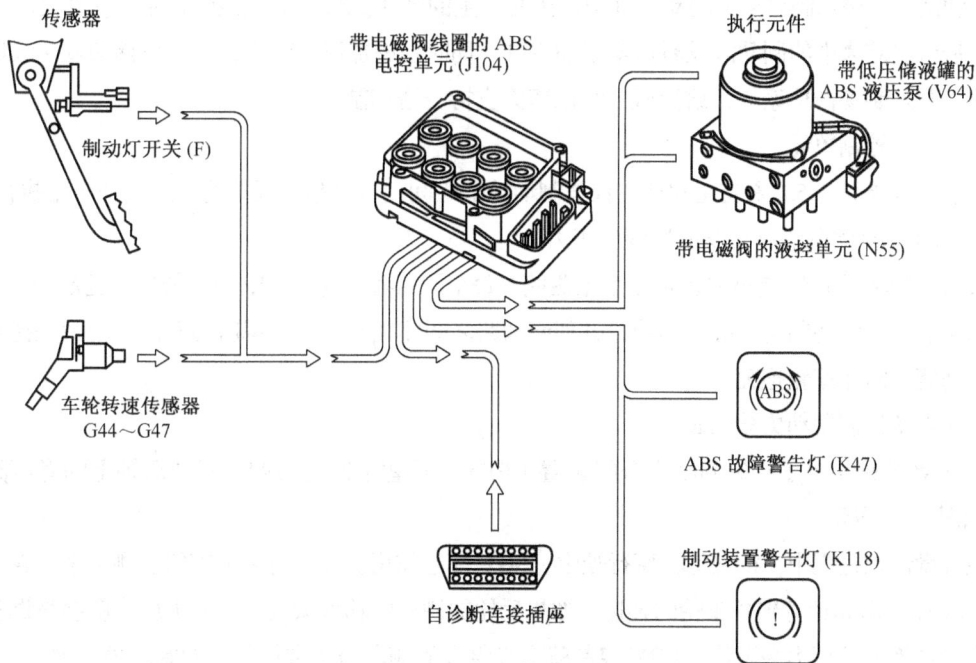

图2-29　MK20-Ⅰ型ABS系统的组成

（1）车轮转速传感器

车轮转速传感器的作用是将车轮的转速信号传给 ABS ECU。MK20-Ⅰ型 ABS 系统共有 4 个电磁感应式车轮转速传感器，前轮的齿圈（43 齿）安装在传动轴上，车轮转速传感器安装在转向节上；后轮的齿圈（43 齿）安装在后轮毂上，车轮转速传感器则安装在固定支架上，如图 2-30 所示。

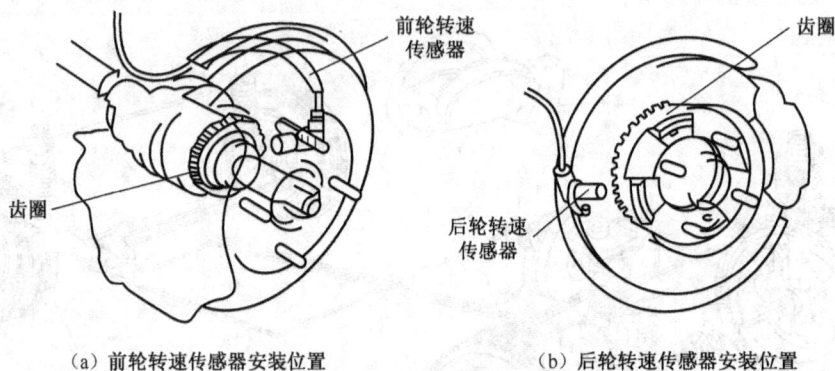

（a）前轮转速传感器安装位置　　　　　　（b）后轮转速传感器安装位置

图2-30　前、后轮转速传感器的安装位置

（2）电子控制单元

ABS 电子控制单元是 ABS 系统的控制中心，又称为 ABS ECU。ABS ECU 的主要任务是连续监测接受 4 个车轮转速传感器送来的脉冲信号，分析 4 个车轮的制动情况，向液压控制单元 HCU 发出指令，控制制动轮缸油路上电磁阀的通断和 ABS 液压泵的工作来调节制动压力，防止车轮抱死。

（3）ABS 液压泵

低压储液罐与 ABS 液压泵合为一体装于液压控制单元上。低压储液罐用于暂时储存从轮缸中流出的制动液，以缓和制动液从制动轮缸中流出时产生的脉冲。ABS 液压泵的作用是将在制动压力阶段流入低压储液罐中的制动液及时送至制动主缸，同时在施加压力阶段，从低压储液罐中吸取剩余制动力，泵入制动循环系统，给液压系统以压力支持，增加制动效能。

（4）液压控制单元

液压控制单元 N55 安装在制动主缸与制动轮缸之间，采用整体式结构。主要任务是执行 ABS ECU 的指令，自动调节制动器中的液压压力。

液压控制单元 N55 阀体内包括 8 个电磁阀，每个回路各一对，其中一个是常开进油阀，另一个是常闭出油阀。它在制动主缸、制动轮缸和回油路之间建立联系，实现压力升高、压力保持和压力降低的功能，防止车轮抱死。

（5）电子控制制动力分配装置

ABS 系统采用电子控制制动力分配装置（EBV）代替了制动力调节器和后轴上的降压阀的作用，如图 2-31 所示。

在轻微制动过程中，特别是转弯行驶中，EBV 都起作用。车轮转速传感器检测 4 个车轮的转速信号，ECU 则由此计算出各车轮的转速。如果后轮的制动滑移率太大，制动力压力就会被调整至不超过车轮被抱死的压力极限值。EBV 控制就会提供大的侧向力及进行很好的制动力分配。

（6）故障警告灯

ABS 系统在仪表板及仪表板附加部件上装有 ABS 故障警告灯 K47。把点火开关打开，ABS 系统开始自检，ABS 故障警告灯正常点亮约 2s 后熄灭。

如果灯不亮，说明故障警告灯本身或线路有故障；如果 ABS 故障警告灯常亮，说明 ABS 系统出现故障。

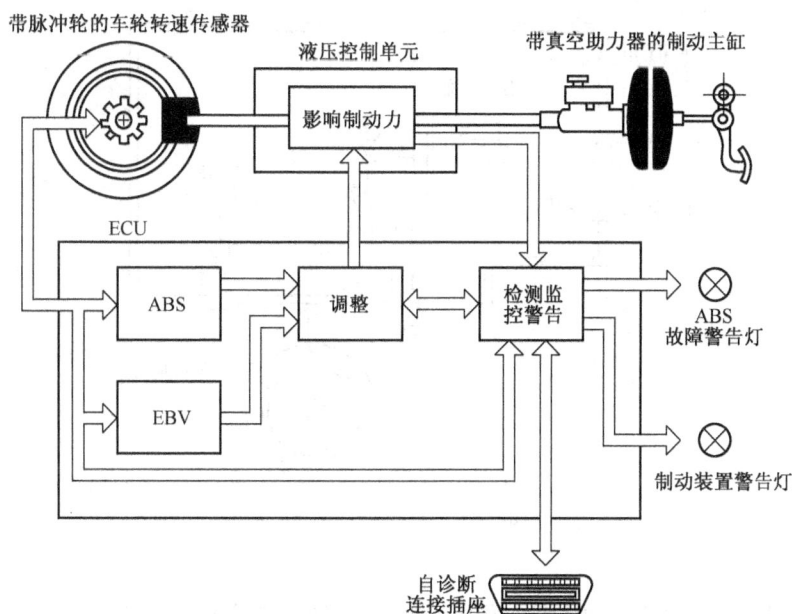

图2-31　电子控制制动力分配装置

2. MK20-I 型 ABS 执行器的工作过程

ABS 执行器的工作原理如图 2-32 所示。

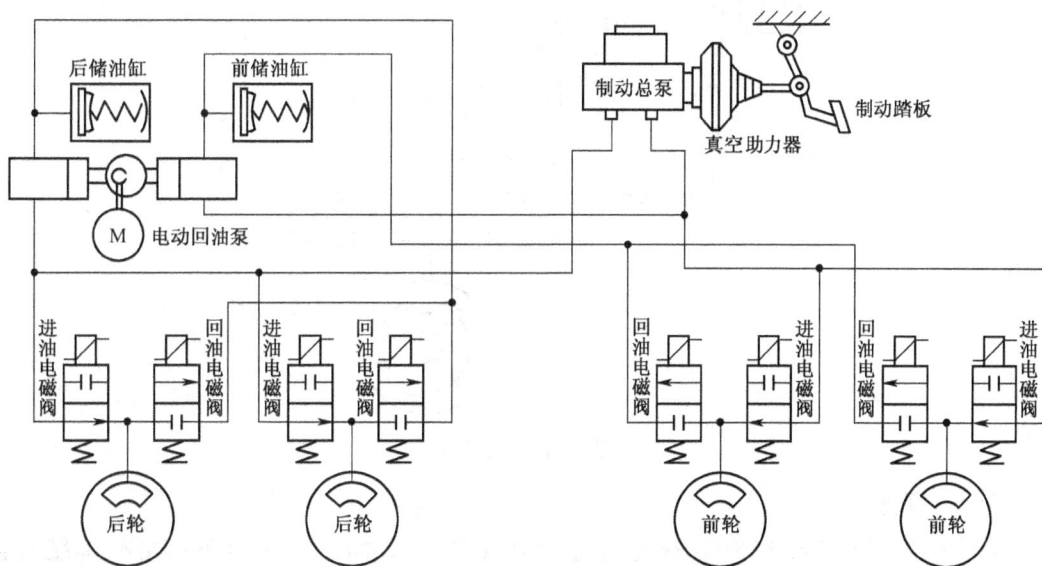

图2-32　ABS执行器的工作原理

（1）普通制动

开始制动时，驾驶员踩制动踏板，制动压力由制动主缸产生，经进油阀作用到车轮制动轮缸上，此时出油阀关闭，ABS 系统没有参与控制，整个过程和常规液压制动系统相同，制动压力不断上升，如图 2-33 所示。

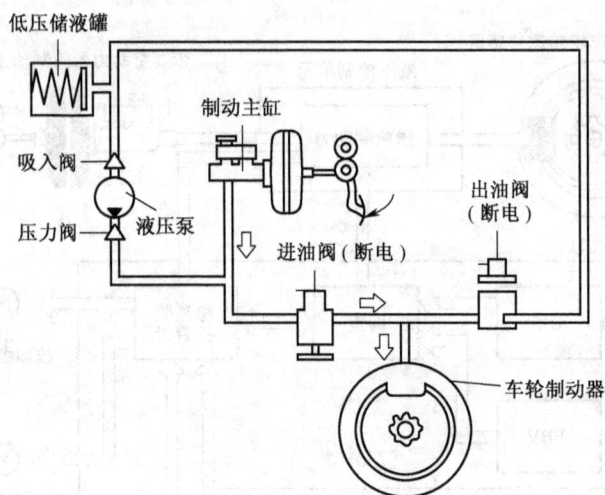

图2-33 系统油压的建立

（2）油压保持

当驾驶员继续踩制动踏板，油压继续升高到车轮出现抱死趋势时，ABS 电子控制单元发出指令使进油阀通电并关闭阀门，出油阀依然不通电而保持关闭，系统油压保持不变，如图 2-34 所示。

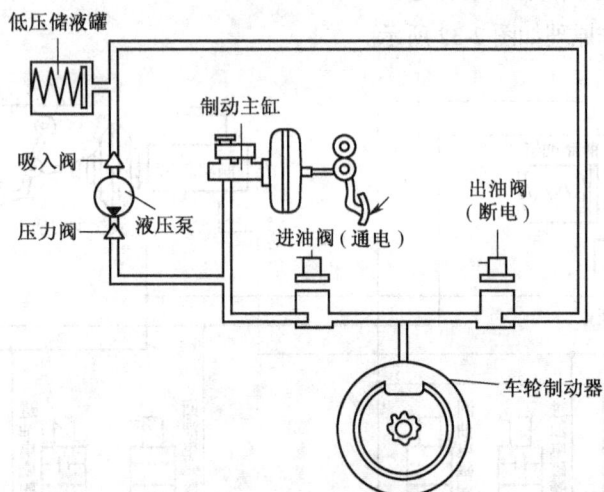

图2-34 油压保持

（3）油压降低

当制动压力保持不变，车轮有抱死趋势时，ABS ECU 给出油阀通电并打开出油阀，系统油压通过低压储液罐降低油压，此时进油阀继续通电并保持关闭状态，有抱死趋势的车轮被释放，车轮转速开始上升。与此同时，ABS 液压泵开始起动，将制动液由低压储液罐送至制动主缸，如图 2-35 所示。

（4）油压增加

为了使制动最优化，当车轮转速增加到一定值后，电子控制单元给出油阀断电，关闭此阀门，进油阀同样因不带电而打开，ABS 液压泵继续工作，从低压储液罐中吸取制动液泵入液压制动系统，如图 2-36 所示。随着制动压力的增加，车轮转速又降低。这样反复循环地控制（工作频率为 5～6 次/s），将车轮的滑移率始终控制在 20%左右。

如果 ABS 系统出现故障，进油阀始终常开，出油阀始终常闭，使常规液压制动系统继续工作而 ABS 系统不工作，直到 ABS 系统故障排除为止。

桑塔纳 ABS 执行器的工作过程见表 2-1。

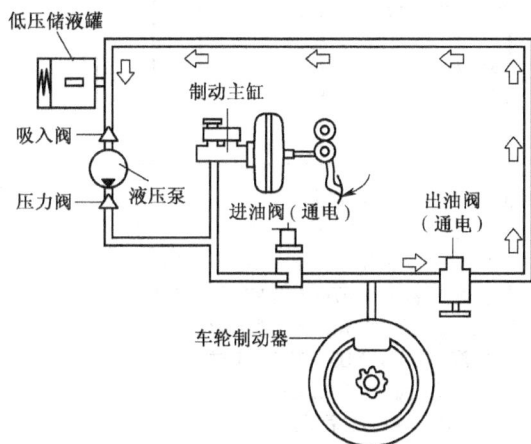

图2-35　油压降低

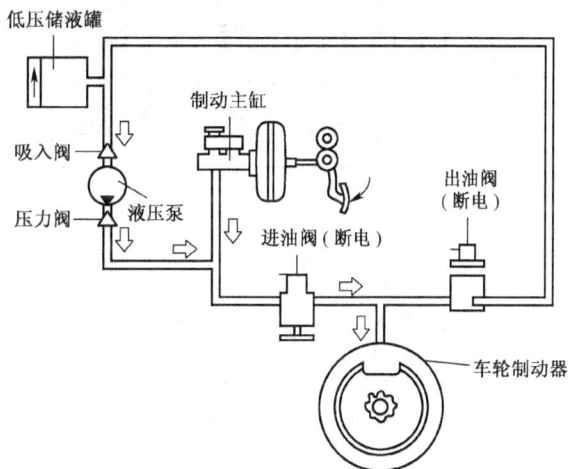

图2-36　油压增加

表 2-1　　　　　　　　　　　桑塔纳 ABS 执行器的工作过程

工 作 过 程	进 油 阀	出 油 阀	液 压 泵	制动液流动方向
普通制动模式	打开	关闭	不工作	制动主缸直接进入轮缸
"保压"模式	关闭	关闭	不工作	不流动
"减压"模式	关闭	打开	工作	制动轮缸流回储液罐
"增压"模式	打开	关闭	工作	来自制动主缸和液压泵的制动液进入轮缸

3. MK20-I 型 ABS 电路

桑塔纳 2000GSi 和都市先锋/捷达王 MK20-I 型 ABS 系统电路图如图 2-37 所示。

（五）认识本田可变容积式防抱死制动系统

1. 本田车系 ABS 制动压力调节器

目前，装用可变容积式制动压力调节器的液压制动系统 ABS，以日本本田车系 ABS 最为常见。可变容积式制动压力调节器是在汽车原有液压制动系统管路上增加一套液压控制装置，用它来控制制动管路中容积的增减，以控制制动压力的变化。

本田车系采用四传感器、三通道、前轮独立-后轮选择控制方式，装用的可变容积式制动压力调节器主要由电磁阀、滑动活塞组件、电动液压泵、蓄压器、压力开关等组成。本田 ABS 压力调节器及电磁阀总成如图 2-38 所示。4 个压力调节器和 3 组电磁阀均垂直安装。

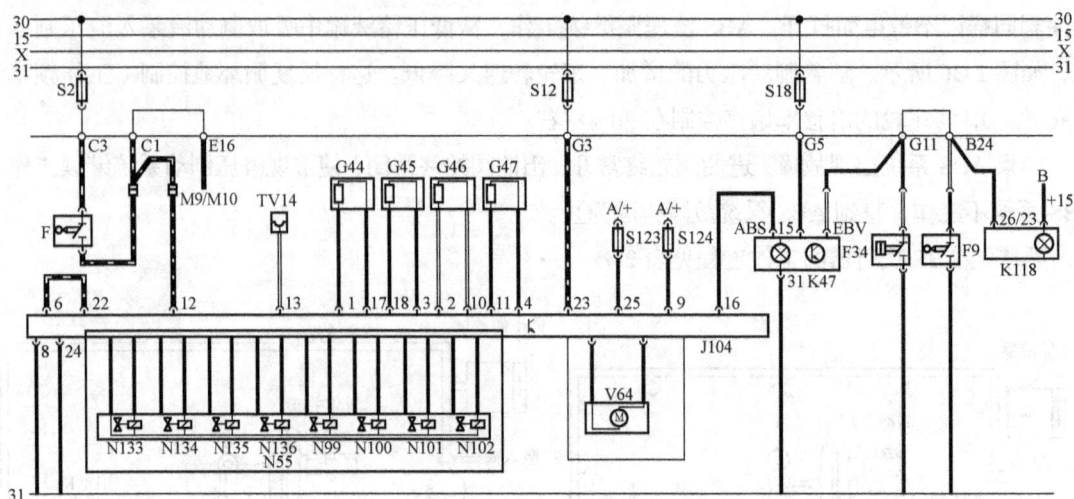

图2-37　桑塔纳2000GSi轿车MK20-1型ABS系统电路图

30—常火线（来自蓄电池）　15—火线（来自点火开关）　X—火线（起动时接通）　31—搭铁线　A—蓄电池
B—在仪表内（+15）　F—制动灯开关　F9—驻车制动开关　F34—制动液位报警开关　G44—右后车轮转
速传感器　G45—右前车轮转速传感器　G46—左后车轮转速传感器　G47—左前车轮转速传感器
J104—ABS及EBV的电子控制单元　K47—ABS故障警告灯　K118—驻车制动、制动液位警告灯
M9—左制动灯　M10—右制动灯　N55—ABS及EBV的液压单元　N99—ABS右前进油阀
N100—ABS右前出油阀　N101—ABS左前进油阀　N102—ABS左前出油阀　N133—
ABS右后进油阀　N134—ABS右后出油阀　N135—ABS左后进油阀
N136—ABS左后出油阀　S2—熔丝（10A）　S12—熔丝（15A）
S18—熔丝（10A）　S123—液压泵熔丝（30A）　S124—电磁阀
熔丝（30A）TV14—诊断插口　V64—ABS电动液压泵

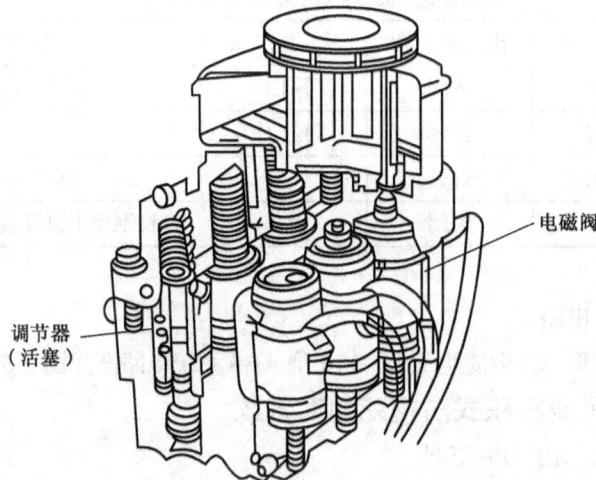

图2-38　本田ABS压力调节器及电磁阀总成

　　本田 ABS 调节器总成油液流向如图 2-39 所示。3 组电磁阀中一组控制两后轮调节器的油路，
另两组分别控制左、右前轮调节器油路。从主缸主活塞来的油液经过左前和右后调节器活塞，然后
分别到达左前和右后制动轮缸；从主缸副活塞来的油液经过右前和左后调节器活塞，然后分别到达
右前和左后制动轮缸。

　　可变容积式制动压力调节器的工作原理如下。

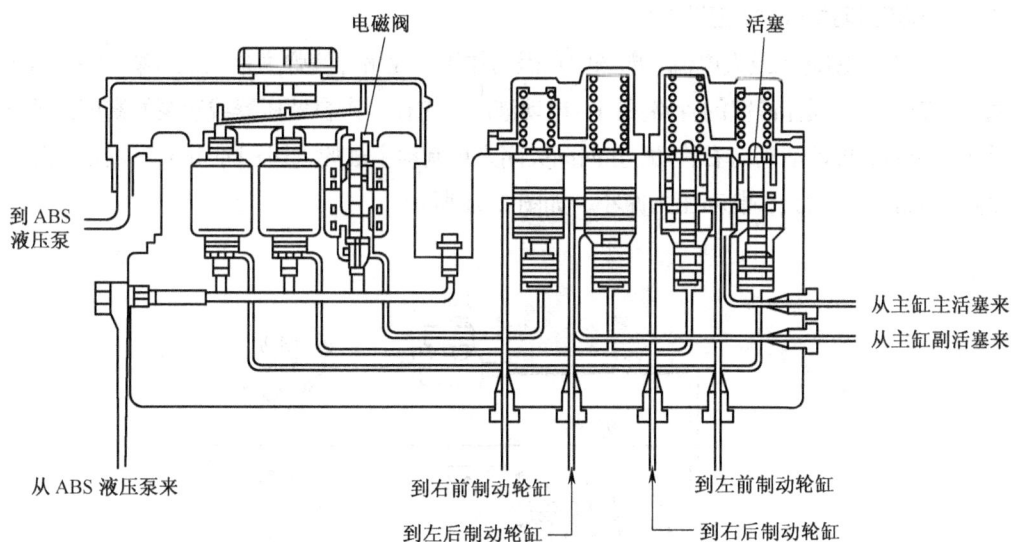

图2-39 本田ABS调节器总成油液流向

（1）普通制动模式时

电磁线圈中无电流通过，电磁阀将控制活塞工作腔与储液室接通，控制活塞被弹簧推向最左端顶开止回阀，使制动主缸与轮缸接通，制动主缸的制动液直接进入制动轮缸，轮缸压力随主缸压力而增减。这种状态是ABS不参加工作的常规制动工况，如图2-40所示。

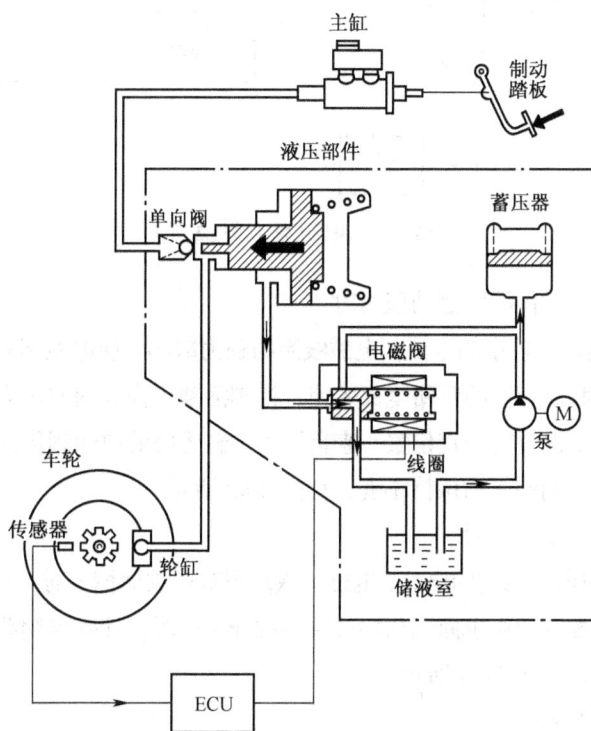

图2-40 ABS不工作（常规制动工况）

（2）防抱死制动模式"减压"时

ECU 给电磁线圈通入最大电流，电磁阀在磁力作用下克服弹簧弹力移至最右端，将蓄压器与控制活塞工作腔接通，通储液室的管路关闭，电动液压泵工作，来自蓄压器或油泵的高压制动液进入控制活塞工作腔而推动活塞向右移动，止回阀关闭来自制动主缸的管路；同时随着控制活塞的右移，制动轮缸一侧的容积增大，制动压力减小，如图 2-41 所示。

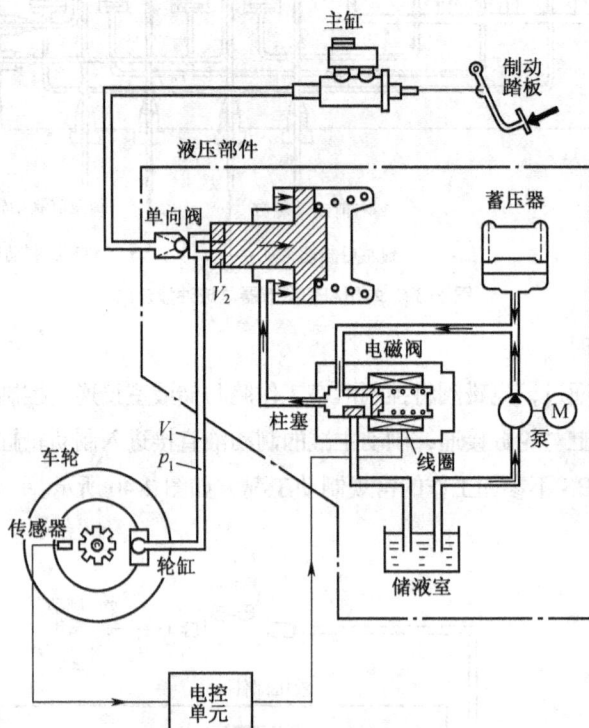

图2-41　ABS工作（减压过程）

（3）防抱死制动模式"保持"制动压力时

ECU 给电磁线圈通入一较小的电流，电磁线圈的磁力减小，使电磁阀处于中间位置，将通向蓄压器、控制活塞工作腔和储液室的管路全部关闭，控制活塞工作腔内的压力不再变化，控制活塞在工作腔油压和弹簧作用下保持在一定位置，来自制动主缸管路的单向阀仍处于关闭状态，制动轮缸一侧的容积不发生变化，制动压力保持不变，如图 2-42 所示。

（4）防抱制动模式"增压"时

ABS ECU 切断通向电磁线圈的电流，电磁阀恢复到普通制动模式时的位置，控制活塞工作腔内的制动液流回储液室，控制活塞也回到初始位置并顶开单向阀，使来自制动主缸的制动液直接进入轮缸，以增大制动压力，如图 2-43 所示。

2. 本田车系 ABS 控制电路

图 2-44 所示为本田车系 ABS 控制电路图。

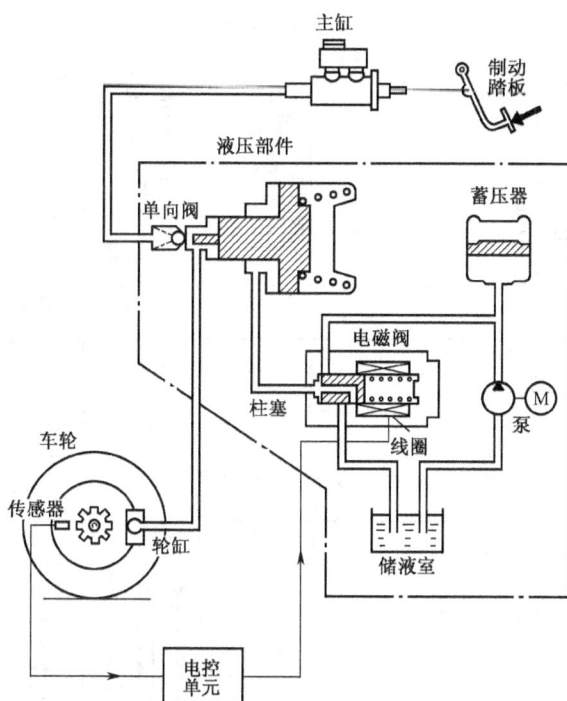

图2-42　ABS工作（保压过程）

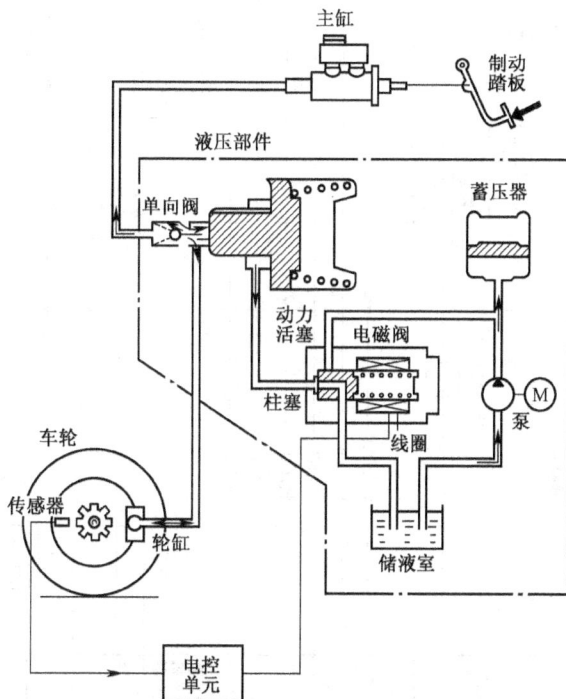

图2-43　ABS工作（增压过程）

3. ABS 控制单元的功能

ABS 控制单元的功能如下。

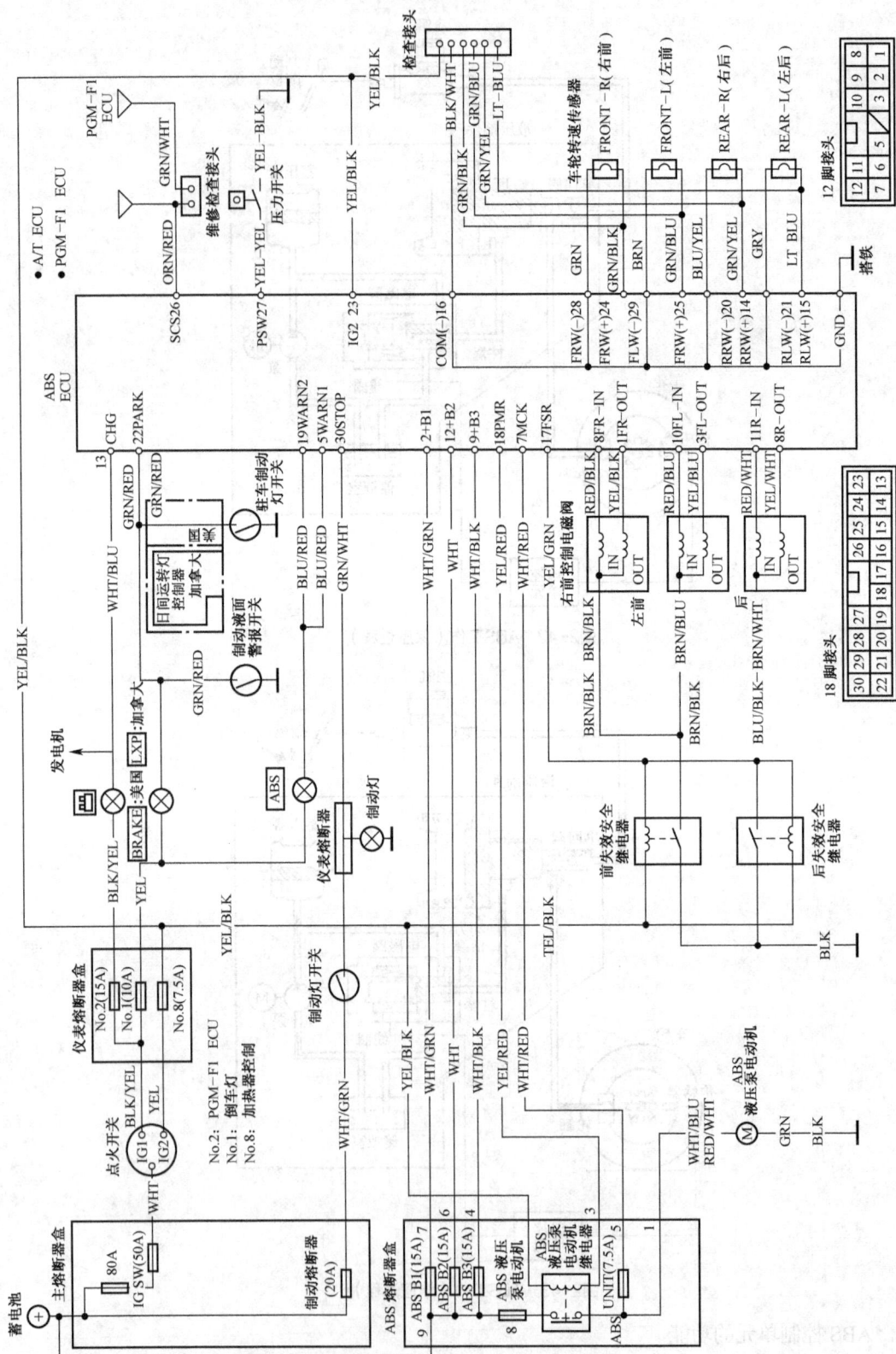

图2-44 本田车系ABS控制电路图

（1）继电器与电磁阀控制

制动压力调节器中的 3 个电磁阀均有两个电磁线圈，分别控制输入阀和输出阀。电磁阀线圈均由 ABS ECU 供电，两个前轮电磁阀的 4 个线圈通过前失效安全继电器触电搭铁，后轮电磁阀的两个线圈通过后失效安全继电器的触点搭铁。前、后失效安全继电器由 ABS ECU 控制其通断，从而控制电磁阀的工作。

（2）压力控制

① 压力开关。在装有蓄压器的液压制动系统 ABS 中，压力开关的作用是根据蓄压器的压力通过继电器控制电动液压泵的工作；有些压力开关还兼有另外一方面的作用，即在蓄压器压力低于一定标准时，向 ABS ECU 发出报警信号，ECU 使警告灯点亮并使防抱死制动系统停止工作。

压力开关的结构如图 2-45 所示。

压力开关用来在压力开关 ON 时，给 ECU 一个信号，检测高压瓶内液压油压力。当压力低于 15 MPa 时，开关断开；当压力高于 15MPa 时，开关闭合。开关断开时，油泵工作，40 s 后压力可达到 15~18 MPa，如果压力达不到 15~18 MPa，ABS 指示灯亮，中断 ABS 生效。当油泵工作，高压瓶内压力高于 18 MPa 时，安全阀泄压，防止系统油压过高。

② 蓄压器。在部分液压制动系统 ABS 中装有蓄压器，蓄压器串联在电动液压泵与电磁阀之间，用于储存高压制动液，以备在制动过程中增加制动压力时使用。蓄压器有两种：一种是活塞弹簧式，另一种是气囊式。

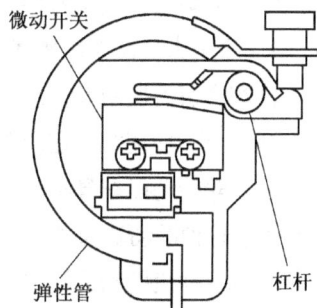

图2-45　压力开关的结构

气囊式蓄压器如图 2-46 所示。膜片后部充入压力约为 6.9MPa 的高压氮气，来自液压泵的制动液进入膜片前部油腔，进一步压缩高压氮气以暂时储存制动液。

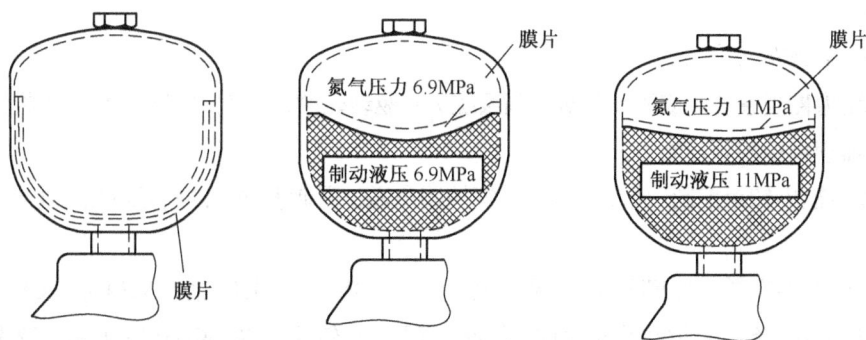

图2-46　气囊式蓄压器

在蓄压器与储液室之间一般串联一个释放阀，当蓄压器内压力超过规定值时，释放阀打开，部分高压制动液流回储液室，以防整个系统压力过高。

（3）ABS 泵控制

液压泵电动机由液压泵电动机继电器控制供电，ABS ECU 根据压力开关的压力信号控制液压泵电动机继电器线圈的通电或断电，从而控制液压泵电动机运转。

（4）ABS 指示灯控制

当有下列的异常现象被发现时，ABS ECU 会使 ABS 故障指示灯点亮。

① 泵油电动机的作用超过一定的时间。

② 车辆已经行走超过 30s，而忘记放开驻车制动。

③ 未收到 4 轮中任何一轮的传感器信号。

④ 电磁阀作用超过一定的时间或是检测到电磁阀断路。

⑤ 发动机已经开始动作，或是车辆已经开动，未接收到电磁阀输出信号。

当点火开关打开在 I 段时，ABS 故障指示灯会点亮，如果没有异常现象，发动机起动后 ABS 故障指示灯就会熄灭。

（六）认识牵引力控制系统

1. 牵引力控制系统概述

汽车牵引力控制系统是继防抱死制动系统之后应用于车轮防滑的电子控制系统，其功用是防止汽车在起步、加速时和在滑溜路面行驶时的驱动轮滑转。

当车轮转动而车身不动或是汽车的速度低于转动车轮的轮缘速度时，轮胎与地面之间就有相对的滑动，这种滑动称为"滑转"。汽车防滑控制系统是在车轮出现滑转时，通过对滑转车轮施以制动力或控制发动机的动力输出来抑制车轮的滑转，以避免汽车牵引力和行驶稳定性下降。

（1）TRC 与 ABS 的比较

ABS 和 TRC 都是用来控制车轮相对地面的滑动，以提高车轮与地面之间的附着力。但 ABS 控制的是汽车制动时车轮的"滑移"，主要用来提高汽车的制动效能和制动时的方向稳定性；而 TRC 是控制汽车行驶时的驱动车轮"滑转"，用于提高汽车起步、加速及在滑溜路面行驶时的牵引力和确保行驶稳定性。

一般在车速很低（小于 8 km/h）时 ABS 不起作用，而 TRC 一般在车速很高（大于 80 km/h）时不起作用。

（2）TRC 系统的控制方式

汽车牵引力控制系统（或驱动防滑控制系统）对驱动轮的控制方式有发动机功率控制、制动力控制、差速器锁止控制等控制方式。

① 发动机输出转矩控制。发动机输出转矩控制是通过限制发动机的转矩输出，以达到抑制驱动轮滑转的目的。

当两侧驱动轮在附着条件相同的光滑路面上行驶，滑转率已达到其受控的限值时，ECU 即开始进行发动机的转矩控制，降低发动机的输出功率、转速，直至驱动轮的平均转速略超过非驱动轮的平均转速。

通常采用 3 种控制方法进行发动机转矩控制：一是节气门开度调节，即在发动机原节气门的基础上，串联一个副节气门，或者直接安装电子节气门，由 ASR 系统或发动机控制系统控制其开度；二是减少或切断喷油量；三是减小点火提前角。

发动机输出转矩控制如图 2-47 所示。

② 对驱动轮进行制动控制。通过对单边滑转的驱动车轮施加适当的制动力，使两侧驱动轮同步转动并限制其滑转率。

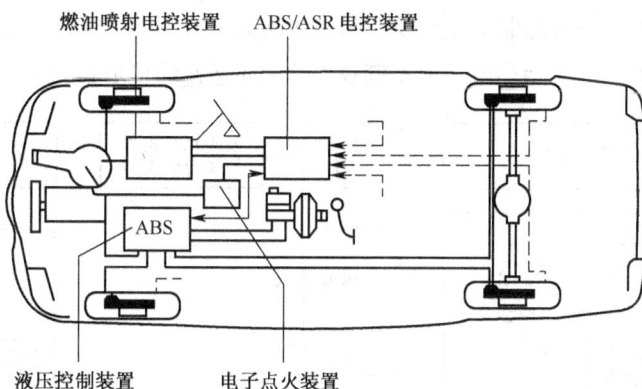

图2-47　发动机输出转矩控制

如在单侧驱动轮打滑时，ASR 电子控制器将发出控制指令，通过制动系统的压力调节器，对产生滑转的车轮施加制动，其滑转率会逐渐下降。当两侧驱动轮均出现滑转，但滑转率不同时，可以通过对两边驱动轮施加不同的制动力，分别抑制它们的滑转，从而可提高汽车在湿滑路面上的起步、加速能力和行驶的方向稳定性。

③ 差速器锁止控制。对差速器进行锁止时，可以使左右驱动轮的输入转矩不同，差速器锁止控制就是基于这一原理（见图 2-48），根据路面情况和锁止比把滑移率控制在某一范围内。例如，当路面两侧的附着系数不同时，附着系数低的一侧驱动轮打滑，电子控制器通过传感器获得这一信号后，控制器驱动锁止阀，对差速器进行一定程度锁止，使附着系数高的一侧获得驱动力，从而提高行驶稳定性和行驶车速。这种控制操纵稳定性较好，牵引性很好，但舒适性较差。

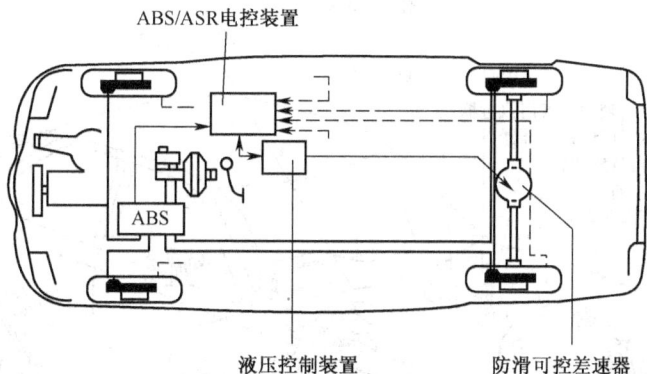

图2-48　差速器锁止控制

以上控制方式各有优缺点，因此驱动防滑控制常采用组合方式，如发动机节气门开度调节和驱动轮制动力矩调节组合的控制方式。采用这种控制方式时，汽车的舒适性、操纵稳定性和牵引性均较好，因此被广泛应用。

（3）TRC 的工作原理

丰田的 TRC 最早应用在雷克萨斯 LS400 和 SC400 车上，该系统工作原理如图 2-49 所示。TRC

系统当车轮开始空转时，一方面制动驱动轮；另一方面关小节气门开度，降低发动机的输出转矩，使传递到路面的转矩减至一个适当值，使车辆获得稳定而迅速的起步和加速。

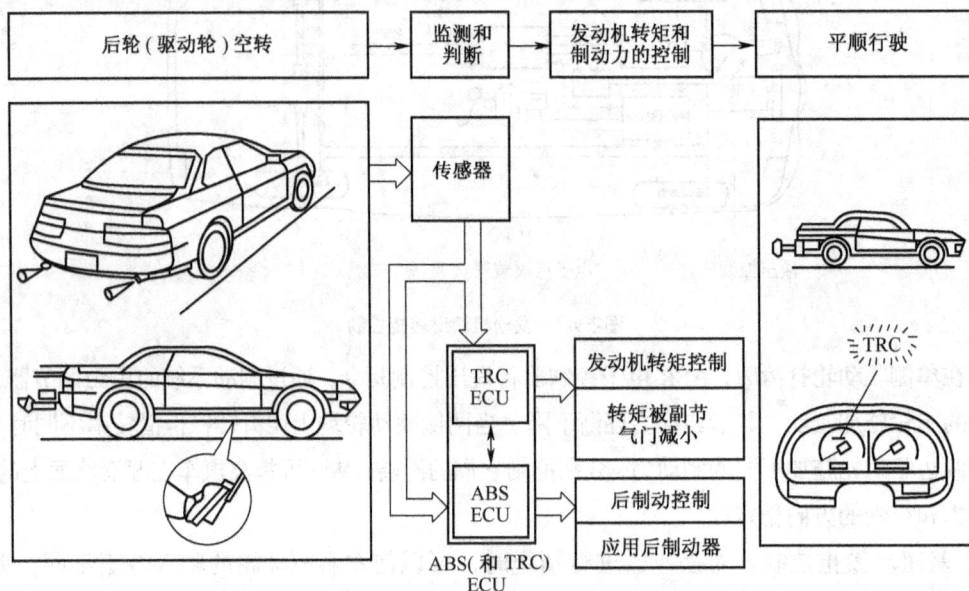

图2-49 TRC的工作原理

2. 认识丰田牵引力控制系统

（1）TRC 部件的组成

丰田雷克萨斯 LS400 使用的 TRC 系统部件的配置如图 2-50 所示，TRC 系统的构成如图 2-51 所示，TRC 部件的功能见表 2-2。

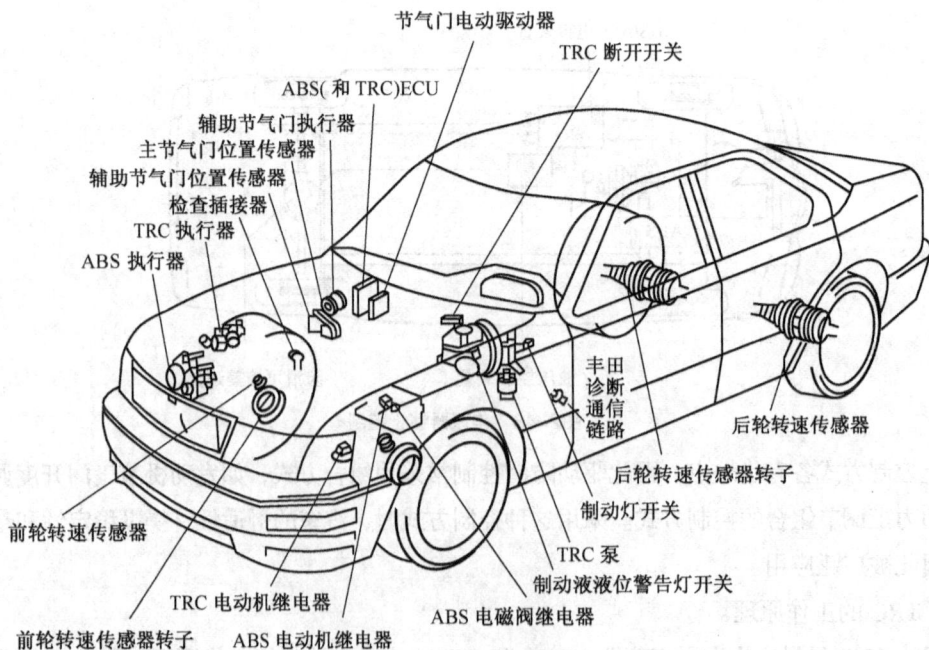

图2-50 TRC部件配置图

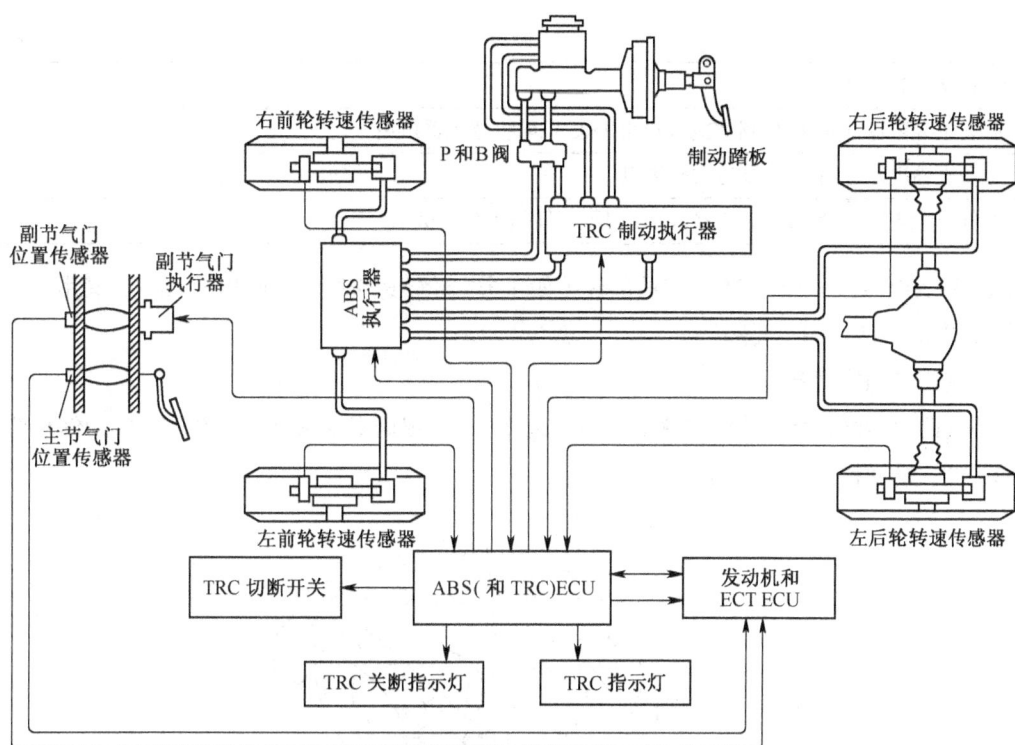

图2-51 TRC系统的构成

表 2-2

TRC 部件的功能

部 件 名 称	功 能
ABS 和 TRC ECU	① 根据来自前、后轮转速传感器及来自发动机和 ECT ECU 的节气门位置传感器信号判断行驶情况，将控制信号发送至副节气门执行器和 TRC 制动执行器 ② 如 TRC 系统发生故障，将接通 TRC 指示灯以警告驾驶员 ③ 当设置在诊断模式时，它利用故障码显示每个故障
前、后轮转速传感器	检测车轮转速，将车轮转速信号发送至 ABS 和 TRC ECU
空挡起动开关	将变速杆位置信号（P 位或 N 位）输入 ABS 和 TRC ECU
制动液液面警告开关	检测制动总泵储液室内的液面，将信号发送至 ABS 和 TRC ECU
制动灯开关	检测制动信号，将这一数据发送至 ABS 和 TRC ECU
TRC 切断开关	允许驾驶员使 TRC 系统不运作
发动机和 ECT ECU	接收主、副节气门位置传感器信号，将其发送至 ABS 和 TRC ECU
主节气门位置传感器	检测主节气门开度，将其发送至发动机和 ECT ECU
副节气门位置传感器	检测副节气门开度，将其发送至发动机和 ECT ECU
TRC 制动执行器	根据来自 ABS 和 TRC ECU 的信号，产生和提高液压并将该液压供应至 ABS 执行器
ABS 执行器	根据来自 ABS 和 TRC ECU 的信号，分别控制至左、右后轮盘式制动分泵的液压
副节气门执行器	根据来自 ABS 和 TRC ECU 的信号，控制副节气门开度
TRC 指示灯	提示驾驶员 TRC 系统在工作，警告驾驶员系统发生故障
TRC 关断指示灯	提示驾驶员 TRC 系统因 ABS 或发动机控制系统发生故障而不工作或 TRC 切断开关断开

续表

部 件 名 称	功　　能
TRC 制动主继电器	向 TRC 制动执行器和 TRC 电动机继电器供电
TRC 电动机继电器	向 TRC 泵电动机供电
TRC 节气门继电器	经 ABS 和 TRC ECU 向副节气门执行器供电

TRC 和 ABS 共用一个 ECU，有些部件（如 4 个车轮转速传感器）既用于 ABS，又用于 TRC。下面仅介绍用于 TRC 的主要部件。

（2）副节气门执行器

副节气门执行器安装在节气门体上，如图 2-52 所示。根据来自 ABS 和 TRC ECU 的信号控制副节气门开度，从而控制发动机输出功率。

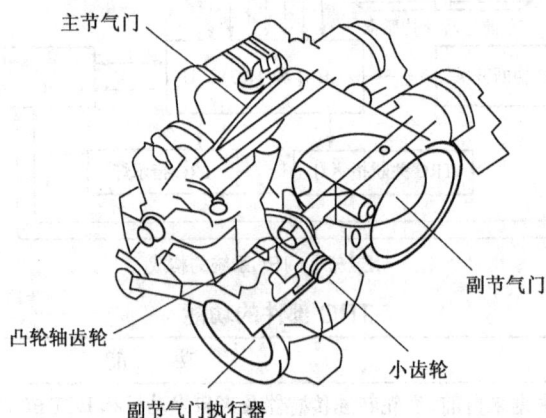

图2-52　副节气门执行器

① 结构。副节气门执行器的结构如图 2-53 所示，它是由永久磁铁、线圈和转子轴组成的一个步进电动机，驱动副节气门轴末端的凸轮轴齿轮转动，从而控制副节气门开度。

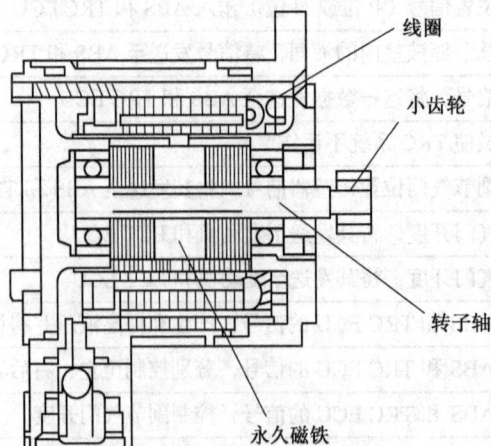

图2-53　副节气门执行器的结构图

② 工作过程。副节气门的工作状态如图 2-54 所示。当 TRC 不工作时，副节气门完全打开，对发动机的工作没有影响；当 TRC 部分工作时，副节气门打开一定角度；当 TRC 完全工作时，副节气门完全关闭。

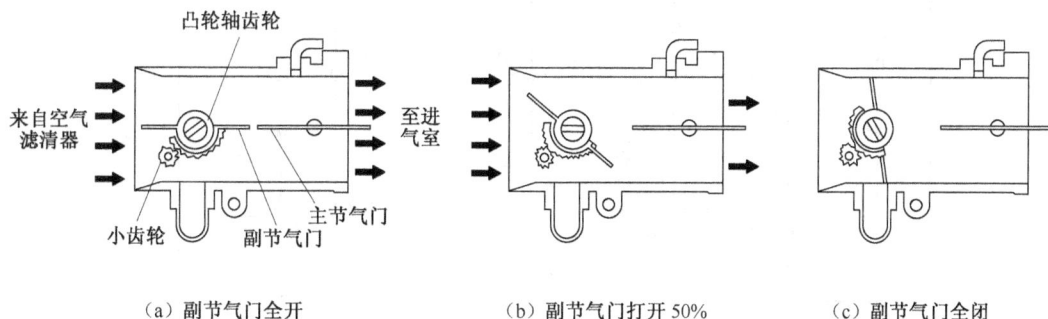

(a) 副节气门全开   (b) 副节气门打开 50%   (c) 副节气门全闭

图2-54 副节气门的工作状态

（3）副节气门位置传感器

副节气门位置传感器安装在副节气门轴上，如图 2-55 所示，将副节气门开度转换为电压信号，并将这一信号经发动机和 ECT ECU 发送至 ABS 和 TRC ECU，其电路如图 2-56 所示。

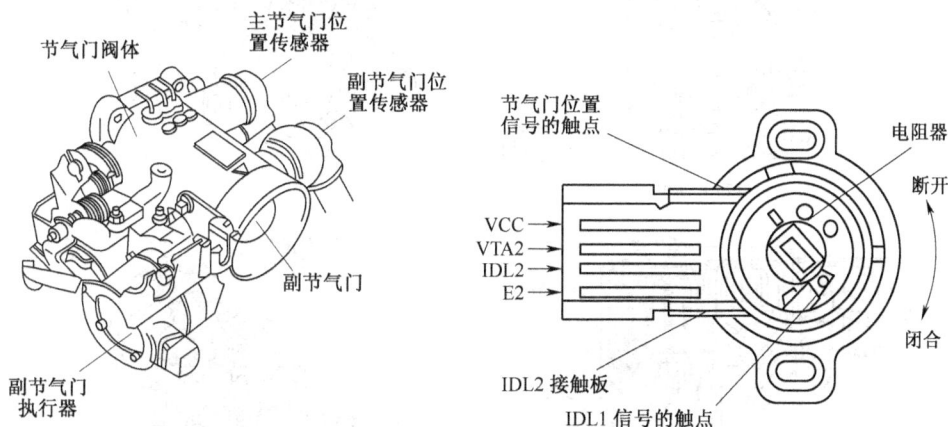

图2-55 副节气门位置传感器

（4）TRC 制动执行器

TRC 制动执行器由泵总成和制动执行器组成，如图 2-57 所示。泵将制动液从总泵储液室泵出，提高其压力，然后传送至蓄压器。蓄压器中充有高压氮气，以缓和制动液容积的变化。制动执行器和 ABS 执行器共用，ABS 和 TRC ECU 控制 ABS 执行器，分别控制左、右后轮盘式制动分泵中的液压。

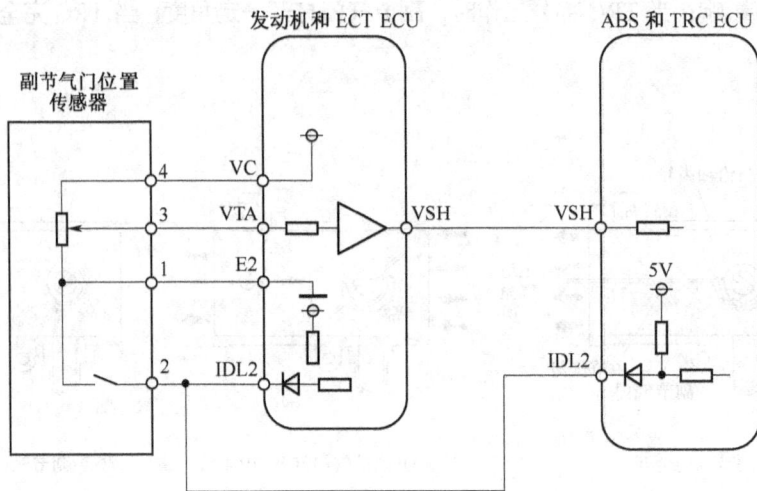

图2-56 副节气门位置传感器电路图

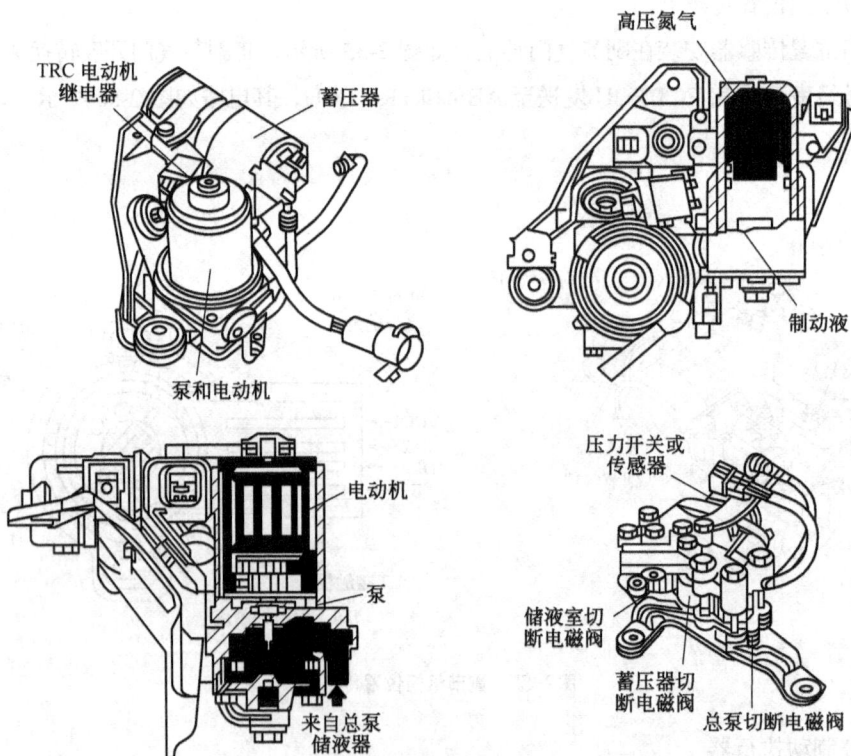

图2-57 TRC制动执行器的结构图

（5）压力传感开关

压力传感开关属于接触型压力传感开关，监测蓄压器中的压力，其安装位置如图 2-58 所示，ABS 和 TRC ECU 根据压力信号接通和关断 TRC 泵。压力传感开关工作过程和电路如图 2-59 所示。

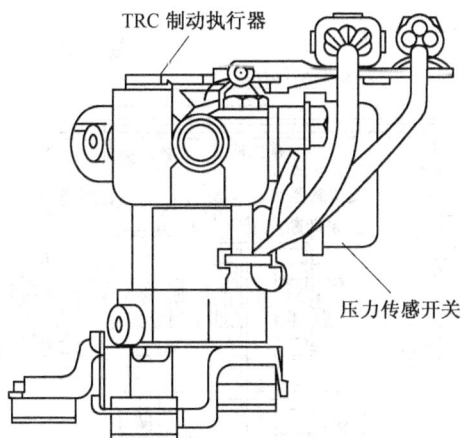

图2-58 压力传感开关的安装位置

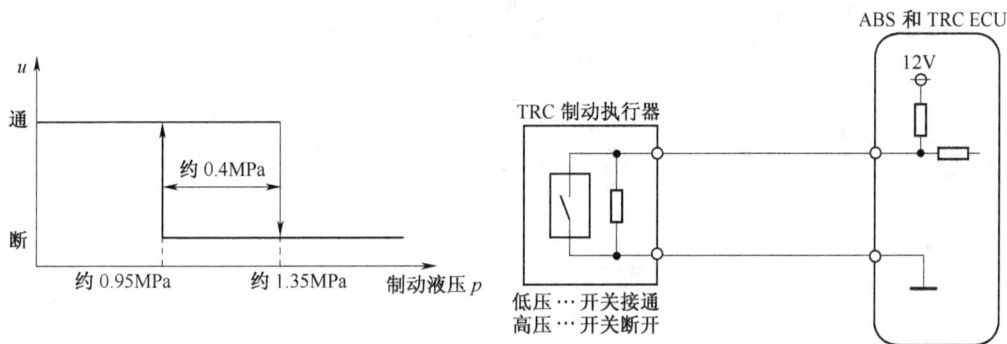

图2-59 压力传感开关工作过程和电路图

3. 丰田 TRC 执行器的工作过程

LS400 TRC 液压控制系统如图 2-60 所示。TRC 液压控制系统中蓄压器切断电磁阀的作用是在 TRC 系统工作时，将来自蓄压器的液压传送至盘式制动分泵；总泵切断电磁阀当蓄压器中的液压被传送至盘式制动分泵时，阻止制动液流回到总泵；储液室切断电磁阀在 TRC 系统工作时，使制动液从盘式制动分泵流回至总泵储液室。

（1）在正常制动中（TRC 未起动）

当施加制动力时，TRC 制动执行器中总泵切断电磁阀、蓄压器切断电磁阀、储液室切断电磁阀电路被关断，此时总泵切断电磁阀内部油路打开，蓄压器切断电磁阀、储液室切断电磁阀内部油路关闭。如图 2-61 所示，当 TRC 在此状态下，将制动踏板踩下时，总泵内产生的液压经总泵切断电磁阀和 ABS 执行器的三位置电磁阀作用在盘式制动分泵上。当松开制动踏板时，制动液从盘式制动分泵流回到总泵。

（2）在车辆加速中（TRC 起动）

在加速中如后轮空转，ABS 和 TRC ECU 控制发动机转矩和后轮的制动，以避免发生空转。左、右后轮制动器中的液压，分别由 3 种模式（压力提高、保持和降低）控制，当 TRC 工作时，制动执行器中总泵切断电磁阀、蓄压器切断电磁阀、储液室切断电磁阀电路被接通，此时总泵切断电磁阀内部油路关闭，蓄压器切断电磁阀、储液室切断电磁阀内部油路打开。

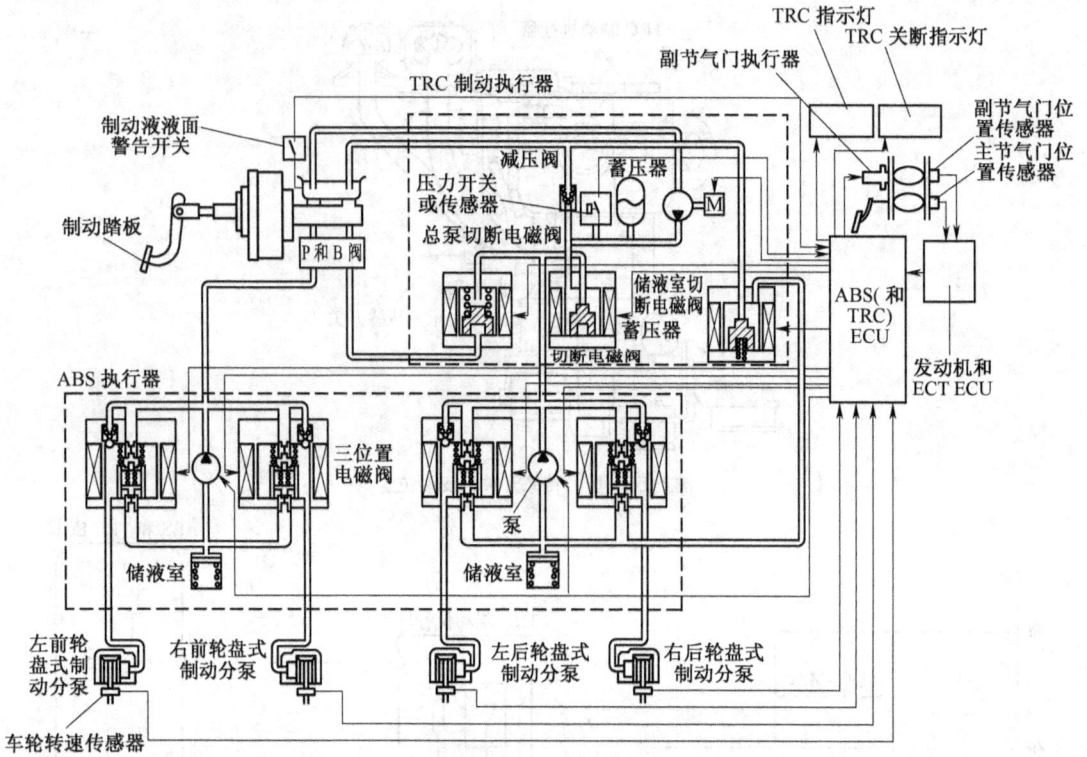

图2-60 TRC液压控制系统

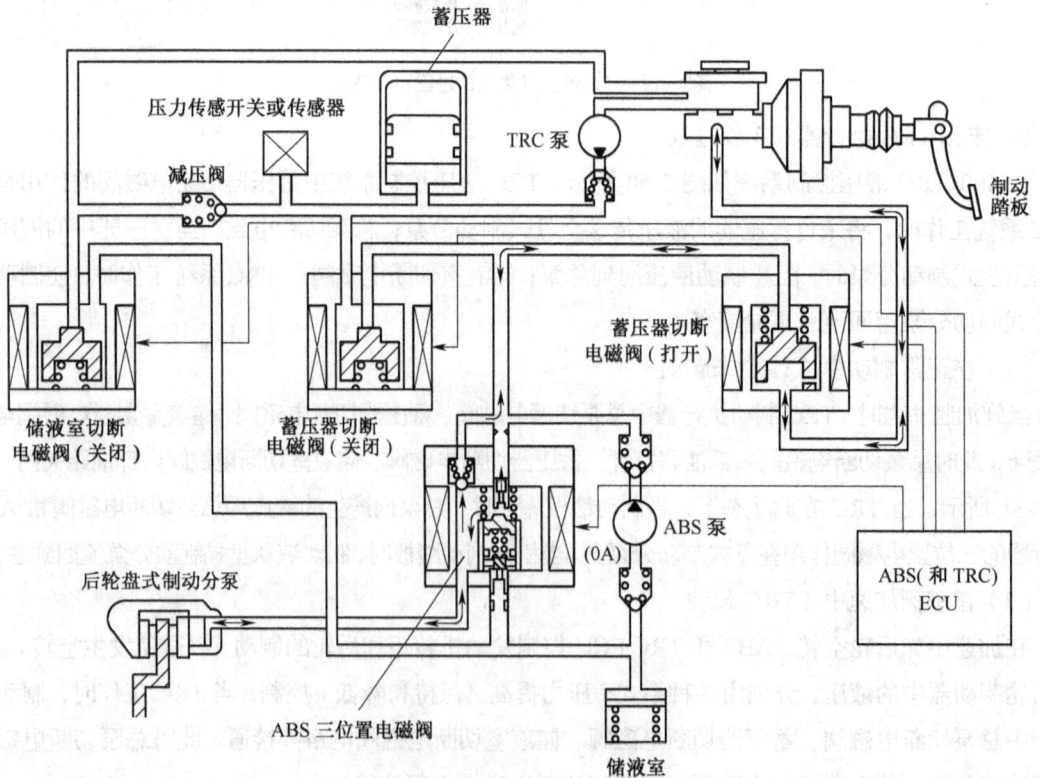

图2-61 正常制动时液压工作流程图

① "压力提高"模式。当踩下加速踏板，一个后轮开始空转时，TRC执行器的所有电磁阀都由来自ECU的信号接通，同时，ABS执行器的三位置电磁阀也转接至"压力提高"模式，如图2-62所示。蓄压器中的加压制动液，经蓄压器切断电磁阀和ABS中的三位置电磁阀，作用在盘式制动分泵上。当压力传感开关检测到蓄压器中压力下降时，ECU便接通TRC泵以提高液压。

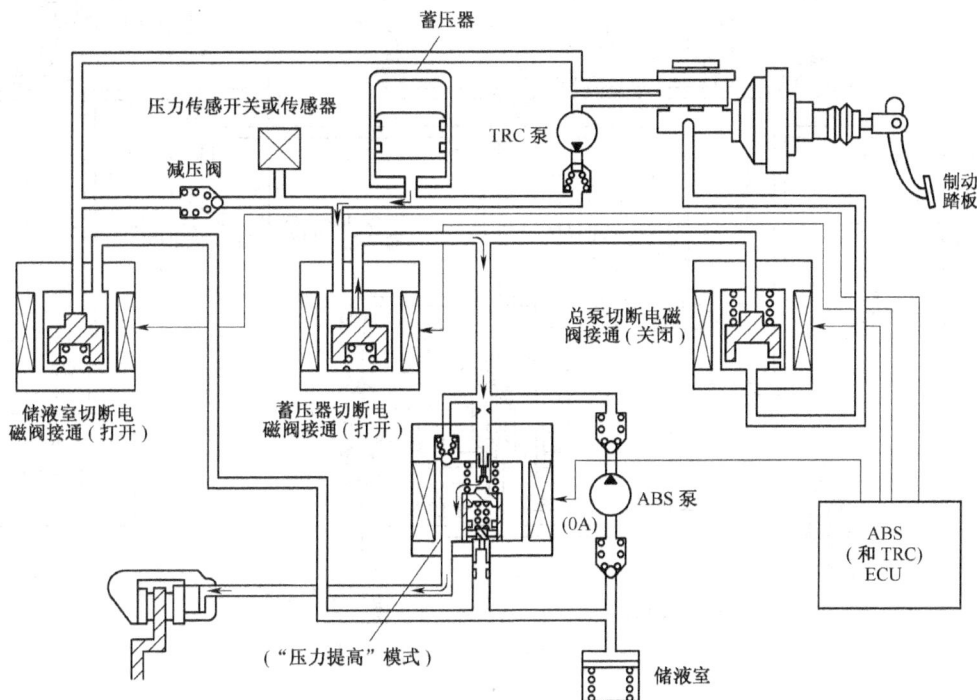

图2-62　"压力提高"模式液压工作流程图

② "压力保持"模式。如图2-63所示，当后轮盘式制动分泵中的液压提高或降低到所需要的压力时，系统就切换至"压力保持"模式。模式转换是由ABS执行器的三位置电磁阀的切换完成的。其结果是阻止蓄压器中的压力降低，保持盘式制动分泵中的液压。

③ "压力降低"模式。当需要降低后轮盘式制动分泵中的液压时，ABS和TRC ECU将ABS执行器的三位置电磁阀转换至"压力降低"模式。这就使盘式制动分泵中的液压经ABS三位置电磁阀和储液室切断电磁阀流回至总泵储液室，导致液压降低，如图2-64所示。这时ABS执行器泵保持不工作。

4. 丰田ABS和TRC ECU的功能

雷克萨斯LS400型轿车的TRC电路图如图2-65所示。

雷克萨斯LS400型轿车的ABS和TRC ECU将ABS和TRC的控制结合起来，主要有以下功能。

（1）车轮转速控制功能

ECU不断收到来自4个轮速传感器的信号，并不断计算每个车轮的转速。同时，ECU根据两个前轮的转速估计车速，设定目标控制速度。

如果在摩擦系数小的道路上突然踩下加速踏板，而且后轮（驱动轮）开始空转，后轮转速就会超过目标控制速度。ECU于是发出关闭副节气门信号至副节气门执行器。同时，它还发送一个信号至 TRC 制动执行器，使其输出较高压力的制动液至后轮盘式制动分泵。ABS 执行器的三位置电磁阀转换至控制后轮制动分泵液压，从而阻止车轮空转。

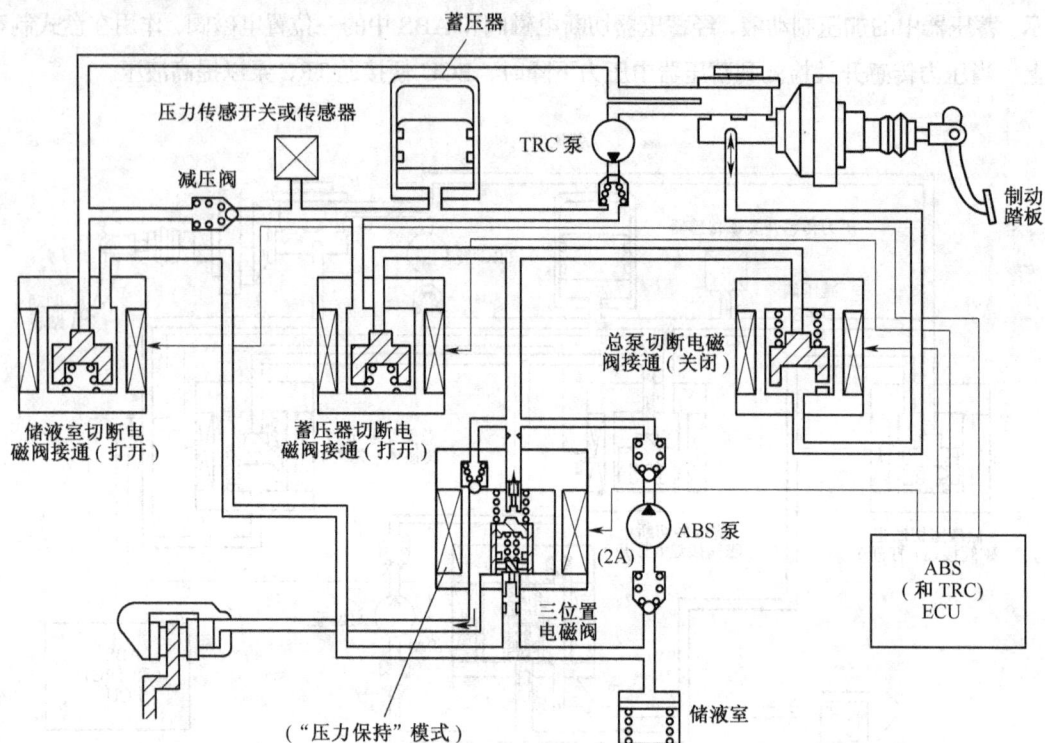

图2-63 "压力保持"模式液压工作流程图

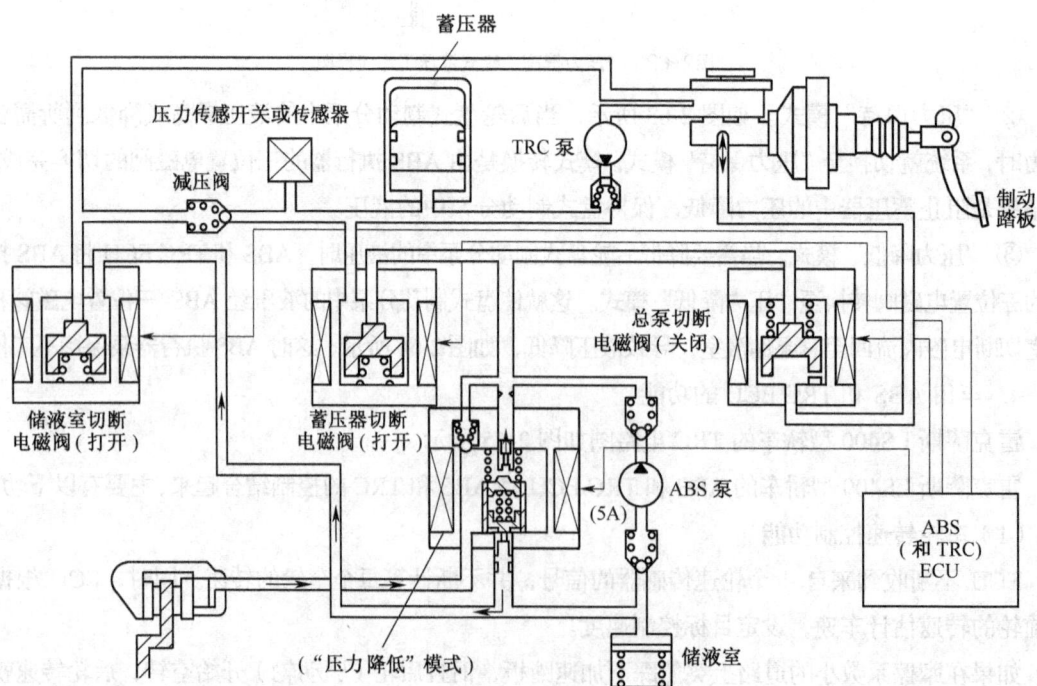

图2-64 "压力降低"模式液压工作流程图

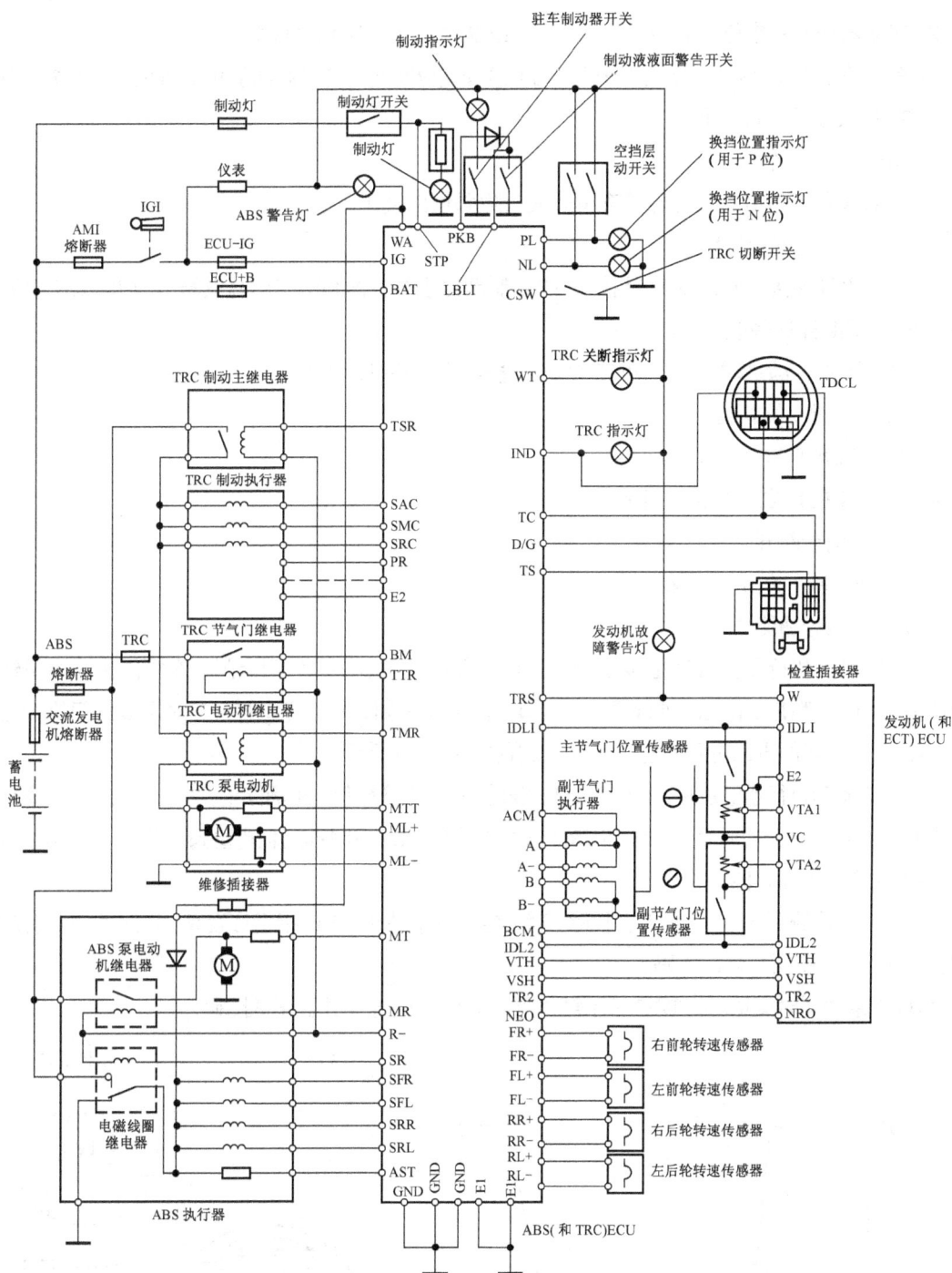

图2-65 雷克萨斯LS400 TRC电路

在起动和突然加速中，若后轮空转，其转速就不会与前轮转速相匹配。ABS 和 TRC ECU 感知这一情况，便起动 TRC 系统。

当满足以下所有条件时，车轮转速控制工作。

① 主节气门不应全闭（IDL1 应断开）。

② 变速器变速杆应位于 L 位、2 位、D 位或 R 位（P 和 N 信号应关断）。

③ 车辆应以大于 9 km/h 的速度行驶，制动灯开关应断开（若车速低于 9 km/h 时，可以接通）。

④ TRC 切断开关应断开。

⑤ ABS 不应工作。

⑥ TRC 系统不应处在传感器检查模式或故障码输出模式。

（2）继电器的控制功能

① 当点火开关接通时，ECU 就接通 TRC 制动器主继电器和节气门继电器。如果 ECU 检测到故障，ECU 就断开这些继电器。

② 当以下条件满足时，ABS 和 TRC ECU 接通泵电动机继电器。

- TRC 主继电器接通。
- 发动机转速超过 500 r/min。
- 变速杆在 P 位或 N 位以外的位置。
- IDL1 信号断开。
- 压力传感开关信号接通。

（3）初始检查功能

① 副节气门执行器。当变速器变速杆位于 P 位或 N 位、主节气门全闭、车辆停止 3 个条件同时满足时，ECU 就使副节气门执行器先将副节气门完全关闭，然后完全打开，对副节气门执行器和节气门位置传感器的电路进行检查。其检查过程如图 2-66 所示。

② TRC 制动执行器电磁阀。当变速器变速杆位于 P 位或 N 位、车辆停止、发动机工作 3 个条件同时满足时，在点火开关接通后，ABS 和 TRC ECU 才操纵 TRC 制动执行器电磁阀，进行一次初始检查。

（4）故障警告和存储功能

如果 ECU 检测到 TRC 系统内有故障，就使组合仪表内的 TRC 指示灯发亮，提醒驾驶员有故障发生。同时，ECU 还存储故障码。

当以下条件同时满足时，TRC 指示灯（见图 2-67）闪烁，并显示故障码。

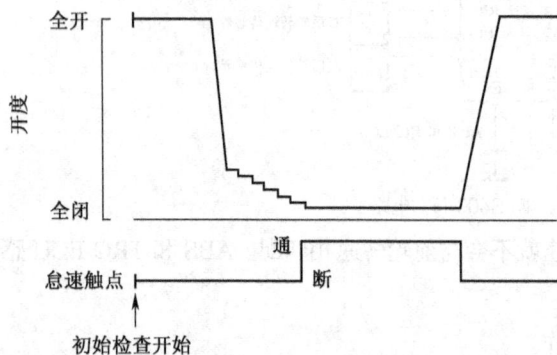

图 2-66　副节气门执行器初始检查过程

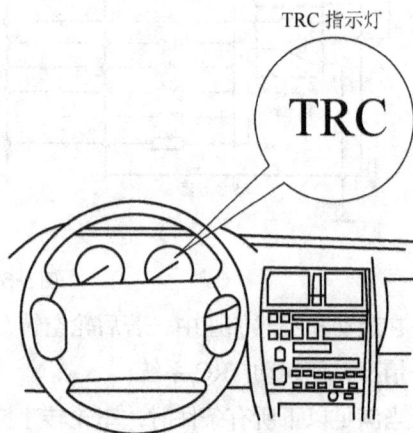

图2-67　TRC指示灯

① 点火开关接通。

② TDCL 或检查插接器的 TC 和 E1 端子连接（仅在有安全气囊的车辆上检查插接器才有 TC 端子）。

③ 车辆停止。

（5）失效保护功能

当 TRC 系统不工作，ABS 和 TRC ECU 检测到故障时，ECU 立即关断 TRC 节气门继电器、TRC 电动机继电器和 TRC 制动器主继电器，从而使 TRC 系统不能工作。

如果在 TRC 工作中，ECU 检测到故障，ECU 就停止控制，关断 TRC 电动机继电器和 TRC 制动执行器主继电器。当 ECU 使 TRC 系统不能工作时，发动机和制动系统的工作方式与无 TRC 系统的车型一样。

三、项目实施

（一）防抱死制动/牵引力控制系统故障诊断与维修实施要求

1. 学习资源要求

① 各汽车生产公司的网页。

② 防抱死制动/牵引力控制系统的生产使用说明书。

③ 有关职场健康与安全的法律和法规。

④ 有关危险化学物质和危险商品的相关信息。

⑤ 汽车维修设备使用说明书和安全操作规定。

⑥ 各种汽车防抱死制动/牵引力控制系统的维护手册。

⑦ 提供各类维修知识和维修资料的网页。

2. 学习场所和设备要求

① 车间或模拟车间。

② 个人防护用品用具。

③ 汽车维修设备和工具。

④ 安全的工作环境和工作场所。

⑤ 防抱死制动/牵引力控制系统总成。

⑥ 装备防抱死制动/牵引力控制系统的车辆。

3. 学生能力要求

① 具备职场健康与安全的知识和能力。

② 能使用常用的工具与设备。

③ 具备防抱死制动/牵引力控制系统的理论知识。

（二）防抱死制动系统检修

1. ABS 系统检修的基本内容

（1）故障诊断与检查的流程

对于不同的车型，诊断与检查的方法和程序都会有所不同。汽车 ABS 系统故障检测与诊断的一般流程如图 2-68 所示。

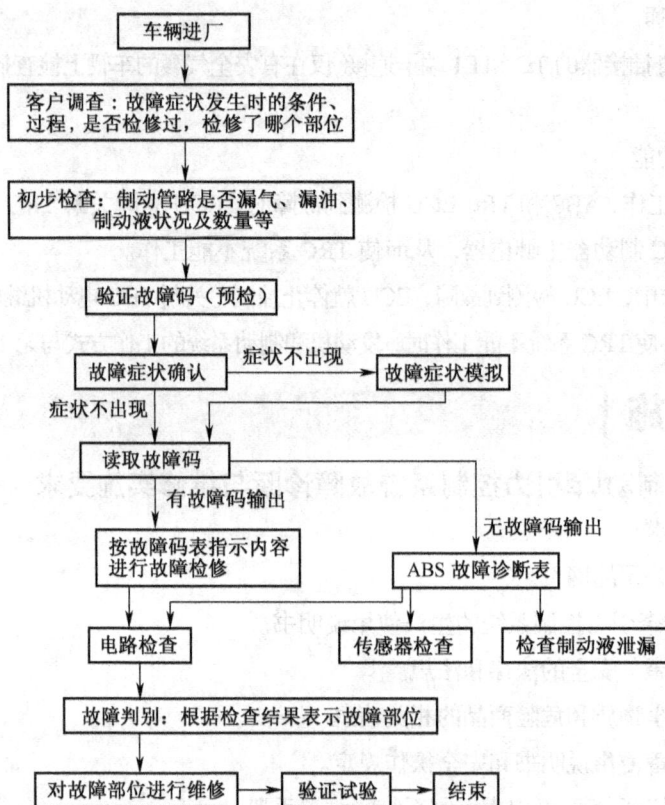

图2-68　ABS系统故障检测与诊断的一般流程图

（2）修理的基本内容

通过诊断与检查判断出 ABS 系统中的故障部位，就可以进行调整、修复或换件，直到故障被排除为止。修理的步骤如下。

① 泄去 ABS 系统中的压力。

② 对故障部位进行调整、拆卸、修理或换件。

③ 按规定步骤进行放气。

如果是车轮转速传感器有故障，应按规定进行传感器的调整、更换；ABS ECU 损坏只能更换。

（3）ABS 系统维修的注意事项

① ABS 系统与普通制动系统是不可分的，普通制动系统一出现问题，ABS 系统就不能正常工作。因此，要将两者视为整体进行维修，不能只把注意力集中于传感器、ECU 和液压调节器上。

② ABS ECU 对过电压、静电非常敏感，稍有不慎就会损坏 ECU 中的芯片，造成整个 ABS 瘫痪。因此，点火开关接通时，不要插拔 ABS 系统的插接器；插拔 ECU 上的插接器应做好防静电措施；在车上进行电焊之前，断开 ECU 插接器后再进行电焊。

③ 拆卸时注意不要碰伤传感器头，不要用传感器齿圈当作撬面，以免损坏。安装时应先涂覆防锈油，安装过程中不可敲击或用蛮力。

④ 维修 ABS 液压控制装置时，切记要首先进行泄压，然后再按规定进行修理。例如，制动主

缸和液压调节器设计在一起的整体 ABS 系统，其蓄压器存储了高达 18 000 kPa 的压力，以免高压制动液喷出伤人。

⑤ 制动液每隔两年至少要换一次，最好是每年更换一次。

⑥ 在进行 ABS 诊断与检查时，要掌握诊断仪等专业工具的使用方法，按照维修手册中给出的故障诊断图表进行故障诊断。

2. ABS 系统的初步检查

在对 ABS 进行故障诊断之前，首先要确定故障是发生在 ABS 还是制动系统。由于 ABS 具有失效保护功能，若故障发生在 ABS 中，ABS ECU 就会立即停止 ABS 的工作，转换至正常制动系统。由于 ABS 有诊断功能，当故障发生时，ABS 警告灯就会发亮，以警告驾驶员。此时应使用检查插接器读取故障码，确定故障根源。

初步检查是在 ABS 系统出现明显故障而不能正常工作时，首先采取的检查方法，例如 ABS 故障警告灯常亮不熄，系统不能工作等。检查方法如下。

① 检验驻车制动是否完全释放。

② 检查制动液液面是否在规定的范围之内。

③ 检查 ABS ECU 导线插头、插座的连接是否良好，插接器及导线是否良好。

④ 检查导线插接器（插头与插座）和导线的连接或接触是否良好。

⑤ 检查所有的继电器、熔断器是否完好，插接是否牢固。

⑥ 检查蓄电池容量（测量电解液相对密度）和电压是否在规定的范围内；检查蓄电池正、负极导线的连接是否牢靠，连接处是否清洁。

⑦ 检查 ABS ECU、液压控制装置等的搭铁（接地）端的接触是否良好。

⑧ 检查车轮胎面纹槽的深度是否符合规定。

如果用上述方法不能确定故障位置，就可转入使用故障诊断。

3. ABS 系统的故障码诊断

ABS 控制系统具有故障自诊断功能，监测控制系统各部分的工作状况，并能向驾驶人员或维修人员提供故障信息，并协助修理人员判断故障的类别和范围。将点火开关置于 ON 位置，检查 ABS 警告灯，应可发光 2s，如图 2-69 所示。如果灯不亮，一般说明故障指示灯电路有故障，如灯丝烧断、熔丝烧断或导线断路。如果灯常亮，说明 ABS 系统存在故障，应进行故障排除分析。

（1）读取 ABS 故障码

读取故障码有两种方法，一是使用专用的检测仪读取故障码，二是利用车上的自诊断系统人工读取故障码。

使用检测仪读取故障码步骤如下。

① 按维修手册提供的程序连接检测仪。

② 点火开关处于 "ON" 位置。

③ 在检测仪上选取相应的选项，读取故障码。

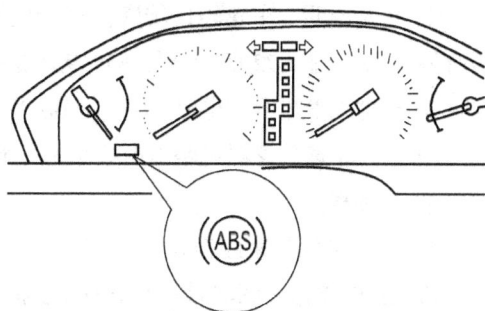

图2-69　ABS警告灯

人工读取 ABS 故障码的步骤如下。

① 将点火开关扭至"ON"位置。

② 跨接故障诊断座的端子 13（TC）和 4（CG），如图 2-70 所示。

③ 从 ABS 故障指示灯读取故障码。如同时存在 2 个或 2 个以上的故障码，则由数字较小的开始，再显示数字顺序较大的故障码，如图 2-71 所示。

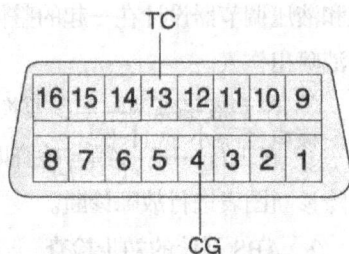

图2-70　跨接故障诊断座的端子13和4

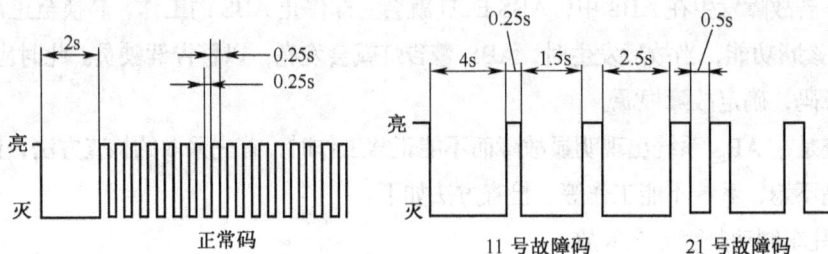

图2-71　故障码闪烁方式

④ 查阅故障码表，对故障进行详细检查。

⑤ 检查完毕后，脱开端子 13（TC）和 4（CG），关掉显示。

维修人员读出故障码后，可根据故障码表查出故障的含义、类别以及故障范围等，然后即可以此为依据进行具体的故障判定。

（2）清除故障码

通常故障码在下列 3 种情况下会被清除掉。

● 按照说明书步骤使用检测仪清除故障码。

● 拆下 ABS 控制单元熔丝 10s 或更长时间，即可清除故障码。

● 当断开蓄电池电源时，可清除故障码。

4. ABS 电路及部件检查

在确认故障码和故障电路名称之后，了解该电路的工作原理和检查方法，是故障分析排除的重要环节。下面以雷克萨斯 LS400 为例说明 ABS 电路的工作原理及其检查方法。

（1）车轮转速传感器电路

① 电路说明。车轮转速传感器用于检测车轮速度，并将对应的信号传输至 ECU，车轮转速传感器电路如图 2-72 所示。若车轮转速传感器电路发生故障，ECU 便执行故障防护功能，切断通往 ABS 电磁阀继电器的电流，阻止 ABS 的工作。

当 ABS 轮速传感器电路出现故障时，则会显示故障码 31、32、33、34、35 和 36。

② 检测程序。

● 检查车轮转速传感器。

检查前轮转速传感器时，拆出前翼子板衬里，脱开车轮转速传感器插接器。测量车轮转速传感器插接器端子 1、2 之间的电阻值应为 0.7～1.7 kΩ，测量车轮转速传感器插接器端子 1、2 与车身搭铁之间的电阻值应大于 1 MΩ，如图 2-73 所示。

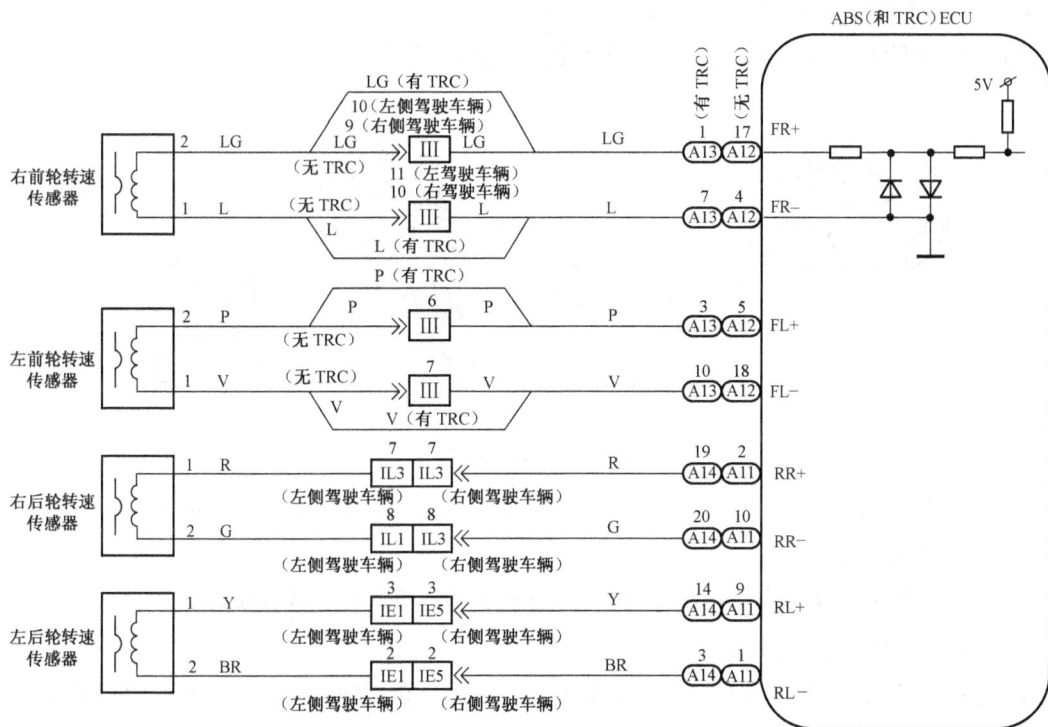

图2-72　车轮转速传感器电路

检查后轮转速传感器时，拆出行李箱装饰前盖，脱开车轮转速传感器插接器。测量车轮转速传感器插接器端子 1、2 之间的电阻值应为 0.7～1.7 kΩ，测量车轮转速传感器插接器端子 1、2 与车身搭铁之间的电阻值应大于 1 MΩ，如图 2-74 所示。

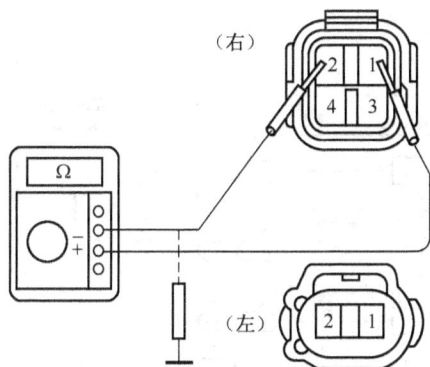

图2-73　检查前轮转速传感器

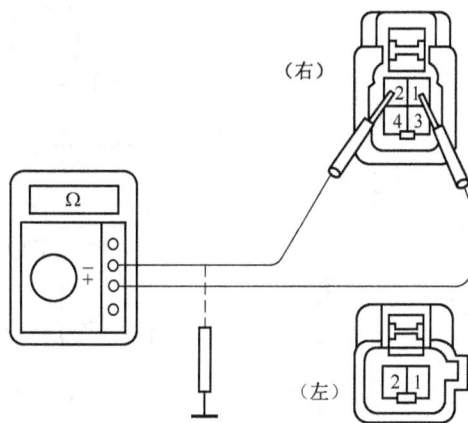

图2-74　检查后轮转速传感器

如果以上检查不正常，更换车轮转速传感器；检查正常，则进行下一步检查。

● 检查车轮转速传感器与 ECU 之间配线和插接器有无断路或短路。检查结果不正常，修理或更换配线或插接器；检查正常，则进行下一步。

● 检查传感器转子和传感器的安装情况。

检查传感器转子，确保齿面无划痕、无缺齿，如图2-75所示。

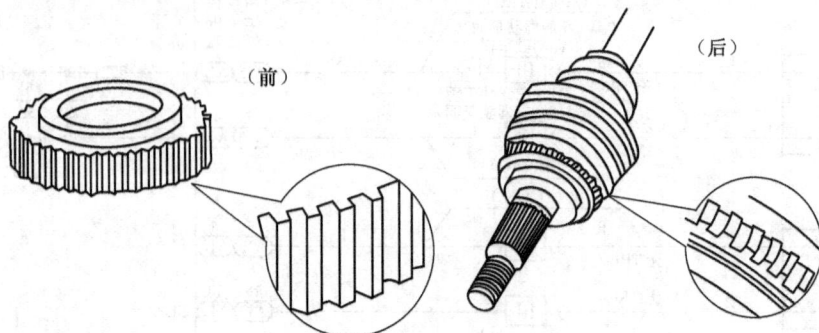

图2-75　检查传感器转子

检查轮速传感器的安装情况，应保证安装螺栓紧固良好，前传感器与前转向节之间无间隙，后传感器与后桥壳之间无间隙。

以上检查不正常，更换车轮转速传感器或转子；检查正常，检查并更换 ABS ECU。

（2）ABS 执行器电磁阀电路

① 电路说明。ABS 执行器电磁阀电路如图2-76所示。执行器电磁阀由 ABS ECU 发出的信号控制其接通状态，调节作用在制动分泵上的液压力，从而控制制动力的大小。若执行器电磁阀发生故障，ABS ECU 便执行故障防护功能，切断通往 ABS 电磁阀继电器的电流，阻止 ABS 的工作。

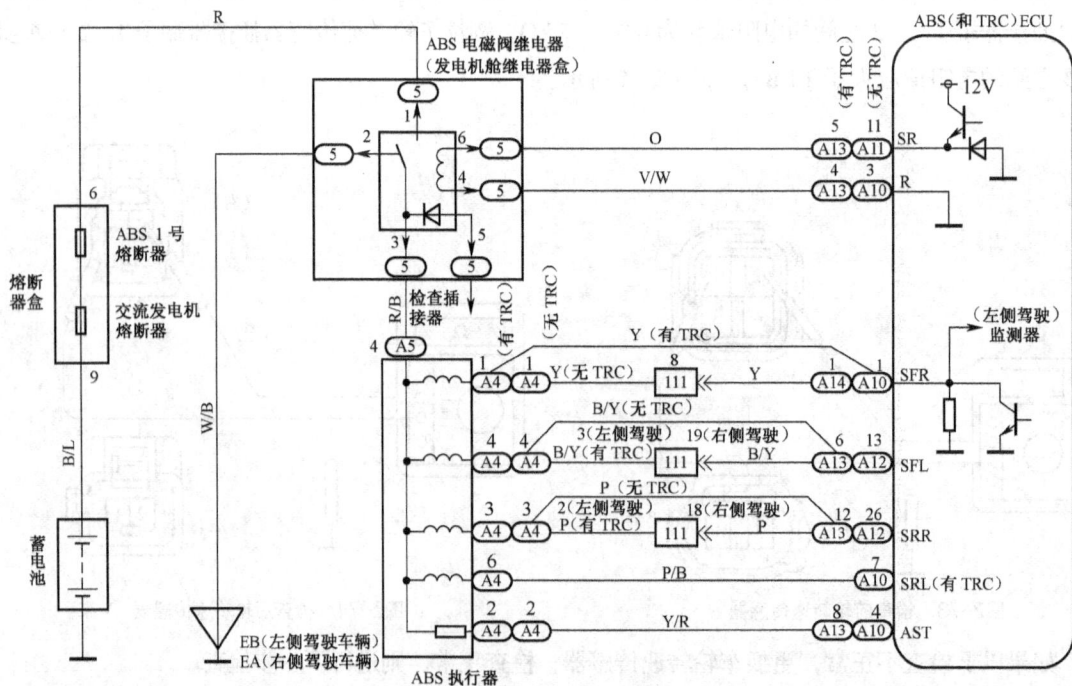

图2-76　ABS执行器电磁阀电路

当 ABS 执行器电磁阀电路出现故障时，则会显示故障码 21、22、23 和 24。

② 检测程序。

● 检查 ABS 执行器电磁阀。拆下空气滤清器及导管，检查 ABS 执行器 A5 插接器第 4 端子与 A4 插接器 1、3、4 端子之间是否导通，如图 2-77 所示。正常情况为导通，且每个电磁线圈的电阻为 1.1 Ω。

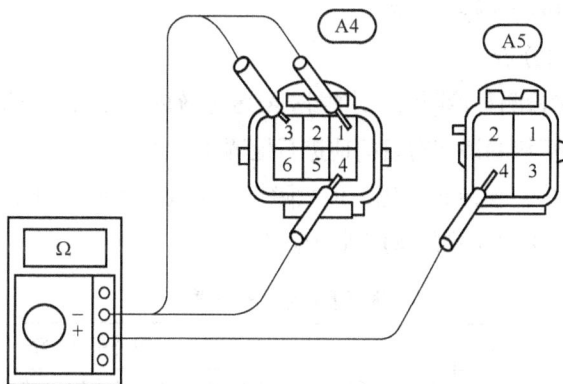

图2-77 检查ABS电磁阀的电阻

如果以上检查不正常，更换 ABS 执行器；检查正常，则进行下一步检查。

● 检查 ABS ECU 与执行器之间插接器和配线有无开路或短路。如果检查不正常，修理或更换配线或插接器；检查正常，检查并更换 ABS ECU。

5. ABS 系统故障症状模拟测试

在 ABS 系统故障检测与诊断中，若是单纯的元件不良，可运用电路检测方式诊断。如果属于间歇性故障或是相关的机械性问题，则需要进行模拟测试以及动态测试。

（1）模拟测试方法

① 将汽车顶起，使 4 个车轮均悬空。

② 起动发动机。

③ 将变速杆拨到前进挡 D 位置，观察仪表板上 ABS 故障警告灯是否会点亮。若灯亮，表示后轮差速器的轮速传感器不良。

④ 如果 ABS 故障警告灯不亮，则转动左前轮。此时 ABS 故障警告灯若点亮，表示左前轮速传感器不良；反之，ABS 故障警告灯若不亮，即表示左前轮转速传感器正常。

⑤ 右前轮转速传感器测试方法与左前轮转速传感器测试方法相同。

该模拟测试是根据 ABS 系统 ECU 中逻辑电路的轮速信号差以及警示电路特性，为了便于检测车轮转速传感器的故障而设置的。

（2）动态测试方法

① 使汽车在道路上行驶至少 12 km 以上。

② 测试车辆转弯（左转或右转）时，ABS 故障警告灯是否点亮。若某一方向 ABS 故障警告灯会亮，表示该方向的轮胎气压不足，也可能是轴承不良、转向拉杆球头磨损、减震器不良或车轮转

速传感器脉冲齿轮不良。

③ 将汽车驶回，在 ABS 系统 ECU 侧的"ABS 电源"和"电磁阀继电器"端子间接上测试线和万用表（置于电压挡）。

④ 进行道路行驶，在制动时注意观察"ABS 电源"端和搭铁间的电压，应在 11.7～13.5 V 之间；而电磁阀继电器端子与搭铁间的电压应在 10.8 V 以上。前者主要是观察蓄电池电源供应情况，后者主要是观察电磁阀继电器的触点好坏。

6. ABS 系统故障症状分析

在进行 ABS 系统故障检测与诊断时，应根据 ABS 系统的工作特性分析故障现象和特征，在故障症状确认后，根据维修资料的说明有目的地进行检测与诊断。

如在故障码校核过程中，显示正常码，但故障仍然出现，则应对每个故障现象的电路按 ABS 故障症状一览表（见表 2-3）中所列的顺序进行检查。

表 2-3　　　　　　　　　　　ABS 故障症状一览表

症　状	检测电路
ABS 不工作	只有下列①～④项全部正常，但故障仍然出现时，才更换 ABS ECU ① 检查故障码，再次确认所输出的为正常码 ② IG 电源电路 ③ 车轮转速传感器电路 ④ 用检验器检查 ABS 执行器 如检查结果不正常，则检查液压油路有无漏油
ABS 不能有效地工作	只有在下列①～⑤项全部正常，但故障仍然出现时，才更换 ABS ECU ① 检查故障码，再次确认所输出的为正常码 ② 车轮转速传感器电路 ③ 制动灯开关电路 ④ 用检验器检查 ABS 执行器 ⑤ 检查轮胎尺寸，轮胎压力及磨损状况 如检查结果不正常，则检查液压油路有无漏油
ABS 警告灯不正常	① ABS 警告灯电路 ② ABS ECU
不能进行故障码检查	只有在下列①和②项全部正常，但故障仍然出现时，才更换 ABS ECU ① ABS 警告灯电路 ② 故障诊断线路
不能进行车轮转速传感器信号检查	① TS 端子电路 ② ABS ECU

7. ABS 系统的泄压

通过对 ABS 系统的检查，诊断出故障后，就可进行故障排除和修理。由于蓄压器中有很高的压力，所以只要修理到防抱死制动系统中的液压部件就必须对系统泄压，以免高压油喷出伤人。

一般 ABS 泄压的方法是将点火开关关闭（OFF 位置），然后反复踏制动踏板，踩踏的次数至少在 20 次以上，当感觉到踩踏板的力明显增加，即感觉不到踩踏板的液压助力时，ABS 系统泄压完成。有的 ABS 系统在泄压过程中需踩踏的次数较多，甚至需要 40 次以上。

通常修理以下部件时需要泄压。

① 液压控制单元中的任何装置。

② 蓄压器。

③ 电动泵。

④ 电磁阀体。

⑤ 制动液油箱。

⑥ 压力警告和控制开关。

⑦ 后轮分配比例阀和后轮制动分泵。

⑧ 前轮制动分泵。

⑨ 高压制动液管路。

8. ABS 系统的排气

在每次拆卸过液压系统之后或更换制动液时，必须对系统进行排气。排气的方法可以采用手工或抽真空等方法。手工排气方法如下。

① 熄灭发动机。

② 尽力踩 5 次制动踏板，然后保持制动踏板踩下不动。

③ 拧开左前轮放气螺钉，直至踏板接触地板。使制动踏板保持接触地板，关闭左前轮放气螺钉。

④ 重复②和③步骤 10 次。

⑤ 按以上步骤依次对右前轮、右后轮和左后轮进行排气。

⑥ 如果踏板感觉仍然不好，应重新进行排气。注意，此时只能进行后轮排气。

（三）牵引力控制系统检修

1. 注意事项

在车辆使用中，若怀疑或确定防滑转控制系统元件有故障，一般都需将可疑元件拆下进行检查或更换。拆装时应注意以下几点。

① 由于蓄压器使管路中的制动液保持着一定的压力，在拆卸油管时要小心高压制动液喷出。

② 安装时要按规定的力矩拧紧管路的螺纹连接件，拧得过松容易造成松动和泄漏，拧得过紧又容易造成变形和滑丝。

③ 与 ABS 和普通制动系统一样，维修中拆动了液压系统元件，安装后必须对液压系统进行排气。

2. TRC 的故障诊断

TRC 可能因车型不同而有所区别，但其工作原理和故障诊断方法是相同的。丰田 TRC 最早应用在凌志车上。下面以 LS400 为例，阐明 TRC 的故障诊断过程。

（1）指示灯检查

将点火开关置于 ON 位置，检查 TRC OFF（断开）指示灯，应亮 3s。如指示灯的检查结果不正常，则应对 TRC OFF 指示灯电路进行故障排除分析。TRC OFF 指示灯如图 2-78 所示。

（2）故障码读取

① 将点火开关置于 ON 位置。

② 在丰田诊断通信链路或检查插接器上用 SST 连接端子 TC 和 E1。

若 ECU 中存储有故障码，则 TRC OFF 指示灯会在发光 3s 之后开始闪烁。

③ 根据组合仪表内 TRC OFF 指示灯的闪烁方式读出故障码。读取故障码的方式和 ABS 系统一致。

④ 故障码表（见表 2-4）对各种故障码均做出了说明。

⑤ 校核完毕后，应关掉点火开关，脱开端子 TC 和 E1。

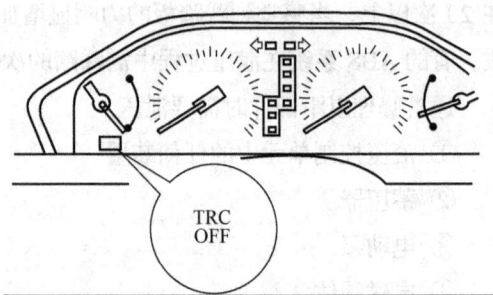

图2-78　TRC OFF指示灯

表 2-4　　　　　　　　　　　故障码表

故 障 码	故 障 名 称
11	TRC 主继电器电路断路
12	TRC 主继电器电路短路
13	TRC 节气门继电器电路断路
14	TRC 节气门继电器电路短路
15	TRC 液压泵电动机通电时间过长
16	压力开关电路断路
17	压力开关一直关闭
19	TRC 液压泵电动机开和关次数比正常多（蓄压器有泄漏）
21	制动主缸关断电磁阀电路断路或短路
22	蓄压器关闭电磁阀电路断路或短路
23	储油器关闭电磁阀电路断路或短路
24	辅助节气门驱动器电路断路或短路
25	辅助节气门步进电动机达不到 ECU 控制预定的位置
26	ECU 控制辅助节气门全开，但辅助节气门不动
27	停止向步进电动机供电时，辅助节气门未能到达全开的位置
28	节气门电动驱动器通信电路失灵
29	节气门电动驱动器失灵
44	TRC 工作时，NE 信号未送入 ECU
45	急速开关关断时，主节气门位置传感器信号≥1.5 V
46	急速开关接通时，主节气门位置传感器信号≥4.3 V 或<0.2 V
47	急速开关关断时，辅助节气门位置传感器信号≥1.45 V
48	急速开关接通时，辅助节气门位置传感器信号≥4.3 V 或<0.2 V
51	发动机控制系统有故障

续表

故 障 码	故 障 名 称
52	制动液面警告灯开关接通
53	发动机和 ECT ECU 通信电路失灵
54	TRC 液压泵继电器电路断路
55	TRC 液压泵继电器电路短路
56	TRC 液压泵电动机失灵
TRC 灯常亮	ECU 故障

（3）故障码的清除

① 在丰田诊断通信链路或检查插接器上，用 SST 连接端子 TC 和 E1。

② 将点火开关置于 ON 位置。

③ 在 3s 之内将踏板踩下不少于 8 次，以清除故障码。在这种情况下，ABS 故障码也同时清除。

④ 检查 TRC OFF 指示灯，应显示出正常码。

⑤ 从丰田诊断通信链路或检查插接器上拆下 SST。拔下 ECU-B 熔断器，也可删除故障码，但其他存储器内的故障码也会同时被删除。

3. 故障症状一览表

如在检查故障码校核过程中显示正常码，但故障仍然出现，则应按故障现象一览表（见表 2-5）中的顺序检查每个故障现象的电路，并参阅有关故障分析和排除。

表 2-5　　　　　　　　　故障现象一览表

症　状	检 测 电 路
TRC 不运作	只有当每个故障现象相应电路的检测结果均为正常，而故障仍然存在时，才应更换 ABS 和 TRC ECU ① 检查故障码，再次确认输出的为正常码 ② IG（点火）电源电路 ③ 检查液压管路是否漏油 ④ 车轮转速传感器电路
SLIP（打滑）指示灯不正常	SLIP（打滑）指示灯电路
TRC OFF 指示灯不正常	只有当每个故障现象相应电路的检测结果均为正常，而故障仍然存在时，才应更换 ABS 和 TRC ECU ① TRC OFF 指示灯电路 ② TRC 开路开关电路
不能进行故障码校核	只有当每个故障现象相应电路的检测结果均为正常，而故障仍然存在时，才应更换 ABS 和 TRC ECU ① TRC OFF 指示灯电路 ② TC 端子电路

四、拓展知识

（一）电子制动力分配系统

电子制动力分配系统（Electric Brakeforce Dis-tribution，EBD，欧洲车一般用 EBV 表示），能够自动调节前、后轴的制动力分配比例，提高制动效能（在一定程度上可以缩短制动距离），并配合 ABS 提高制动稳定性。汽车制动时，如果 4 个轮胎附着地面的条件不同，例如，左侧轮附着在湿滑路面，而右侧轮附着于干燥路面，4 个轮子与地面的摩擦力不同，在制动时（4 个轮子的制动力相同）就容易产生打滑、倾斜和侧翻等现象。

EBD 的功能就是在汽车制动的瞬间，高速计算出 4 个轮胎由于附着不同而导致的摩擦力数值，然后调整制动装置，使其按照设定的程序在运动中高速调整，达到制动力与摩擦力（牵引力）的匹配，以保证车辆的平稳和安全。

在紧急制动车轮抱死的情况下，EBD 在 ABS 动作之前就已经平衡了每一个轮子的有效地面抓地力，可以防止出现甩尾和侧移，并缩短汽车制动距离。

EBD 实际上是 ABS 的辅助功能，它可以提高 ABS 的功效，所以在安全指标上，汽车的性能又多了 "ABS+EBD"。

（二）电子稳定程序（ESP）

1. ESP 系统的作用

ESP 集成了 ABS、TRC 等系统的功能，在各种情况下都能提高汽车行驶的稳定性，属于汽车主动安全系统。ABS 系统一般是在车辆制动时发挥作用，TRC 系统只是在车辆起步和加速行驶时发挥作用。而 ESP 系统则在整个行驶过程中始终处于工作状态，不停地监控车辆的行驶状态和观察驾驶员的操作意图，从而决定什么时候通过发动机控制系统主动地修正汽车的行驶方向，把汽车从危险的边缘拉回到安全的境地。ESP 系统为汽车提供了在紧急情况下的一个十分有效的安全保障，大大降低了汽车在各种道路状况下以及转弯时发生翻转的可能性，提高了汽车行驶稳定性。

2. ESP 系统的工作原理

汽车安全性方面最重要的就是避免发生事故，也就是所谓的主动安全。汽车规避事故的功能是汽车重要而又基本的性能，它可帮助避免或自动地避免事故的发生。ESP 系统的作用主要是在汽车将要出现失控时，主动参与避免事故发生的控制过程，有效增加汽车稳定性。

不带 ESP 系统的汽车在高速行驶急转弯时会出现两种危险状况：一种是不足转向（有冲出弯道的倾向），如图 2-79 所示；另一种是过度转向（有甩尾的倾向），如图 2-80 所示。两者相比，过度转向是一种危险的不稳定状况，它可导致汽车急速旋转甚至翻车。

ESP 系统的工作原理：传感器实时检测驾驶员的行驶意图和车辆的实际行驶情况。其中转向角传感器用来收集驾驶员的转向意图；车轮转速传感器（每个车轮上都装有一个）、偏转率传感器、纵向/横向加速度传感器等用来监测车辆运动状况。ECU 根据各传感器的信号计算出车辆的实际运动轨迹，如果实际运动轨迹与理论运动轨迹（驾驶员意图）有偏差，或者检测出某个车轮打滑（丧失抓地能力），

ECU 就会首先通知副节气门控制机构（或电子节气门）减小开度（收油），然后通知制动系统对某个车轮进行制动，来修正运动轨迹。当实际运动轨迹与理论运动轨迹相一致时，ESP 自动解除控制。

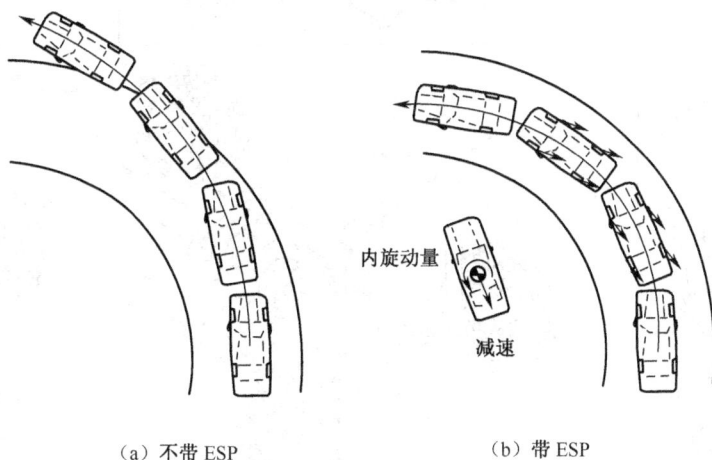

（a）不带 ESP   （b）带 ESP

图2-79　不足转向

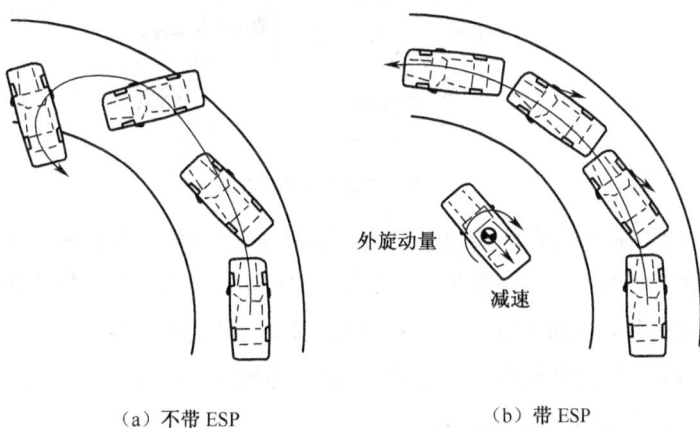

（a）不带 ESP   （b）带 ESP

图2-80　过度转向

　　例如，当车辆转向不足时，ESP 系统使用发动机和变速器管理系统并有意识地对位于弯道内侧的后轮实施瞬间制动，防止车辆驶出弯道；当车辆转向过度时，ESP 系统使用发动机和变速器管理系统并有意识地对位于弯道外侧的前轮实施瞬间制动，防止离心力。

　　图 2-79（b）与图 2-80（b）所示为带 ESP 系统的车辆在高速急转弯时的控制结果。

　　3. ESP 系统的组成

　　ESP 系统是在 ABS/TRC 系统的基础上发展起来的，故大部分元件与 ABS/TRC 系统共用，也是由传感器、ECU 及执行器 3 部分组成的。BOSCH ESP 系统组成如图 2-81 所示。

　　（1）传感器

　　ESP 作为保证行车安全的一个重要电控系统，其各个传感器的正常工作是进行有效控制的基础。BOSCH ESP 系统在 ABS/ASR 基础上增加了转向角传感器、偏转率传感器、纵向及横向加速度传感器等。

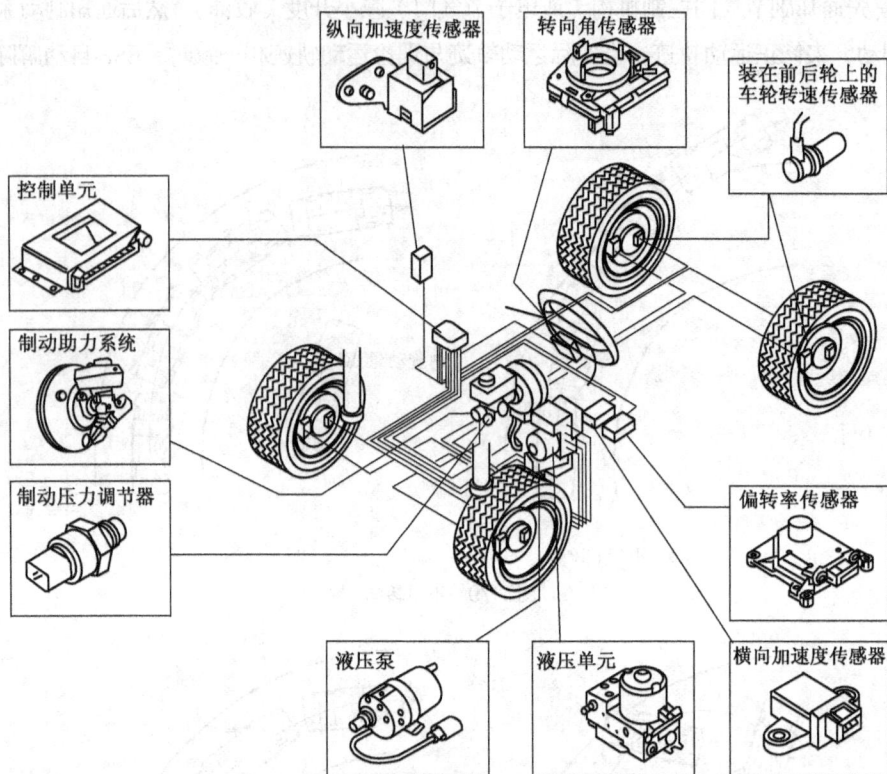

图2-81　ESP系统的组成

　　转向角传感器用于检测转向盘的转角信号（包括转角的大小和转动速率），这一信号反映了驾驶员的操作意图。偏转率传感器（也叫横摆角速度传感器）用于检测汽车翻转的信号。这种传感器像一个罗盘，时刻监测汽车的准确姿态，并记录下汽车每个可能的翻转运动。ESP中的加速度传感器有沿汽车前进方向的纵向加速度传感器（用于四轮驱动车辆）和垂直于前进方向的横向加速度传感器，基本原理相同，只是成90°夹角安装。

　　（2）ECU

　　ESP系统一般与ABS系统共用ECU，它是将ABS/ASR系统ECU的功能进行扩展后再进行ABS/ESP控制。系统包括输入信号放大电路、运算电路、执行器控制电路、稳压电源电路、电磁屏蔽电路等。

　　（3）执行器

　　在ABS/ASR系统执行器的基础上，改进了通往各车轮的液压通道，增加了ESP警告灯和ESP蜂鸣器等。

小结

　　本项目从防抱死制动/牵引力控制系统的作用和组成谈起，深入认识了防抱死制动/牵引力控制系统的工作原理和维修方法。其中掌握压力调节器工作原理和防抱死制动系统的工作过程对本项目知识的理解非常重要。

在防抱死制动/牵引力控制系统的故障诊断和维修中，按照维修站实际流程，对客户故障分析、电控系统自诊断、进行系统泄压和排气、典型故障的诊断与排除等步骤进行了技能训练，能够达到防抱死制动/牵引力控制系统故障诊断和维修的能力。

习题与实践操作

1. 说明防抱死制动系统的功能和分类。
2. 防抱死制动系统基本组成部件和各部件的作用。
3. 试说明循环式液压制动调节器和可变容积式液压制动调节器的工作原理。
4. 说明牵引力控制系统的工作原理和组成部件。
5. 列举 ABS/TRC 系统维修时，可能存在的影响健康和安全的因素。
6. 操作任务：防抱死制动/牵引力控制系统故障诊断和维修。

教师为学生提供装备防抱死制动/牵引力控制系统的汽车（已设置系统相关故障）和维修手册，学生按照维修手册的步骤进行操作，并记录使用的仪器设备、主要步骤和数据。

车　　型	
防抱死制动系统类型	
是否安装牵引力控制系统	

描述故障现象：

_____

对 ABS/TRC 系统的初步检查，写出主要步骤和检查结果：

_____

使用仪器读取故障码，写出主要步骤和故障码：

_____

对 ABS/TRC 系统进行维修（注意进行泄压的程序），写出主要步骤：

_____

对 ABS 系统进行排空气：

_____

重新检测故障是否排除并试车：

_____

Chapter 3

项目三

电控悬架系统维修与故障诊断

一、项目要求

　　汽车悬架除了缓冲和吸收来自车轮的震动之外，还要在汽车的行驶过程中传递车轮和路面之间的驱动力和制动力；在汽车转向时，还要承受来自车身的侧向力，并在汽车起步和制动时抑制车身的俯仰震动。

　　电控悬架系统比传统的悬架系统在乘坐舒适性方面有着许多优点，所以很多中高档轿车使用了电控悬架。

【知识要求】

　　进行电控悬架系统维修，应该掌握的相关知识有如下几点。

　① 电控悬架系统的分类、功能和基本组成。

　② 典型电控空气悬架系统的组成。

　③ 电控悬架系统的控制方式。

重点掌握内容

　　电控悬架系统的压缩空气系统和电子控制系统。

安全提示

　　当对任何车辆的电控悬架系统进行诊断和维修时，技术人员必须遵守所有规定的安全操作程序，避免任何系统带来的有意或无意的伤害，如压缩空气使用不当造成的人身伤害，或者在车辆悬架高低发生变化时会夹住身体或其他部件等。

【能力要求】

在进行电控悬架系统维修和故障诊断时需要掌握的能力有如下几点。

① 对客户提供的故障进行分析。

② 电控悬架系统的基本检查与调整。

③ 悬架控制系统的自诊断。

④ 电控悬架压缩空气系统（或液压系统）检修。

⑤ 悬架电控系统检修。

⑥ 电控悬架控制系统常见故障分析。

常见故障诊断

悬架刚度和阻尼系数控制失灵、车身高度控制失灵等。

二、相关知识

（一）认识汽车电控悬架系统

传统的汽车悬架主要由弹簧、减震器、稳定杆和弹性轮胎等组成，悬架的高度和弹性是不可调整的，在行车中车身高度的变化取决于弹簧的变形，结构简单、实用，如图 3-1 所示。但因其弹性和阻尼不能随外部工况变化，驾驶及乘坐舒适性差。

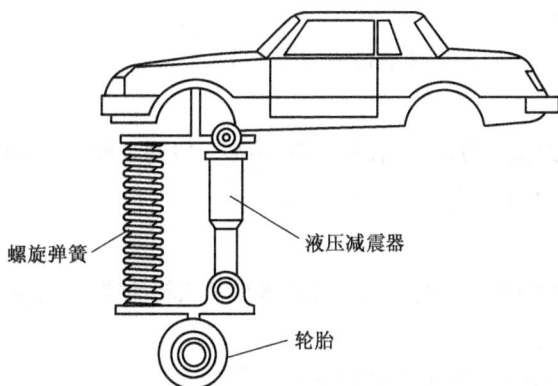

图3-1　常见悬架结构及工作示意图

电子控制悬架系统的优点是能使悬架随着不同的路况和行驶状态做出相应的调整，既可以使汽车的乘坐舒适性达到令人满意的状态，又能使汽车的稳定性要求得到满足。

1. 电控悬架系统的组成和控制形式

电子控制汽车悬架系统主要由（车高、转向角、加速度、路况预测）传感器、ECU、悬架控制的执行器等组成。

目前，电控悬架的控制形式主要有两种，即液压控制和气压控制。下面以丰田轿车的空气悬架为例来说明，如图3-2所示。

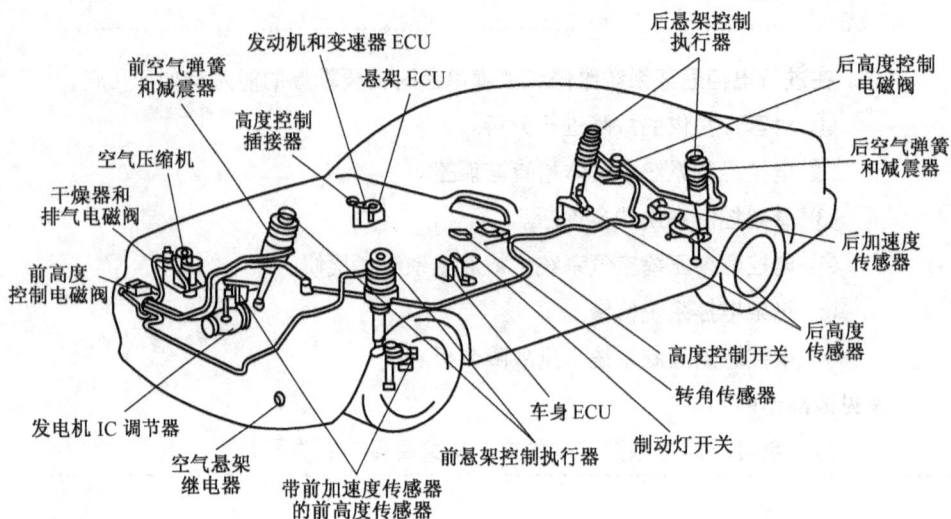

图3-2　丰田电控空气悬架系统

电子调整空气悬架中储有起弹簧作用的压缩空气，弹簧刚度和汽车高度控制可根据驾驶条件自动控制。减震器的阻尼力也由电子控制，以抑制车辆侧倾、制动时前部栽头和高速行驶后部下坐时汽车姿势发生变化，因此能明显保持乘坐的舒适性和操纵性。

空气悬架的弹性元件不再是传统的钢板弹簧或螺旋弹簧，而是充入了压缩气体的空气弹簧，减震效果大大优于传统的悬架，多用于高档轿车或高档客车上。

2. 电控悬架系统的基本功能

电子控制汽车悬架系统的控制功能通常有以下3个。

（1）车高调整

当汽车在起伏不平的路面行驶时，可以使车身抬高，以便于通过；在良好路面高速行驶时，可以降低车身，以减少空气阻力，提高操纵稳定性。

（2）阻尼力控制

用来提高汽车的操纵稳定性，在急转弯、急加速和紧急制动情况下，可以抑制车身姿态的变化。

（3）弹簧刚度控制

改变弹簧刚度，使悬架满足运动或舒适的要求。

采用主动式悬架后，汽车对侧倾、俯仰、横摆跳动和车身的控制都能更加迅速、精确，汽车高速行驶和转弯的稳定性提高，车身侧倾减少。制动时车身前俯小，起动和急加速可减少后仰。即使在坏路面，车身的跳动也较少，轮胎对地面的附着力提高。

（二）认识丰田LS400轿车电控空气悬架系统

1. 丰田LS400轿车电控空气悬架系统的组成和基本原理

电控空气悬架系统根据行车条件自动调整车辆高度，通过控制阻尼力的强弱来消除车辆行驶中的不平衡，可以使车辆在颠簸路面上保持平稳姿态，并自动调整车辆在紧急制动时的前倾和急加速时的后仰，以保证乘坐的舒适性。

LS400 轿车电控空气悬架系统由压缩空气系统和电子控制系统两部分组成，通过 ECU 自动控制及手动开关可改变悬架弹簧的弹性系数和减震器的阻尼力。

（1）压缩空气系统的组成

压缩空气系统具体由下列部件组成：4 组气动减震器（气压缸）、供应系统压缩空气的空气压缩机、压缩空气干燥器、高度电磁阀、压缩空气排气阀、压缩空气管路等。图 3-3 所示为丰田 LS400 轿车空气悬架压缩空气系统示意图。

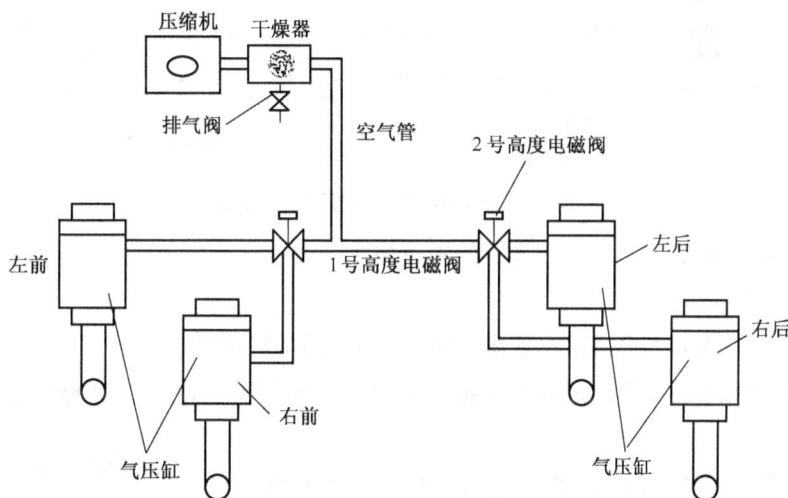

图3-3　丰田LS400轿车空气悬架压缩空气系统示意图

（2）电子控制系统的组成

丰田 LS400 轿车空气悬架电子控制系统如图 3-4 所示。具体由下列部件组成：车辆高度控制阀、悬架高度传感器、汽车转角传感器、压缩空气排气阀、悬架控制 ECU、悬架控制执行器、各种手动控制开关和汽车仪表板上的各种显示仪表、指示灯等。悬架系统弹簧的弹性系数、减震器的阻尼力、汽车悬架的高度等都可根据开关上的条件来确定。悬架的状态显示在汽车的仪表板上。

（3）电控空气悬架系统的基本原理

① 车高调整。空气悬架 ECU 利用空气压缩机形成压缩空气，并将压缩空气送入弹簧和减震器的空气室中，以此来改变车辆的高度。车高的控制：分标准、升高和只升高后轮 3 种工作状态。

② 阻尼力控制。在减震器上设有电动机，电动机受 ECU 的信号控制。利用电动机可以改变通油孔的大小，从而改变了阻尼力的大小。减震器的阻尼力控制分低、中、高 3 挡。

③ 弹性系数的控制（弹簧刚度控制）。在悬架空气弹簧上设有电动机，利用电动机可以改变通气孔的大小，从而改变了弹性系数的大小。空气弹簧的弹性系数分软、硬两档。

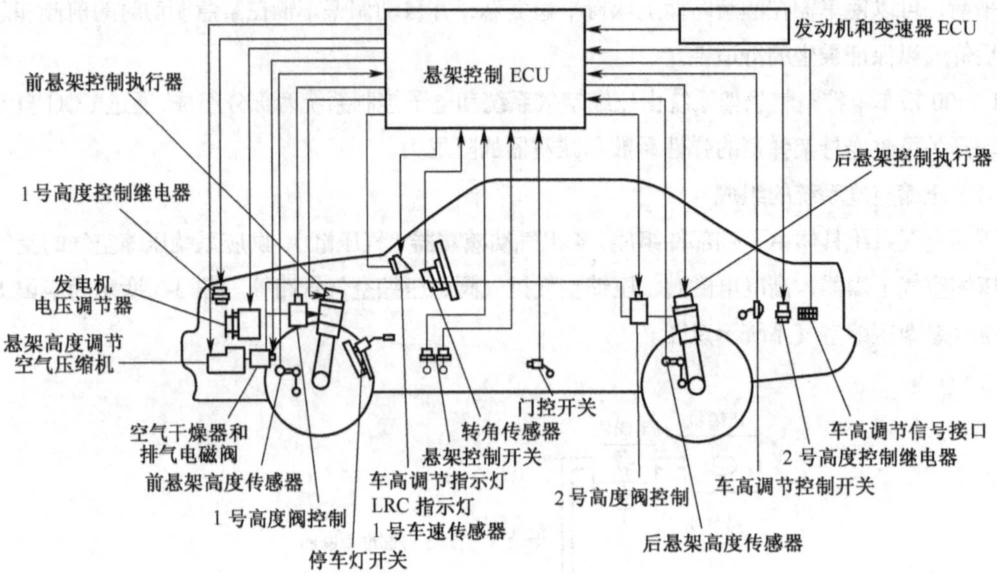

图3-4　丰田LS400轿车空气悬架电子控制系统

2. 丰田LS400电控悬架压缩空气系统的组成部件

（1）空气压缩机

① 作用。空气压缩机为升高汽车悬架高度提供所需的压缩空气。

② 组成。空气压缩机由直流永磁电动机驱动，具有大转矩和快速起动等特点。其外形如图3-5所示。

③ 工作原理。空气压缩机由ECU直接控制，需提高车身高度时，ECU驱动压缩机电动机工作，压缩机向外排出空气，使车身升高。当车身升高至目标高度时，ECU停止压缩机电动机的驱动工作，高度调节自动停止。

（2）空气干燥器

① 作用。空气干燥器用于去除系统内由于空气压缩而产生的水分。为使结构紧凑，排气电磁阀、空气干燥器装在一起。

图3-5　空气压缩机实物外形图

② 结构。空气干燥器安装在高度控制阀和排气阀之间，内部充满了硅胶。其外形如图3-6所示。

③ 工作原理。在汽车悬架高度需要上升时，压缩空气通过空气干燥器，硅胶吸附其中水分并排入高度电磁阀。在汽车悬架高度需要下降时，排气电磁阀打开，压缩空气通过空气干燥器排入大气中。排气的同时将硅胶所吸收的水分排入大气中，起"再生"作用。

（3）排气电磁阀

① 作用。高度控制排气电磁阀安装于空气干燥器的末端，当接收到悬架控制ECU发出降低悬架高度的指令时，即将系统中的压缩空气排出。

② 工作原理。在汽车悬架高度需要下降时，排气电磁阀打开，压缩空气通过空气干燥器，再经过排气电磁阀排入大气中。

（4）高度控制电磁阀

① 作用。高度控制电磁阀安装于空气干燥器和气动减震器之间，用于控制汽车悬架的高度调节。

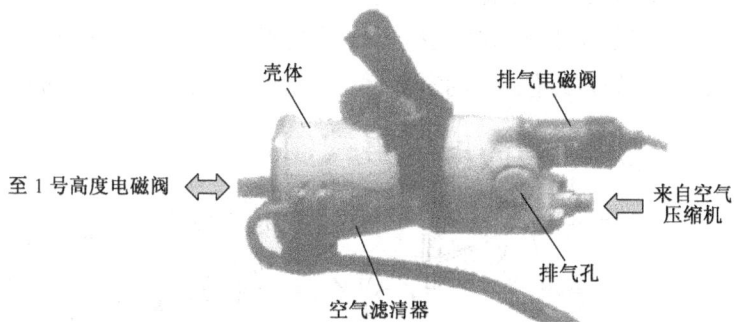

图3-6 空气干燥器实物外形图

② 组成及结构。高度控制电磁阀由电磁阀、阀体等组成。高度控制电磁阀的内部结构如图 3-7所示。

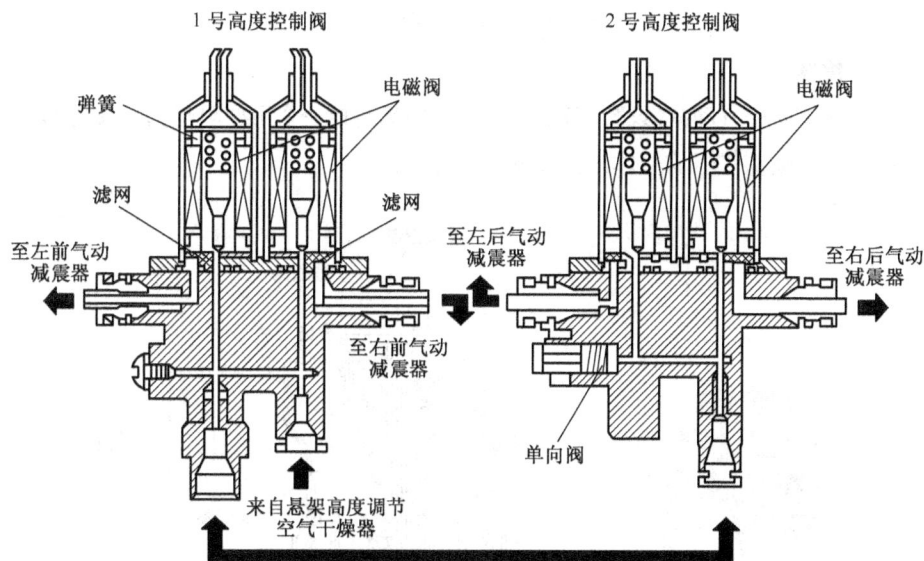

图3-7 高度控制电磁阀内部结构图

在前轮和后轮的附近设有高度传感器，ECU 根据传感器信号判断出车辆高度，控制压缩机和排气阀，使弹簧压缩或伸长，从而控制车辆高度。高度控制阀可根据悬架控制 ECU 的指令控制压缩空气充入或排出气动减震器。1 号高度控制阀控制前悬架，由一组电路通过两个电磁阀来分别控制和调节左右侧气动减震器。2 号高度控制阀控制后悬架，由两组电路各控制相应的电磁阀来调节左右侧气动减震器。2 号高度控制阀空气管路中装有一只单向阀来避免由于阀的开闭形成的空气不正常波动。

③ 工作原理。在汽车悬架高度需要上升时，高度控制电磁阀接通，排气电磁阀关闭，向气动减震器充入压缩空气，使汽车悬架升高。在汽车悬架高度需要下降时，高度控制电磁阀接通，排气电

磁阀打开，压缩空气通过空气干燥器排入大气中。

（5）空气管

空气悬架系统一般采用钢管和尼龙软管作为空气管。钢管用于固定在车身上的前、后高度控制阀之间的固定管道；尼龙软管用于诸如空气弹簧与高度控制阀之间的有相对运动的管道。尼龙软管采用单触式接头，以方便维修和具有良好的密封性。空气管结构及在车上的分布情况如图3-8所示。

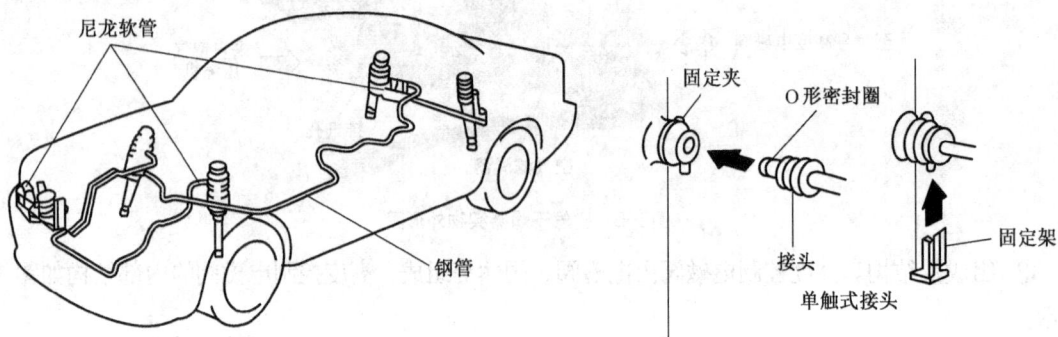

图3-8　空气管结构及在车上的分布

（6）气动减震器

空气悬架系统有4个气动减震器，每个气动减震器都包括一个可变阻尼力的减震器和可变弹性系数的空气弹簧，气动减震器的总体结构如图3-9所示。

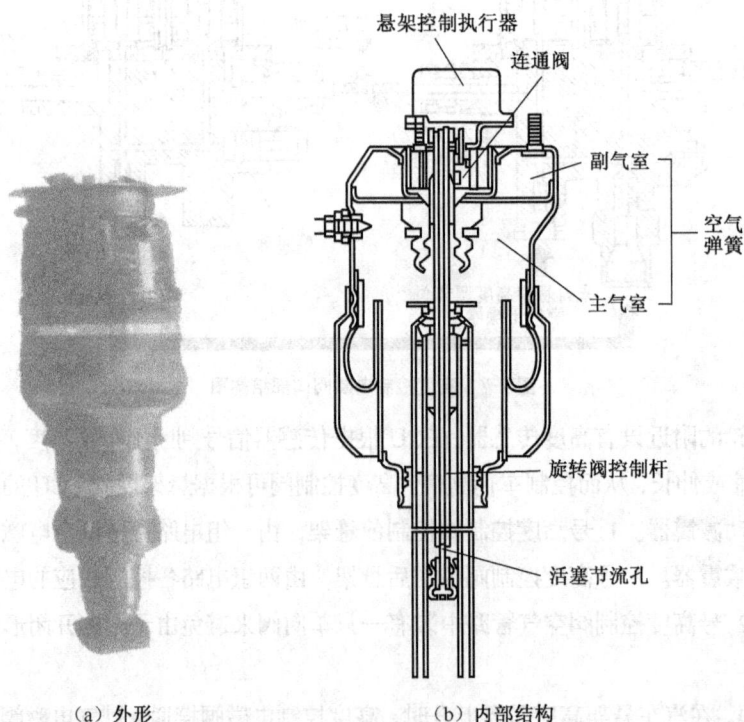

（a）外形　　　（b）内部结构

图3-9　气动减震器的总体结构

① 空气弹簧。

● 空气弹簧的安装位置。空气弹簧安装于气动减震器的上端,与可变阻尼力的减震器一起构成悬架支柱,上端与车架相连,下端安装在悬架摆臂上。空气悬架的空气弹簧由空气室和空气阀两部分组成,空气室分为主气室和副气室。

● 空气弹簧的变刚度原理。悬架空气弹簧刚度的改变是根据压缩空气通过空气阀由主气室进入副气室空气量的改变来调节的,空气弹簧的弹性系数(刚度)可分为两个阶段来调节。

当空气阀转到如图 3-10 所示的位置时,主、副气室的气体通道被打开,主气室的气体经空气阀的中间孔与副气室的气体相通,相当于空气弹簧的工作容积增大,空气弹簧的刚度为"软"。

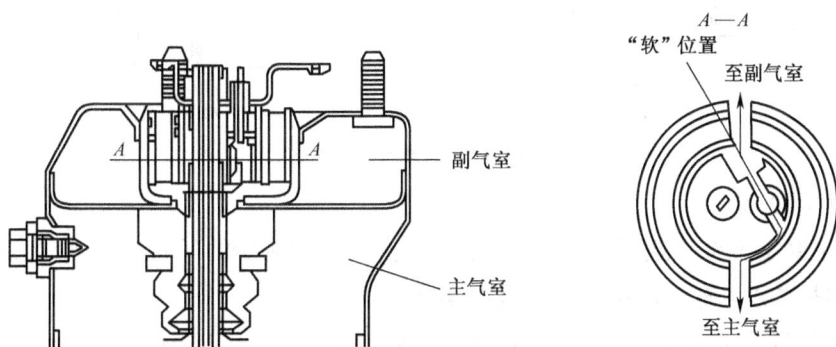

图3-10 空气弹簧的刚度为"软"

当空气阀转到如图 3-11 所示的位置时,主、副气室的气体通道被关闭,主、副气室之间的气体不能相互流动,此时的空气弹簧只有主气室的气体参加工作,空气弹簧的刚度为"硬"。

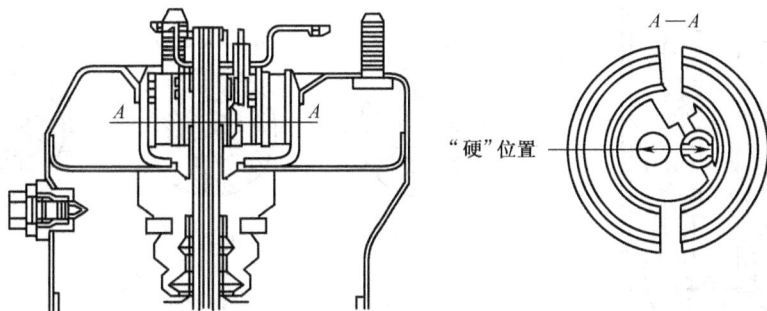

图3-11 空气弹簧的刚度为"硬"

主气室是可变容积的,在它的下部有一个可伸展的隔膜,压缩空气进入主气室可升高悬架高度,反之使悬架下降。车辆高度则是由 1 号和 2 号高度控制阀及排气阀通过增减主气室内的压缩空气量来调节。

● 空气弹簧对车身高度的控制原理。空气弹簧还可以控制车身高度。当需要升高车身时,由空气压缩机来的空气经高度控制电磁阀向空气弹簧的主气室充气,使空气弹簧伸张,从而使车身高度增加;当需要降低车身高度时,空气弹簧主气室的空气经排气电磁阀排出到大气,使空气弹簧收缩，降低车身高度，如图 3-12 所示。

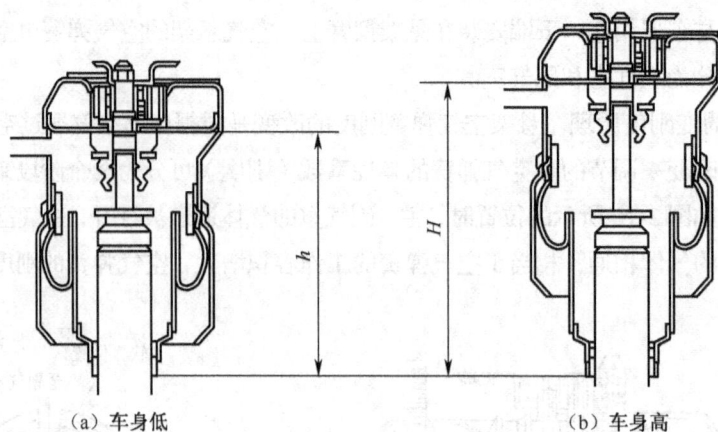

(a) 车身低　　　　　　　　　　　　　　(b) 车身高

图3-12　车身高度控制

② 变阻尼减震器。

● 变阻尼减震器的安装位置。变阻尼减震器安装于空气弹簧的下端，与空气弹簧一起构成悬架支柱，上端与车架相连，下端安装在悬架摆臂上。

● 变阻尼减震器的结构。变阻尼减震器主要由缸筒、活塞及阻尼调节杆、回转阀等构成，其结构如图 3-13 所示。

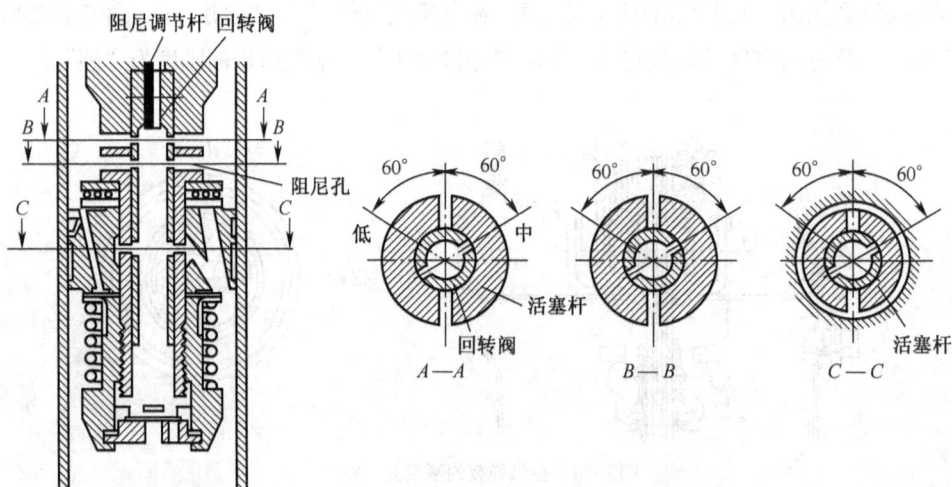

图3-13　变阻尼减震器的结构

阻尼调节杆的上端与执行器相连，调节杆的下端装有回转阀，回转阀上有 A、B、C 这 3 个阻尼孔，活塞杆上有两个阻尼孔。缸筒中的油液一部分经活塞上的阻尼孔在缸筒的上下两腔流动；一部分经回转阀与活塞杆上通的阻尼孔在缸筒的上下两腔间流动。

● 变阻尼减震器的工作原理。执行器通过调节杆带动回转阀相对于活塞杆转动，使得回转阀与活塞杆上的阻尼孔连通或切断，于是增加或减少了油液的流通面积，使油液的流动阻力改变，从而改变悬架阻尼的大小，达到调节减震器阻尼力的目的。

当回转阀上的 A、B、C 3 个截面的阻尼孔全部被回转阀封住时，这时只有减震器下面的主阻尼孔在工作，此时阻尼为最大，减震器被调节到"硬"状态。

当回转阀从"硬"状态位置顺时针转动 60° 时，B 截面的阻尼孔打开，A、C 两截面的阻尼孔仍关闭，减震器处于"运动"状态，也称为中间状态。

当回转阀从"硬"状态位置逆时针转动 60° 时，A、B、C 3 个截面的阻尼孔全部打开，此时减震器的阻尼最小，减震器处于"软"状态。

3．电子控制系统的组成

（1）空气悬架系统组成

丰田 LS400 轿车的空气悬架电子控制系统主要由悬架 ECU、传感器、悬架控制执行器等元件组成，如图 3-14 所示。

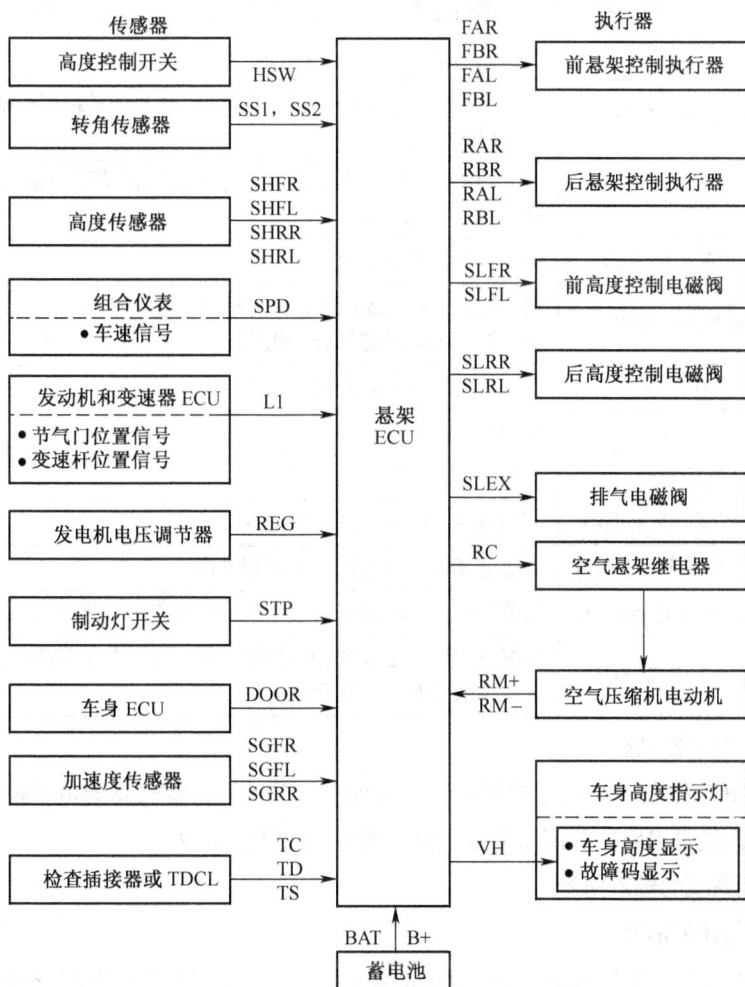

图3-14　空气悬架电子控制系统示意图

（2）电子控制系统元器件的作用

空气悬架电子控制系统元器件的作用见表3-1。

表 3-1　　　　　　　　　电子控制系统元器件的作用

序号	电控元件	作用
1	悬架调节执行器	改变空气悬架弹性系数和减震器阻尼力
2	1号高度控制继电器	接通空气压缩机工作电路
3	发电机IC调节器	检测发动机是否在运行
4	空气压缩机	为升高汽车悬架高度提供所需的压缩空气
5	空气干燥器	干燥系统的压缩空气
6	排气阀	把动力主缸中的压缩空气排入大气，降低汽车悬架高度
7	高度传感器	检测汽车悬架高度和不平路面造成的空气悬架高度变化
8	1号和2号高度控制阀	调节前后左右4个气动减震器内的压缩空气量，按要求充气或排气
9	停车灯开关	测量制动踏板是否处于制动状态
10	悬架高度指示灯	给驾驶员显示当时的设定悬架高度，并且在悬架控制系统发生故障时点亮，以提示发生故障
11	平顺性指示灯	LRC开关控制点亮时说明系统的空气弹簧弹性系数和减震阻尼力为SPORT AUTO模式
12	1号车速传感器	测量车辆的行驶速度
13	悬架控制开关	由LRC开关、高度调节控制开关和空气弹簧弹性系数以及车辆悬架高度、调节模式等选择开关组成
14	转角传感器	检测转向轮的转向角度
15	门控开关	检测车门的开关状态
16	高度控制开关	允许或禁止车辆高度调节
17	2号高度控制继电器	接通悬架高度传感器工作电路
18	悬架高度调节信号接口	通过连接端子可直接调节悬架高度
19	发动机和变速器ECU	将节气门开闭的角度信号转换为数字信号传送至悬架系统控制ECU
20	悬架系统控制ECU	根据驾车者设定模式调节弹性系数、阻尼力和车辆高度；在悬架控制系统发生故障时，使指示灯闪烁

（3）电子控制系统电路

丰田LS400轿车空气悬架电子控制系统电路如图3-15所示。空气悬架电子控制系统电路由电源供给电路、输入信号电路、控制器电路、执行器电路4部分组成。

4．电控悬架系统的输入信号

（1）悬架控制开关信号

悬架控制开关由水平调节控制（Level Regulation Control，LRC）开关和高度控制开关组成。LRC开关用于选择减震器和空气弹簧的工作模式（NORM或SPORT）；高度控制开关用于选择所希望的车身高度（NORM或HIGH）。

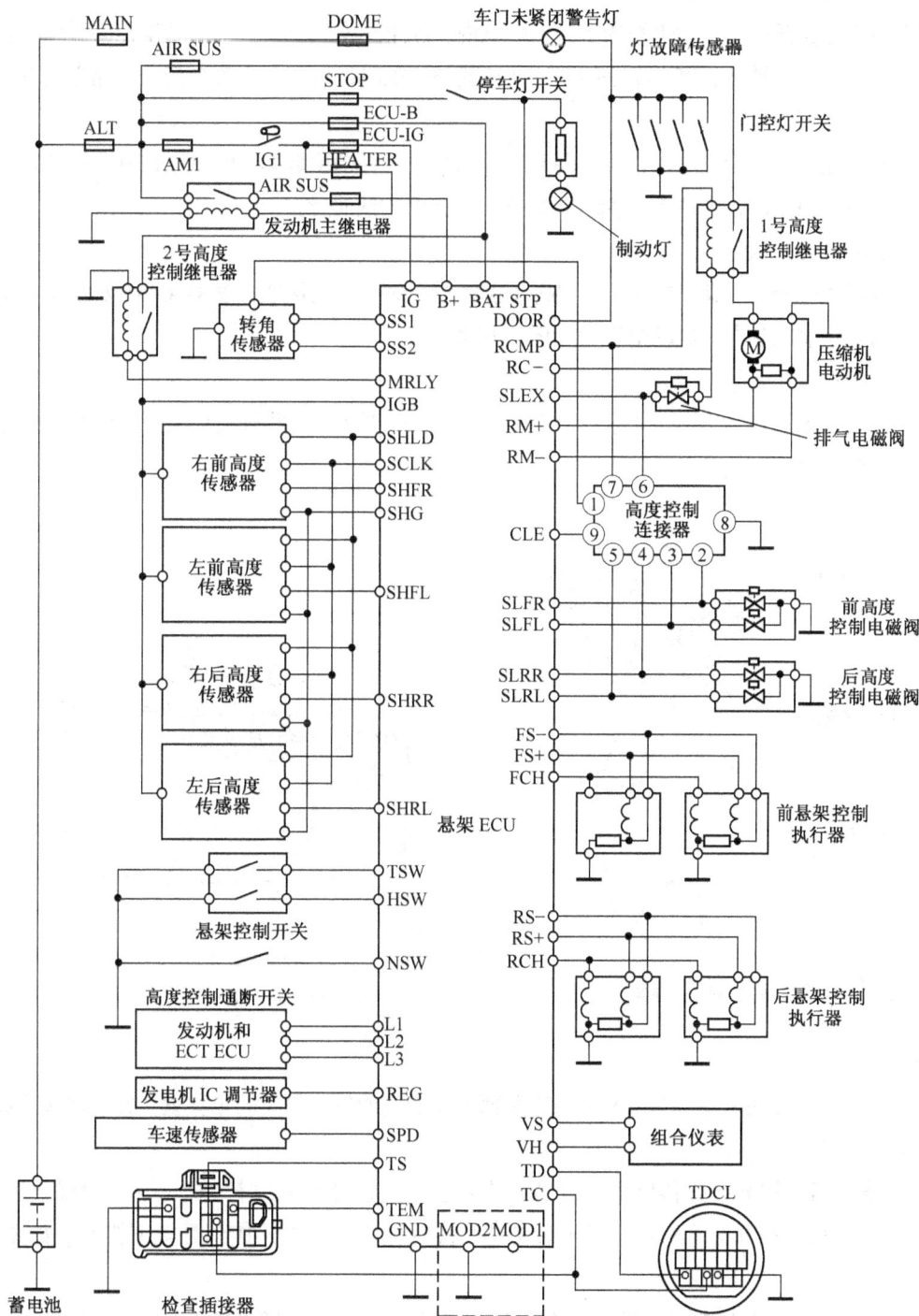

图3-15　丰田LS400轿车空气悬架电子控制系统电路图

当LRC开关设在SPORT位置时,组合仪表内的LRC指示灯亮;当高度控制开关设在HIGH位置时,组合仪表内的高度控制指示灯亮。

（2）高度控制通断开关信号

高度控制通断开关位于行李箱的工具储藏室内。将开关拨至 OFF 位置，悬架控制系统中止车辆高度控制。当车辆被举升、停在不平的路面或车辆被拖曳时，可避免空气弹簧中压缩空气排出，从而可防止车身高度的下降。

当需要顶起车辆进行修理时，应关断高度控制开关。否则顶起车辆时悬架控制系统会控制压缩空气从空气弹簧中排出，当放下车辆时，车身可能会因过低而受损。

（3）制动灯开关信号

制动灯开关位于制动踏板支架上，当踩下制动踏板时，开关接通。悬架 ECU 利用这一信号判断汽车是否处于制动状态。制动灯开关如图 3-16 所示。

（4）门控灯开关信号

门控灯开关如图 3-17 所示。4 个车门各有一个门控灯开关，这些开关都位于门柱上。悬架 ECU 据此判断车门是打开还是关上。

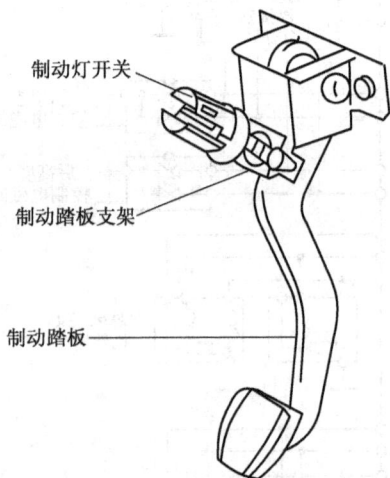

图3-16　制动灯开关　　　图3-17　门控灯开关

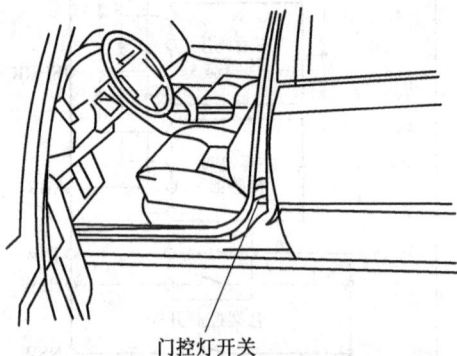

（5）高度传感器信号

高度传感器的作用是检测车身高度及因路面不平引起的每个悬架的位移量，并将之转换成电信号输入到悬架 ECU。

高度传感器采用光电式传感器，安装在车身上，传感器与控制杆相连。对于前悬架，控制杆的另一端与减震器下支承相连；对于后悬架，控制杆的另一端连接到悬架下摆臂，如图 3-18 所示。

传感器内部有 1 个有缝信号盘和 4 对遮光器，信号盘固定在传感器轴上，由导杆带动而转动，遮光器由发光二极管和光电三极管组成，在发光二极管和光电三极管之间隔着信号盘，如图 3-19 所示。当车身高度发生变化，或因路面不平造成各悬架的位移量发生变化时，信号盘在导杆的带动下转动，使发光二极管的光被遮挡或通过，从而使接收光线的光电三极管切断或导通。

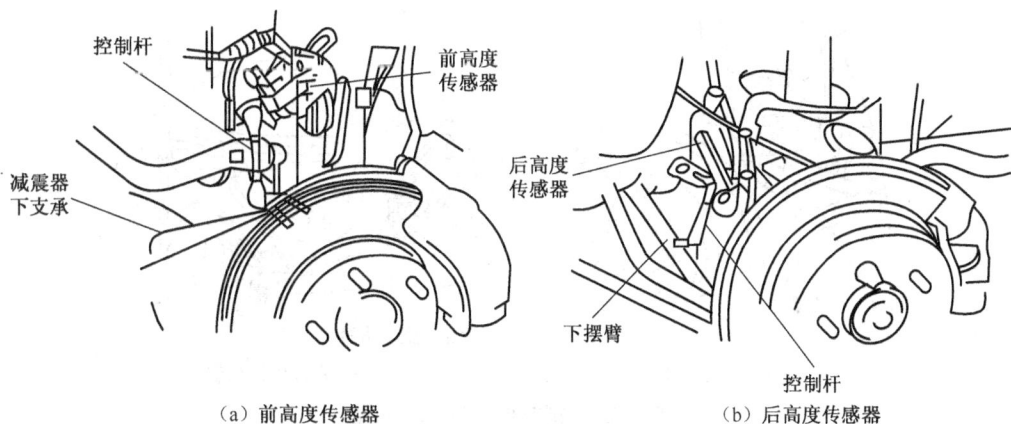

（a）前高度传感器　　　　　　（b）后高度传感器

图3-18　光电式高度传感器的安装位置

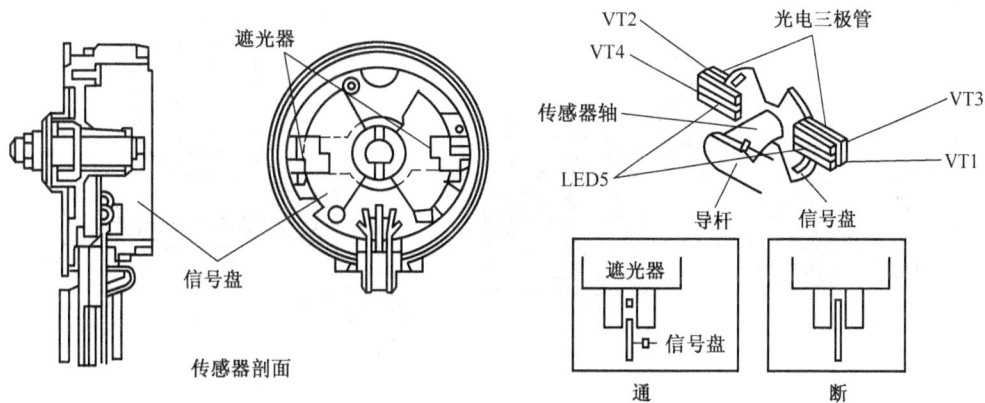

图3-19　光电式高度传感器的结构

这些通断信号送到悬架 ECU，悬架 ECU 就可以检测出车身高度的变化。LS400 型使用了 4 个遮光器，通过各遮光器通/断信号的组合，可把车身高度从低至高分为 16 级，以便对车身高度进行准确的控制。

（6）加速度传感器信号

只有 1994 年 10 月以后的 LS400 车型才装有加速度传感器。加速度传感器用于测量车身的垂直加速度。加速度传感器共有 3 个，两个前加速度传感器分别装在前左、前右高度传感器内，一个后加速度传感器装在行李箱右侧的下面，如图 3-20 所示。

这 3 个加速度传感器分别检测车身的前左、前右和后右位置的垂直加速度。车身后左位置的垂直加速度则由悬架 ECU 从这 3 个加速度传感器所获得的数据推导出来。加速度传感器主要由压电陶瓷盘和膜片组成，其结构及工作原理如图 3-21 所示。

两个压电陶瓷盘固定在膜片两侧，并支撑在传感器中心。当加速度作用在整个传感器时，压电陶瓷盘在其自身重量作用下弯曲变形。根据压电陶瓷的特性，它们将产生与其弯曲率成正比例变化的电荷。这些电荷由传感器内的电子电路转换成与加速率成正比例变化的电压，输送到悬架 ECU。

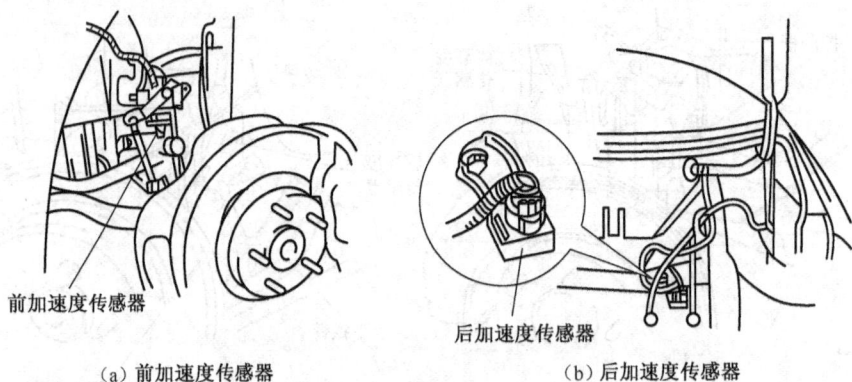

（a）前加速度传感器　　　　　（b）后加速度传感器

图3-20　加速度传感器的安装位置

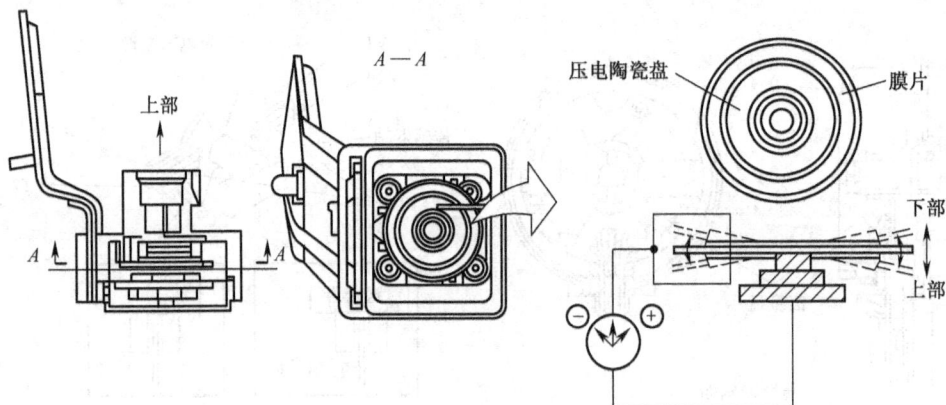

图3-21　加速度传感器的结构及工作原理

悬架 ECU 根据从加速度传感器接收到的信号计算出 4 个车轮的弹簧支撑质量的垂直加速度。此外，悬架 ECU 还通过高度传感器计算出弹簧支撑质量和非弹簧支撑质量之间的相对速度。根据这些数据，悬架 ECU 把 4 个车轮的减震阻尼控制在最佳值，以获得稳定的汽车行驶状态，提高汽车驾驶的稳定性。

（7）车速传感器信号

车速传感器反映汽车行驶的速度。车速传感器位于变速器输出轴上，如图 3-22 所示，用来检测变速器输出轴的转速。

车速传感器采用磁阻式，输出轴每转一圈产生 20 个信号，此信号可直接驱动组合仪表内的车速表，之后经组合仪表内的脉冲转换电路转换为输出轴每转一圈产生 4 个信号，再传送到悬架 ECU。车速传感器电路如图 3-23 所示。

（8）节气门位置传感器信号

节气门位置传感器的结构如图 3-24 所示，节气门位置传感器安装在节气门体上，它用来检测节气门的开度。发动机和变速器 ECU 将这一代表节气门开度的信号 VTA 经过转换送到悬架 ECU。

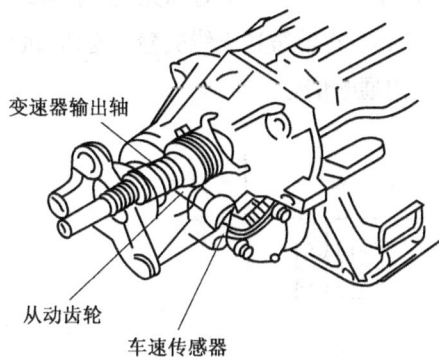

图3-22　车速传感器

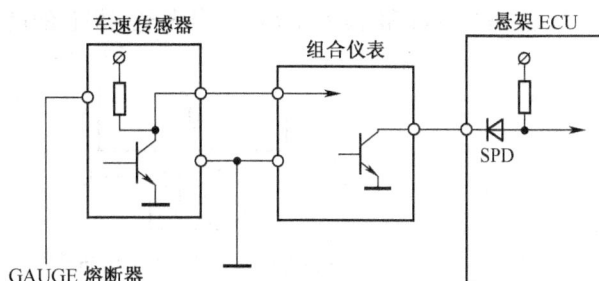

图3-23　车速传感器电路

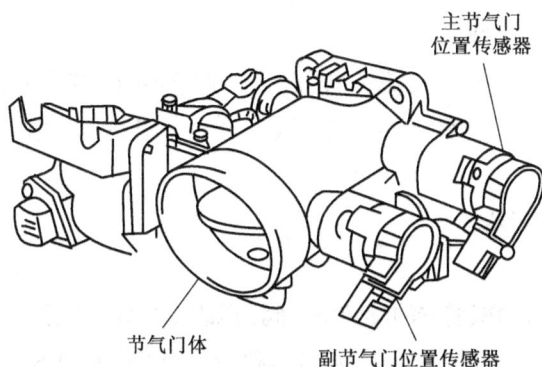

图3-24　节气门位置传感器的结构

（9）转角传感器信号

转角传感器外形结构如图 3-25 所示，该传感器位于转向盘下面，装在组合开关总成内，用于检测汽车转弯的方向和转弯的角度。转角传感器由 1 个信号盘和 2 个遮光器组成。每个遮光器有 1 只发光二极管和 1 只光电三极管，两者相互对置，并固定在转向柱管上。信号盘沿圆周开有 20 条光缝，它被固定在转向盘主轴上，随主轴的转动而转动。

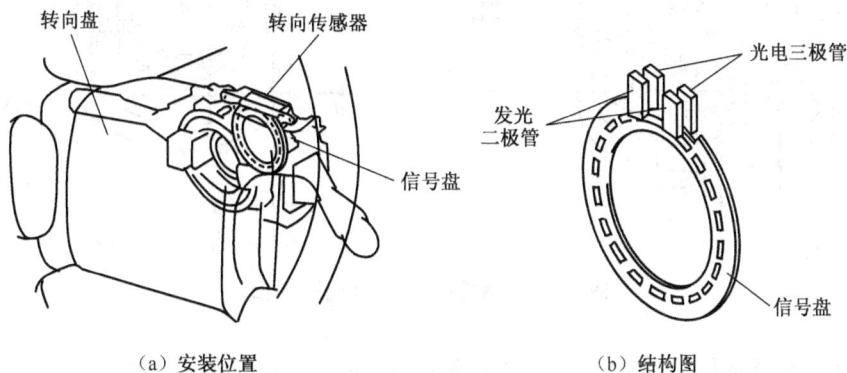

（a）安装位置　　　　　（b）结构图

图3-25　转角传感器外形结构

转角传感器的工作原理图如图 3-26 所示。当汽车转弯时，转向盘转动，信号盘也随之转动。从

ECU-IG 熔断器供给的电流使两只发光二极管发光。当信号盘在两只发光二极管和光电三极管之间通过时，从发光二极管发出的光线被交替切断和通过，光电三极管也就被这光线交替接通和切断。这样，三极管 VT1 和 VT2 就按照来自光电三极管的信号而发出通断信号。

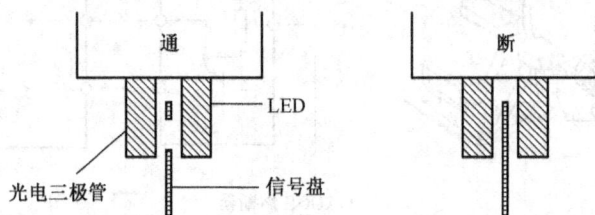

图3-26　转角传感器的工作原理图

（10）发电机 IC 调节器信号

发电机 IC 调节器位于发动机的交流发电机内。IC 调节器的 L 端子直接与悬架 ECU 连接，悬架 ECU 据此判断发动机是否运转。悬架 ECU 利用这一信号，进行如转角、高度等传感器的检查和失效保护。

5. 电控悬架系统的执行器

（1）悬架控制执行器

悬架控制执行器驱动气动减震器的旋转空气阀，以改变减震器的阻尼力和空气弹簧刚度，每个气动减震器顶部均有一个悬架控制执行器。悬架控制执行器的工作原理图如图 3-27 所示，在收到悬架 ECU 的信号后，电动机得到电流，从而产生磁场使电动机转动，电动机带动控制杆来改变减震器内转阀的位置，从而改变减震器阻尼的效果和空气弹簧的刚度。

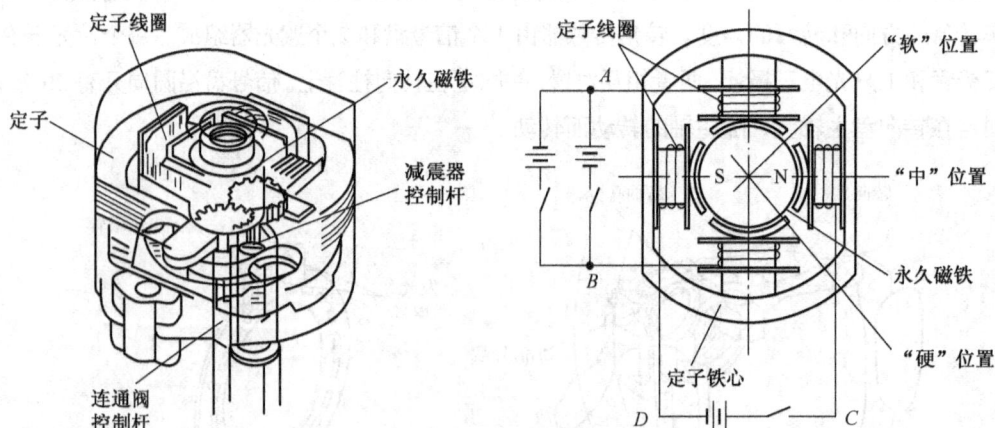

图3-27　悬架控制执行器的工作原理图

悬架控制执行器分为前、后两组，前左、前右和后左、后右均同时动作。

（2）空气压缩机

空气压缩机用来产生供车身高度调节所需的压缩空气。空气压缩机采用单缸活塞连杆式结构，由直流电动机驱动。

悬架 ECU 根据车身高度信号，通过控制 1 号高度控制继电器来控制空气压缩机工作。

（3）干燥器和排气电磁阀

干燥器的作用是去除压缩空气中的水分。排气电磁阀的作用是将空气弹簧内的压缩空气排出到大气中，同时还将干燥器中的水分带走。空气悬架系统维修时，若需拆卸干燥器，必须密封好空气管道接口，以延长硅胶的使用寿命。

（4）高度控制电磁阀

高度控制电磁阀的作用是根据悬架 ECU 的控制信号控制空气悬架的充气和排气。

（5）LRC 指示灯

LRC 指示灯位于组合仪表上，如图 3-28 所示。当选择 SPORT（运动）模式时，指示灯亮；当选择 NORM（常规）模式时，指示灯灭。

（6）车身高度指示灯

车身高度指示灯位于组合仪表上，用来指示所选择的车身高度，如图 3-29 所示。

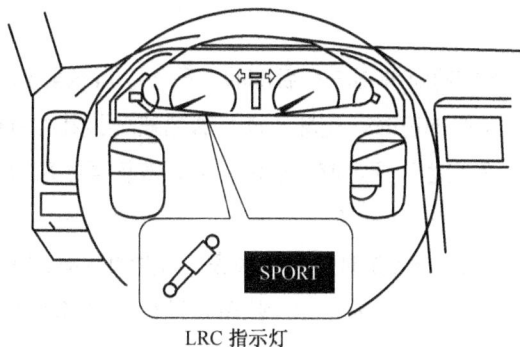

图3-28 LRC指示灯

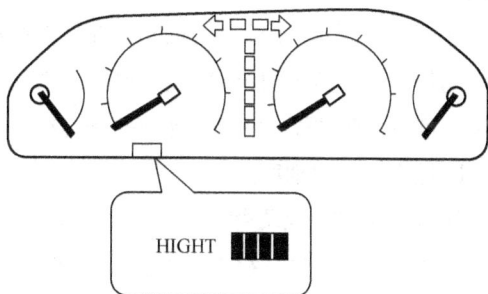

图3-29 车身高度指示灯

当车身高度控制开关的位置改变时，指示灯马上指示出切换后的位置，但要达到所设定的车身高度则需要一定的时间。

6. 电控悬架系统的控制方式

电控悬架系统的控制单元（ECU）根据传感器信号和实际行车过程，对悬架进行相应的控制。ECU 对悬架的控制项目如图 3-30 所示。

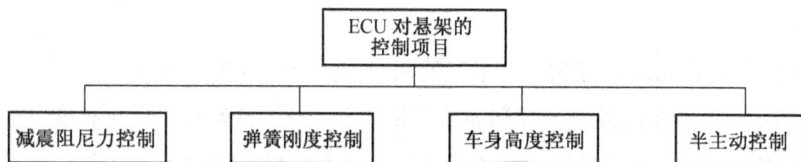

图3-30 ECU对悬架的控制项目

悬架 ECU 根据从各个传感器来的信号以及悬架控制开关的选择模式独立地控制 4 个车轮上的

减震阻尼力、悬架弹簧刚度和车辆高度。

悬架 ECU 还具有自我诊断功能，它可对悬架控制系统的故障进行诊断，把故障码存储在存储器中，并对驾驶员发出警示。悬架 ECU 又具备失效保护功能，在系统出现故障时可禁止或继续支持悬架控制。

（1）减震阻尼力和弹簧刚度控制

减震阻尼力和弹簧刚度的控制是针对以下情况而实施的，具体包括防"栽头"控制、防止"侧倾"控制、防止"下坐"控制、坏路控制、高车速控制等。

① 防"栽头"控制。该控制用于防止汽车在制动时过量的栽头。当车速、制动灯开关和汽车高度发生变化时，悬架 ECU 通过悬架执行器把减震阻尼力和弹簧刚度设置到"硬"状态。在松开制动踏板约 1s 后，这一控制被取消，悬架执行器恢复至原来的减震阻尼力和弹簧刚度。

② 防"侧倾"控制。该控制可在转弯时或在 S 形弯路上抑制车辆的侧倾。悬架 ECU 根据车速和转弯角度信号，将悬架执行器设置在"硬"的位置。

当转向盘恢复至正向前方位置约 2s 后，悬架 ECU 取消这一控制，使执行器恢复至原来的减震阻尼力和弹簧刚度。如果转向盘连续沿左右两个方向来回转动，或转动得比正常转弯大时，则这一控制的时间将延长。

③ 防止"下坐"控制。该控制可在汽车起动或突然加速时抑制汽车后部的"下坐"。当悬架 ECU 从车速传感器和节气门位置传感器测知汽车在起步或突然加速时，使悬架执行器把减震器阻尼力和弹簧刚度设置到"硬"状态。这一控制约在 2s 后或是车速达到预定值时取消，从而恢复至原来的减震器阻尼力和弹簧刚度。

④ 坏路控制。坏路控制可抑制汽车在坎坷不平的道路上行驶时发生的碰底、俯仰和跳震，以改善乘坐的舒适性。这一控制可根据汽车前、后高度的变化分别对前轮和后轮单独进行。但当车速低于 10 km/h 时，不再进行坏路控制。

当左前或右前高度传感器检测到路面不平整时，悬架 ECU 将减震器阻尼力设置为"中"，弹簧刚度设置为"硬"；若检测到路面很不平整时，悬架 ECU 将减震器阻尼力和弹簧刚度均设置为"硬"。后悬架的设置方式与前悬架一样，只是由左后或右后高度传感器来检测路面的平整程度。

⑤ 高车速控制。该控制可在汽车高速行驶时改善行驶的稳定性和可控制性。当车速较高时（140 km/h），悬架 ECU 将减震器阻尼力和弹簧刚度分别设置到"中"和"硬"位置，以提高汽车稳定性。当车速降至某一值（120 km/h）时，悬架 ECU 使悬架执行器恢复至原来的设置。

（2）车身高度控制

汽车车身高度控制有自动高度控制、高车速控制和关闭点火开关控制 3 种。

① 自动高度控制。不管车内乘员人数和装载质量如何变化，自动控制车身高度，避免汽车底盘与不平路面相碰，改善汽车乘坐的舒适性，还能使汽车前大灯光束射程保持恒定，提高汽车行驶的安全性，其工作原理如图 3-31 所示。

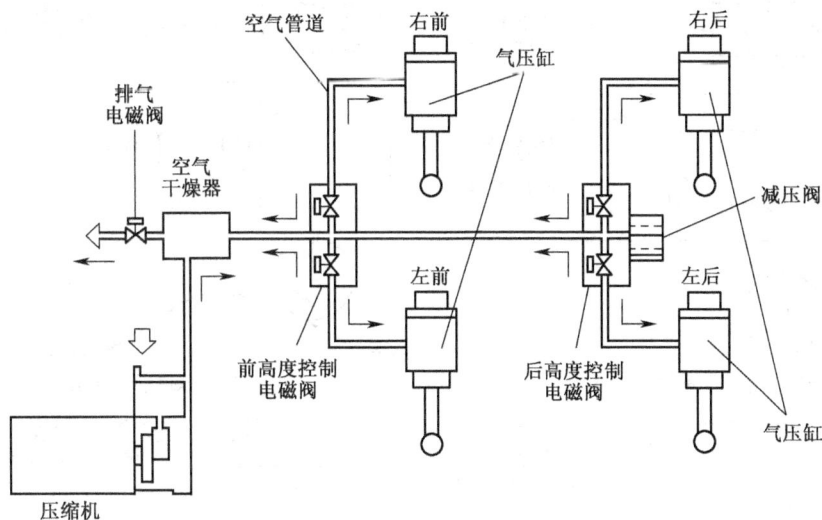

图3-31　自动高度控制的工作原理

② 高车速控制。当汽车高速行驶时，高车速控制令车身自动降低高度，从而提高汽车高速行驶的稳定性，并减少空气阻力。当车速超过 140 km/h 时，即使高度控制开关设置在 HIGH（高）的位置，车身高度仍会降至 NORM（常规）位置，且仪表板上的 NORM 指示灯点亮。当车速降至 120 km/h 以下时，高车速控制便自动取消，车身恢复至原来高度。

③ 关闭点火开关控制。当汽车停下或乘员需要上、下车时，通过关闭点火开关，可自动降低车身高度，从而改善汽车驻车姿势，方便乘员出入。

关闭点火开关控制在关闭点火开关约 3 min 后才能使用。但如果有任一个车门打开，悬架 ECU 就判断有乘员在下车而中断关闭点火开关控制。在所有车门都关闭后，该控制又重新开始。在关闭点火开关约 30 min 后，关闭点火开关控制被无条件取消。

（3）半主动控制

对于 1994 年 10 月后产的 LS400 的电控空气悬架系统引入了半主动控制，它可独立地把 4 个车轮的悬架减震阻尼力精确地调节到最佳，以适应路面的不平。

这种悬架同样由弹簧和减震器组成，其结构如图 3-32 所示。悬架 ECU 通过加速度传感器和高度传感器检测车身的垂直速度、减震器速度，然后输出控制信号到悬架控制执行器，以提供最佳的减震阻尼力。

下面以汽车走过一个凸起路面为例说明这一控制。其控制过程可分为以下 4 个步骤。

① 开始上坡。如图 3-33 所示，当车轮开始走向凸起面，使减震器受到压缩，且车身向上移动时，减震器的减震阻尼力减少，以使减震阻尼力不向上推车身。

② 继续上升。如图 3-34 所示，当车轮继续升上凸起路面时，弹簧力向上推车身，使减震器逐渐伸张。因此，减震阻尼力增加以阻止车身向上运动。

③ 开始下坡。如图 3-35 所示，当车轮开始走下凸起路面，使减震器伸张，且车身向下运动时，减震器的减震阻尼力减少，以使悬架平缓向下。

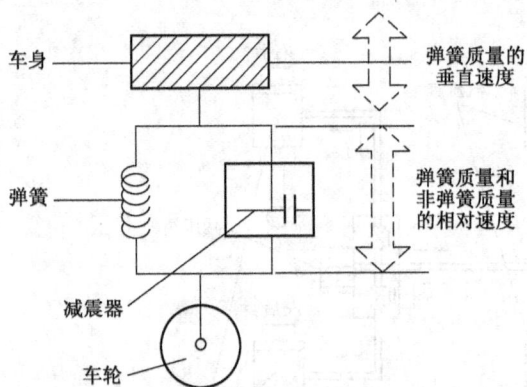

图3-32　半主动悬架的结构

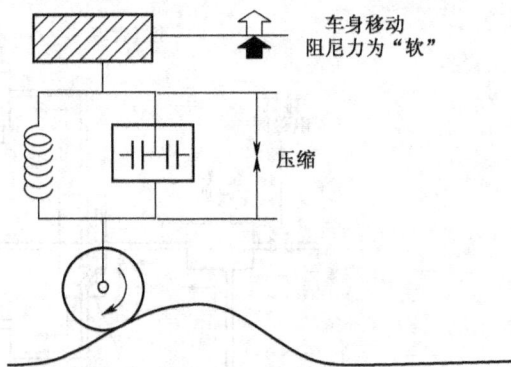

图3-33　开始上坡

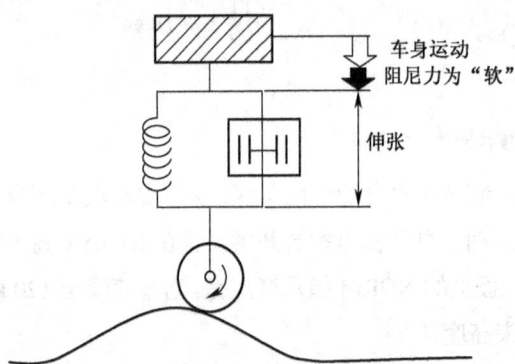

图3-34　继续上升

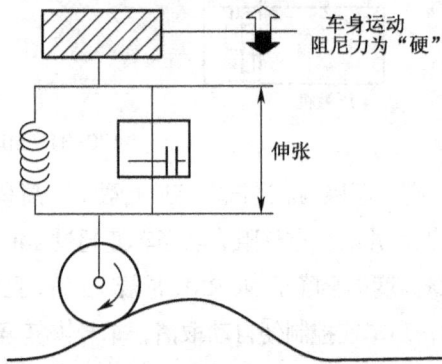

图3-35　开始下坡

④　继续下行。如图 3-36 所示，当车轮进一步下行，使减震器逐渐受到压缩时，减震器的减震阻尼力增加，以减少车身向下运动。

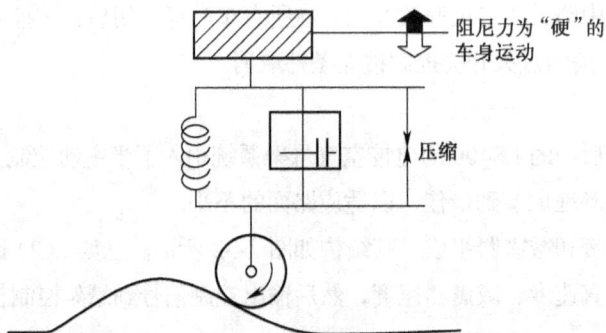

图3-36　继续下行

因此，通过悬架 ECU 的指令，半主动控制功能会根据不同的情况调节减震器的减震阻尼力。

三、项目实施

（一）电控悬架系统故障诊断与维修实施要求

1. 学习资源要求

① 各汽车生产公司的网页。

② 电控悬架系统的生产使用说明书。

③ 有关职场健康与安全的法律和法规。

④ 有关危险化学物质和危险商品的相关信息。

⑤ 汽车维修设备使用说明书和安全操作规定。

⑥ 各种汽车电控悬架系统的维护手册。

⑦ 提供各类维修知识和维修资料的网页。

2. 学习场所和设备要求

① 车间或模拟车间。

② 个人防护用品用具。

③ 汽车维修设备和工具。

④ 安全的工作环境和工作场所。

⑤ 电控悬架系统总成。

⑥ 装备电控悬架系统的车辆。

3. 学生能力要求

① 具备职场健康与安全的知识和能力。

② 能使用常用的工具与设备。

③ 具备电控悬架系统的理论知识。

（二）丰田电控悬架高度的人工调节

丰田 LEXUS LS400 轿车可通过调节悬架高度传感器的调节杆来调节悬架高度，如图 3-37 所示。

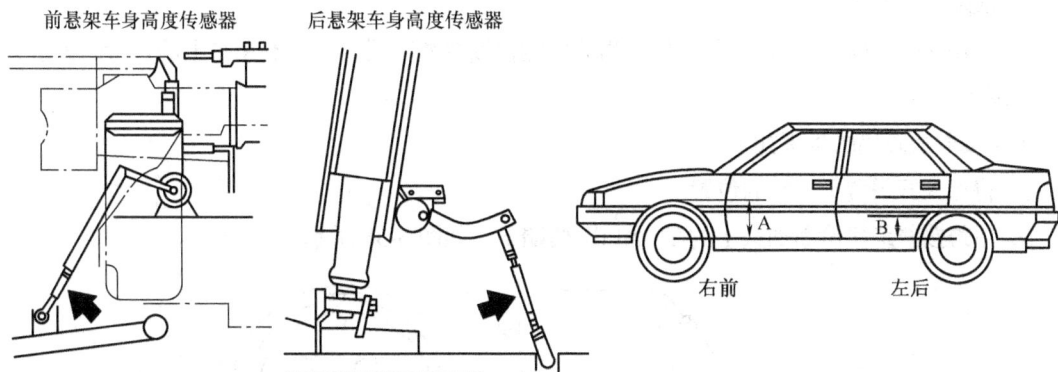

图3-37　调节悬架高度

前悬架高度传感器调节杆长度为 53.5 mm，后悬架高度传感器调节杆长度为 27.5 mm。调节调节杆螺母旋转一圈，调整高差 4 mm；螺母在调节杆移动 1 mm，相应车高变化 2 mm。前悬架高度传感器调节杆可调极限为 8 mm，后悬架高度传感器调节杆可调极限为 11 mm。

在进行汽车高度调整时，将汽车停放在水平地面上，高度控制开关处于 NORM 位置。悬架高度的人工调节步骤如下。

1. 检查汽车高度

测量汽车车身高度，看是否在标准范围以内，否则要进行调整。

2. 调整汽车高度

① 拧松车身高度传感器调节杆上的两只锁紧螺母。

② 转动车身高度传感器调节杆的螺栓以调节长度（车身高度传感器调节杆每转一圈，汽车高度改变大约 4 mm）。

③ 检查车身高度传感器调节杆的尺寸是否小于极限值（极限值：前悬架为 13 mm，后悬架为 11 mm）。

④ 暂时拧紧两只锁紧螺母，再检查一次汽车高度。

⑤ 拧紧锁紧螺母（在拧紧锁紧螺母时应确保球节与托架平行），拧紧力矩为 4.4 N·m。

3. 检查车轮定位

汽车高度调整完成后，需检查车轮定位情况。

（三）丰田悬架控制系统的自诊断

丰田 LEXUS LS400 轿车悬架 ECU 具备以下诊断功能：对悬架控制系统的故障发出警示的故障警告功能、对输入到悬架 ECU 的信号进行检查的输入信号检查功能、以故障码的形式显示故障内容的故障码显示功能。

1. 指示灯的检查

当点火开关开启时，乘坐舒适控制指示灯 SPORT 和高度指示灯（HEIGHT HI）点亮 2s 后熄灭；如果开关设定到 SPORT 或 HIGH 状态，SPORT 或高度指示灯点亮。当高度指示灯以 1s 的间隔闪烁时，表示 ECU 内存储有故障码。

2. 故障码的检查

读取故障码有两种方法，一是使用专用的检测仪读取故障码，二是利用车上的自诊断系统人工读取故障码。

人工读取故障码的步骤如下。

① 将点火开关置于 ON 的位置。

② 用跨接线跨接诊断插头上的 TC 和 E1 两端子，如图 3-38 所示。

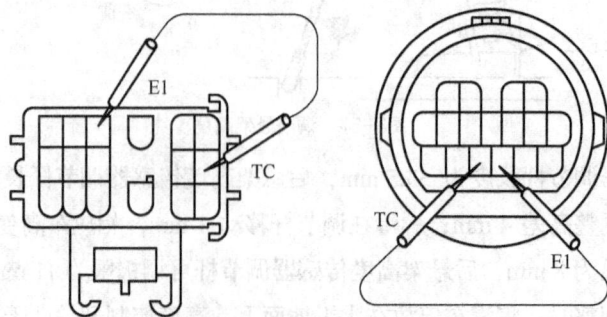

图3-38　故障码的检查方法

③ 观察仪表板上高度控制正常（NORM）指示灯或高度指示灯（HEIGHT HI）的闪烁来读取故障码。

④ 数该灯闪烁和间歇次数，第一次闪烁代表第一位故障码的数字，在停歇一次后，数第二次闪烁的次数，它代表故障码的第二位数字。如果故障码不止一个，将会有一个较长的间歇，然后显示下一个故障码的第一位和第二位数字。如果 ECU 内存储的故障码多于一个，则由小数字向大数字逐个显示。

⑤ 记录故障码。

⑥ 根据厂家维修手册的资料了解故障码的含义和排除故障的步骤。

⑦ 维修完成后，消除故障码。

方法一：将在第一接线盒中的 ECU-B 熔断器拔下至少 10 s。

方法二：在点火开关断开时，跨接高度控制插头上的 E 和 CLE 两端头 10 s 以上，然后接通点火开关，取下跨接线。

⑧ 汽车路试后，再次检查指示灯。如果灯不闪，则故障排除；如果路试灯还亮，则再次检查故障码。

丰田 LEXUS LS400（1994 型）轿车悬架系统故障码的含义见表 3-2。

表 3-2　　　　丰田 LEXUS LS400（1994 型）轿车悬架系统故障码含义

故 障 码	故 障	故 障 部 位
11	右前悬架高度传感器电路开路	① 线束或悬架高度传感器接插件
12	左前悬架高度传感器电路开路	② 悬架高度传感器
13	右后悬架高度传感器电路开路	③ ECU
14	左后悬架高度传感器电路开路	
21	前悬架控制执行器电路断路或短路	① 线路或接插件
22	后悬架控制执行器电路断路或短路	② 执行器 ③ ECU
31	1 号高度控制阀电路断路或短路	① 线束或高度控制阀插接器
33	2 号高度控制阀电路断路或短路（RH）	② 高度控制阀
34	2 号高度控制阀电路断路或短路（LH）	③ ECU
35	排气阀电路断路或短路	① 线束和排气阀插接器 ② 排气阀 ③ ECU
41	1 号高度控制继电器电路断路或短路	① 线束和 1 号高度控制继电器插头 ② 1 号高度控制继电器 ③ ECU
42	压缩机电动机自锁或电路断路	① 线束 ② 压缩机电动机 ③ ECU

续表

故　障　码	故　　　障	故　障　部　位
51	1 号高度继电器电源电路	① 压缩机 ② 气动减震器 ③ 高度控制阀 ④ 车高调节传感器 ⑤ 压缩空气干燥器 ⑥ 所有管路 ⑦ ECU
52	排气阀电源电路	① 排气阀 ② 气动减震器 ③ 高度控制阀 ④ ECU
71	高度控制开关在关闭状态 或开关电路短路	① 线束和高度控制开关插头 ② 高度控制开关 ③ ECU

3. 输入信号检查

此项功能用于检测来自转角传感器和停车灯开关的信号是否正常地输入 ECU。ECU 输入信号的检查方法见表 3-3，其操作过程如下。

① 将点火开关置于 ON 位置。

② 将表 3-3 中的每个检查项目调到"操作 1"栏所示状态。

③ 短接发动机室舱内的诊断插接器端子 TS 和 E1。

④ 再将每个单独检查项目调到"操作 2"栏所示状态，观察仪表板上的车辆高度指示灯"HI"直接以代码的形式闪烁出来。

表 3-3　　　　　　　　输入信号故障码和检查方法

检 查 项 目	故　障　码	操作1	操作2
节气门位置传感器	85	加速踏板不踩到底	加速踏板踩到底
转角传感器	82	前轮向正前方	前轮转向 36° 以上
停车灯开关	83	制动踏板不踩到底（开关关闭）	制动踏板踩到底（开关开启）
门控灯开关	84	所有车门关闭（开关关闭）	打开某一扇车门（开关开启）
悬架高度控制开关	92	NORM 位置	HIGH 位置
LRC 开关	93	NORM 位置	SPORT 位置
1号车速传感器	91	车速低于 20 km/h	车速达到或高于 20 km/h

（四）电控悬架压缩空气系统检修

1. 压缩空气系统零部件检修

（1）空气压缩机电动机的检测

空气压缩机电动机的检测方法如图 3-39 所示，测量电枢绕组的电阻和直接通电检查工作状态。

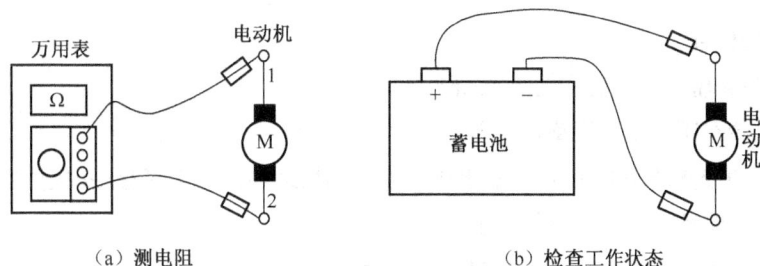

（a）测电阻　　　　　　　（b）检查工作状态

图3-39　空气压缩机电动机的检测

（2）空气压缩机电动机的试验

将空气压缩机与气动减震器直接连接，如果从压缩机起动到完成高度调整需 20～40s，气动减震器高度的变化量为 10～30 mm，则说明电动机工作正常。

（3）气动减震器的检验

检查减震器或支柱壳体的泄漏。该检查如同检查传统的减震器和支柱一样，出现轻微的油膜，即所谓的"渗漏"是正常的。如果发现滴油，表明减震器内的密封圈不能保持压力油，则需更换气动减震器总成。

（4）气动减震器执行器工作情况的检查

如果气动减震器执行器不能正常工作，则需要更换。拆卸时需关闭电子控制悬架并释放系统压力，防止脏物进入气压系统。重新装复后应检查气压系统是否有泄漏。

（5）高度控制阀和压缩空气排气阀的性能检验

通电检测高度控制阀和压缩空气排气阀的性能，若不正常则更换。

2. 压缩空气系统性能检测

（1）车辆高度调节功能的检查

操作高度控制开关检查汽车高度变化情况的步骤如下。

① 检查轮胎充气是否正常。

② 检查汽车高度。

③ 起动发动机，将高度控制开关从 NORM 位置切换到 HIGH 位置。检查完成高度调整所需的时间和汽车高度的变化量。

从操作高度控制开关到 ECU 将压缩机起动约需 2s，从压缩机起动到完成高度调整需 20～40s，汽车高度的变化量为 10～30mm。

④ 在汽车处于 HIGH 位置调整的状态下，起动发动机并将高度控制开关从 HIGH 位置切换到

NORM 位置，各种数值与前述相同。

（2）排气阀的检查

点火开关开启，短接后行李箱内悬架系统高度控制接插头中端子 1 和 7，开启压缩机，等待一段时间后，应出现排气；或者在点火开关关闭状态下，从熔断器盒 J/B NO.1 中拔出 ECU-B 熔断器 10 s 以上。也可用短接线，短接悬架系统高度控制接插头中的端子 9 和 8，持续 10 s 以上；然后将点火开关开启，断开短接线。

（3）各管路的检查

检查各管路有无压缩空气泄漏的步骤如下。

① 将肥皂水涂在所有空气管路接头上。

② 在压缩机插接器端子之间加 12 V 电压，使压缩机运转，在空气管路中建立空气压力。

③ 检查空气管路接头处是否有气泡出现。

④ 如果有气泡出现，则表明有漏气现象，此时，应进行必要的修理。

（4）工作过程试验

运转悬架系统，按规范试验其工作过程。

（五）悬架控制系统电路检修

1. 车身高度传感器电路检查

当车身高度传感器电路出现故障时，ECU 存储器中存入故障码 11、12、13 或 14。在车身高度传感器向 ECU 输入正常信号之前，汽车高度控制、减震器阻尼力和弹簧刚度控制被禁止。车身高度传感器电路如图 3-40 所示，其电路检查流程如图 3-41 所示。

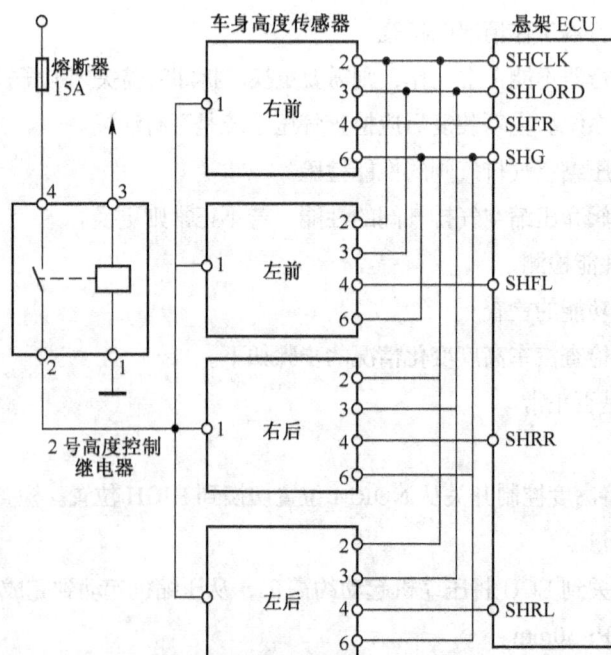

图3-40　车身高度传感器电路图

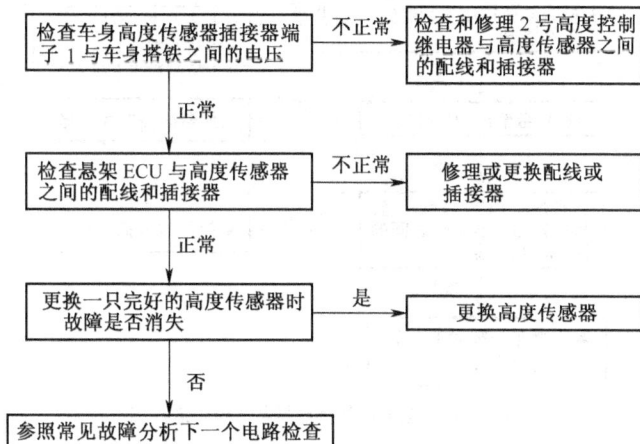

图3-41 车身高度传感器电路检查流程图

2. 悬架控制执行器电路检查

当悬架控制执行器电路出现故障时，ECU 存储器中存入故障码 21 或 22，此时减震器阻尼力和弹簧刚度控制被禁止。悬架控制执行器电路如图 3-42 所示，其电路检查流程如图 3-43 所示。

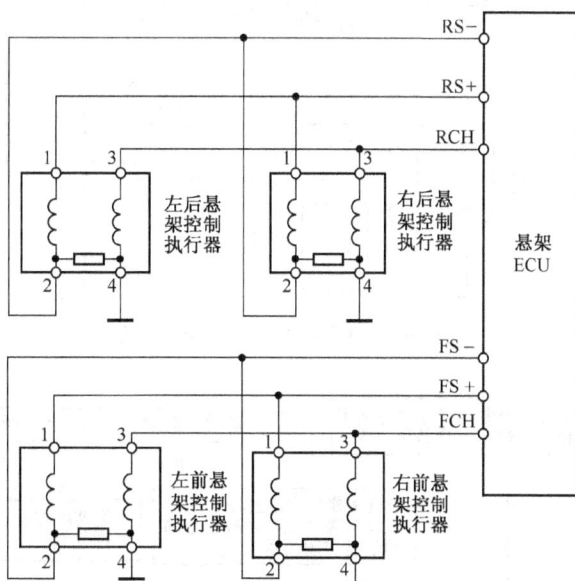

图3-42 悬架控制执行器电路图

3. 高度控制阀、排气阀电路检查

1 号高度控制阀用于前悬架控制，它由两只电磁阀分别控制左、右气压缸。2 号高度控制阀用于后悬架控制，它也由两只电磁阀组成，但这两只电磁阀不是单独工作。为了防止空气管路中产生不正常的压力，2 号高度控制阀中有一个溢流阀。1、2 号高度控制电磁阀如图 3-44 所示，其电路检查流程如图 3-45 所示。

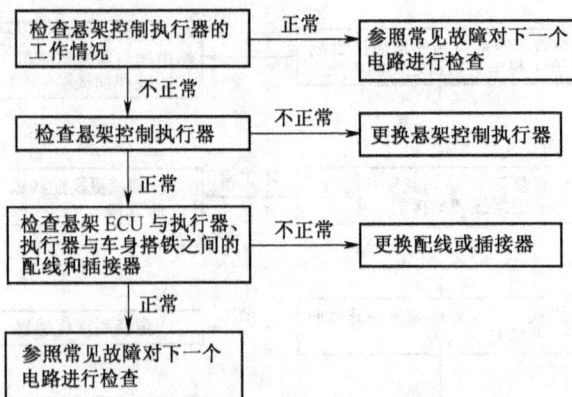

图3-43　悬架控制执行器电路检查流程图

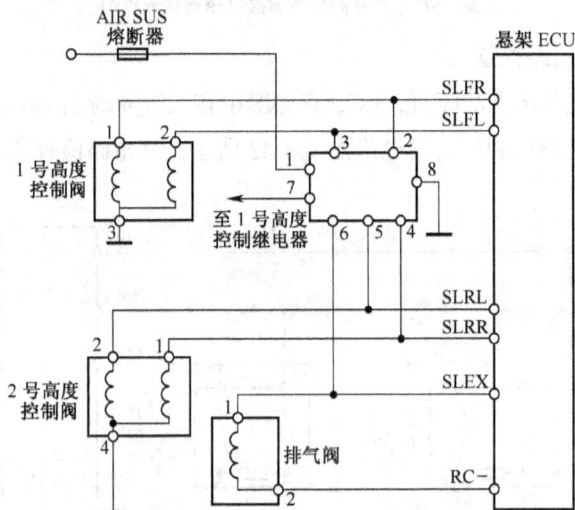

图3-44　高度控制阀、排气阀电路图

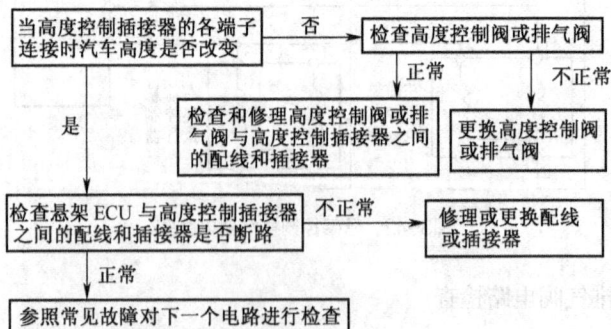

图3-45　高度控制阀、排气阀电路检查流程图

　　将点火开关置于 ON 位置，当高度控制插接器的端子按表 3-4 所示方式连接时，检查汽车高度的变化（为了保护电路，切勿将端子 1 与 8 连接）。

表 3-4　　　　　　　　　高度控制插接器的端子连接

状　态 ＼ 端子	1	2	3	4	5	6	7
右前汽车高度上升	○	○	—	—	—	—	○
左前汽车高度上升	○	—	○	—	—	—	○
右后汽车高度上升	○	—	—	○	—	—	○
左后汽车高度上升	○	—	—	—	○	—	○
右前汽车高度下降	○	○	—	—	—	○	—
左前汽车高度下降	○	—	○	—	—	○	—
右后汽车高度下降	○	—	—	○	—	○	—
左后汽车高度下降	○	—	—	—	○	○	—

注：○表示连接；—表示不连接。

4. 压缩机电动机电路检查

当压缩机电动机电路出现故障时，ECU 存储器中存入故障码 42，此时，汽车高度控制及减震阻尼力和弹簧刚度控制被禁止。压缩机电动机电路如图 3-46 所示，其电路检查流程如图 3-47 所示。

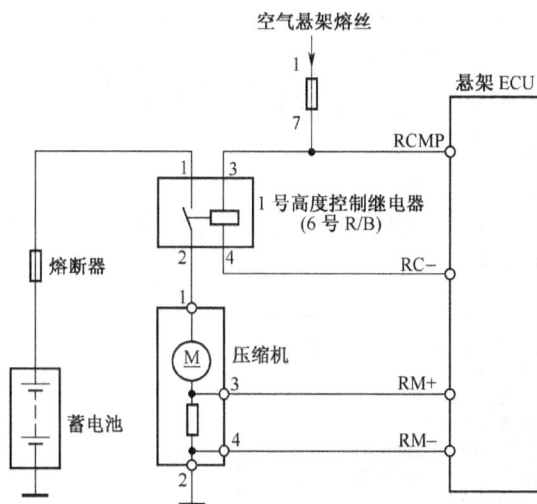

图3-46　压缩机电动机电路图

5. 至 1 号高度控制器的持续电流检查

由于压缩机的溢流压力为 980 kPa，如果欲在陡坡上或在汽车超载时进行汽车高度控制，压缩机电动机就连续运转以使汽车高度上升，使通过 1 号高度控制继电器的电流保持 8.5 min 以上。此时可能会输出故障码 51，并且可能会禁止汽车高度控制及减震阻尼力和弹簧刚度控制。在这种情况下，如果将点火开关转到 OFF 后约 70 min 再将点火开关转到 ON 时，汽车高度控制及减震阻尼力和弹簧刚度控制又能重新恢复。至 1 号高度控制器的持续电流检查流程如图 3-48 所示。

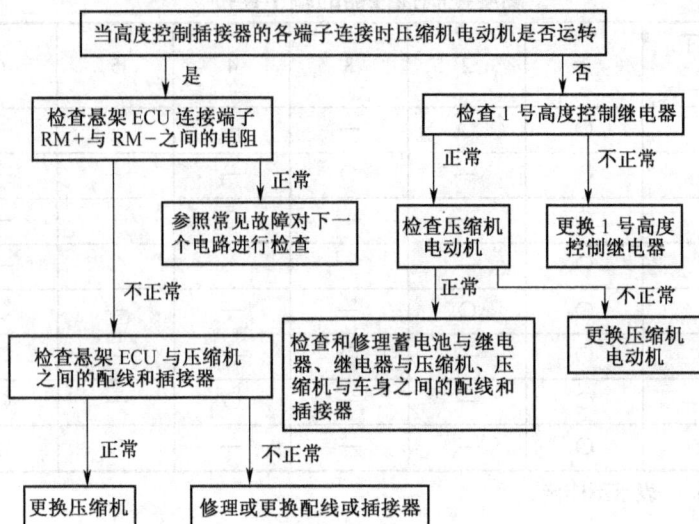

图3-47 压缩机电动机电路检查流程图

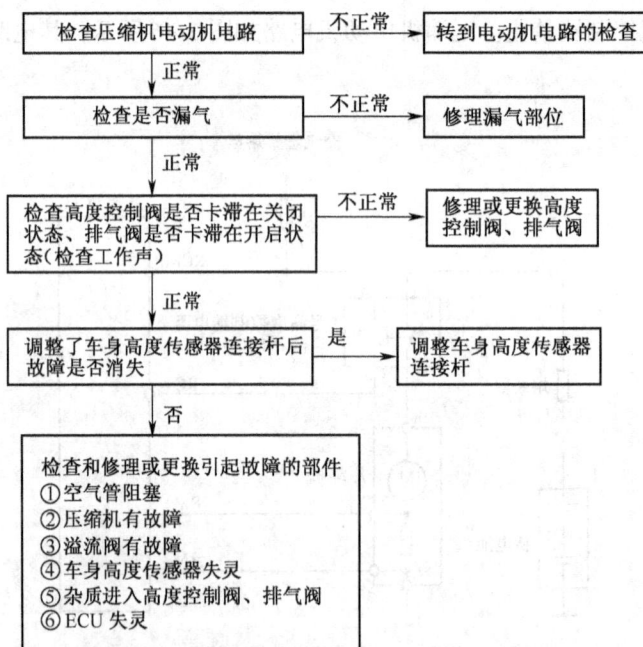

图3-48 至1号高度控制器的持续电流检查流程图

6. 至排气阀的持续电流检查

如果在拆卸车轮时或在顶起汽车时汽车高度控制起作用，可能会输出故障码52。当输出故障码52时，就禁止汽车高度控制及减震阻尼力和弹簧刚度控制。但是，如果将点火开关置于OFF后再置于ON，控制又重新恢复。至排气阀的持续电流检查流程如图3-49所示。

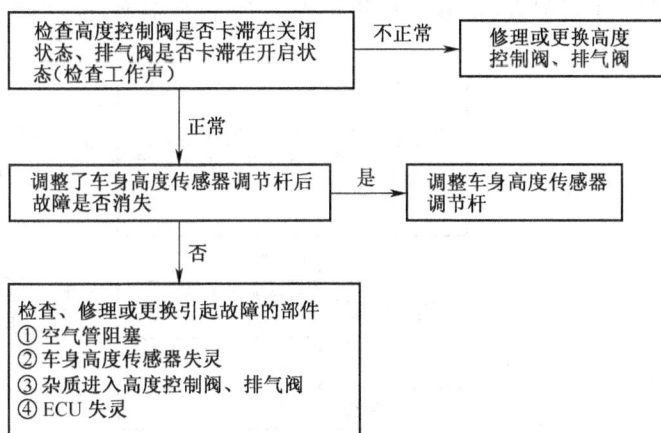

图3-49　至排气阀的持续电流检查流程图

7. 高度控制 ON/OFF 开关电路检查

当高度控制 ON/OFF 开关在 OFF 位置时，该电路接通；当高度控制 ON/OFF 开关在 ON 位置时，该电路断开。当开关在 OFF 位置时，不执行汽车高度控制，则输出故障码 71。高度控制 ON/OFF 开关电路如图 3-50 所示，其电路检查流程如图 3-51 所示。

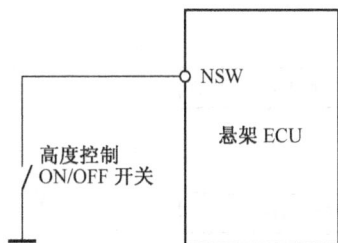

图3-50　高度控制ON/OFF开关电路图　　图3-51　高度控制ON/OFF开关电路检查流程图

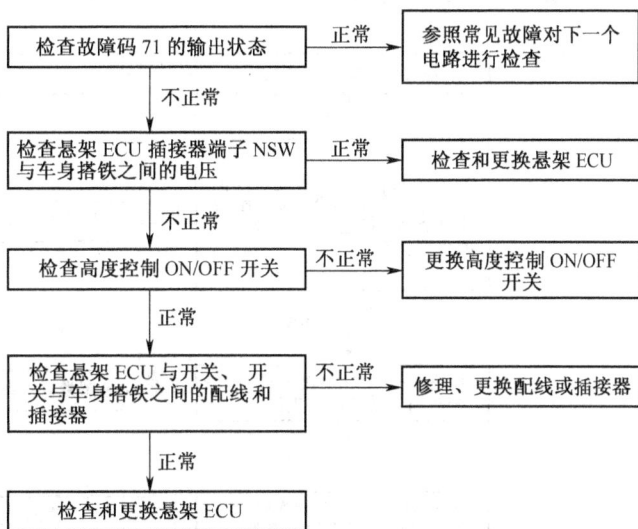

8. LRC 开关电路检查

LRC 开关在拨到 SPORT 侧时接通，拨到 NORM 侧时关断。ECU 检测了 LRC 开关的状态后，操纵悬架控制执行器，从而改变减震器的阻尼力和空气弹簧的刚度。LRC 开关电路如图 3-52 所示，其电路检查流程如图 3-53 所示。

9. 停车灯开关电路检查

当踩下制动踏板时，停车灯开关接通，蓄电池电压加到 ECU 的 STP 端子上。ECU 利用这个信号作为防栽头控制用的一个起始状态。停车灯开关电路检查流程如图 3-54 所示。

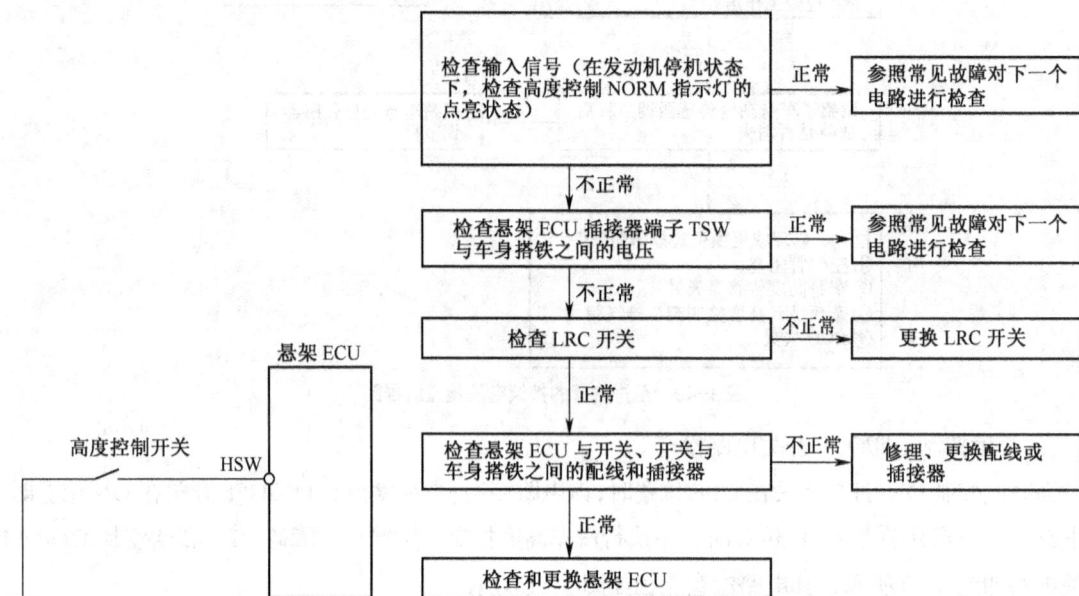

检查输入信号（在发动机停机状态下，检查高度控制 NORM 指示灯的点亮状态）　——正常——→　参照常见故障对下一个电路进行检查

↓ 不正常

检查悬架 ECU 插接器端子 TSW 与车身搭铁之间的电压　——正常——→　参照常见故障对下一个电路进行检查

↓ 不正常

检查 LRC 开关　——不正常——→　更换 LRC 开关

↓ 正常

检查悬架 ECU 与开关、开关与车身搭铁之间的配线和插接器　——不正常——→　修理、更换配线或插接器

↓ 正常

检查和更换悬架 ECU

悬架 ECU

高度控制开关　HSW

图3-52　LRC开关电路图　　　　　图3-53　LRC开关电路检查流程图

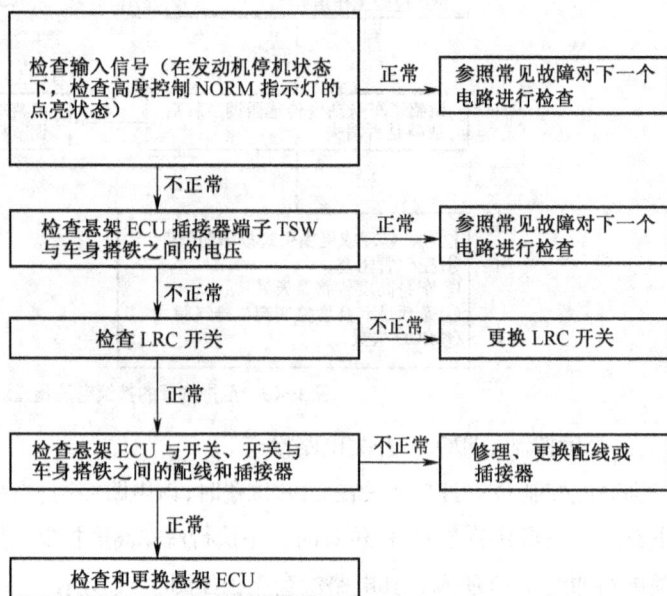

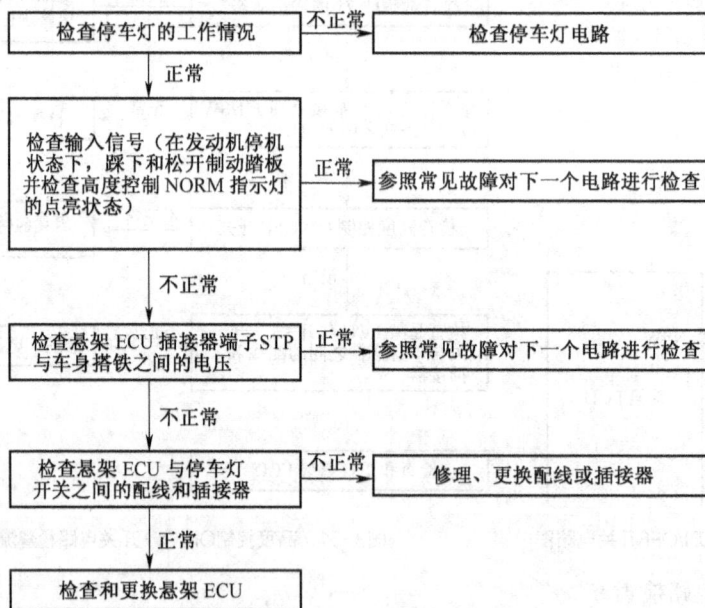

检查停车灯的工作情况　——不正常——→　检查停车灯电路

↓ 正常

检查输入信号（在发动机停机状态下，踩下和松开制动踏板并检查高度控制 NORM 指示灯的点亮状态）　——正常——→　参照常见故障对下一个电路进行检查

↓ 不正常

检查悬架 ECU 插接器端子 STP 与车身搭铁之间的电压　——正常——→　参照常见故障对下一个电路进行检查

↓ 不正常

检查悬架 ECU 与停车灯开关之间的配线和插接器　——不正常——→　修理、更换配线或插接器

↓ 正常

检查和更换悬架 ECU

图3-54　停车灯开关电路检查流程图

10. 转角传感器电路检查

转角传感器检测转向盘的转动方向和角度并输入悬架 ECU，当 ECU 判定转向盘的转角和车速大于设定值时，就促使减震阻尼力和弹簧刚度增加。其电路检查流程如图 3-55 所示。

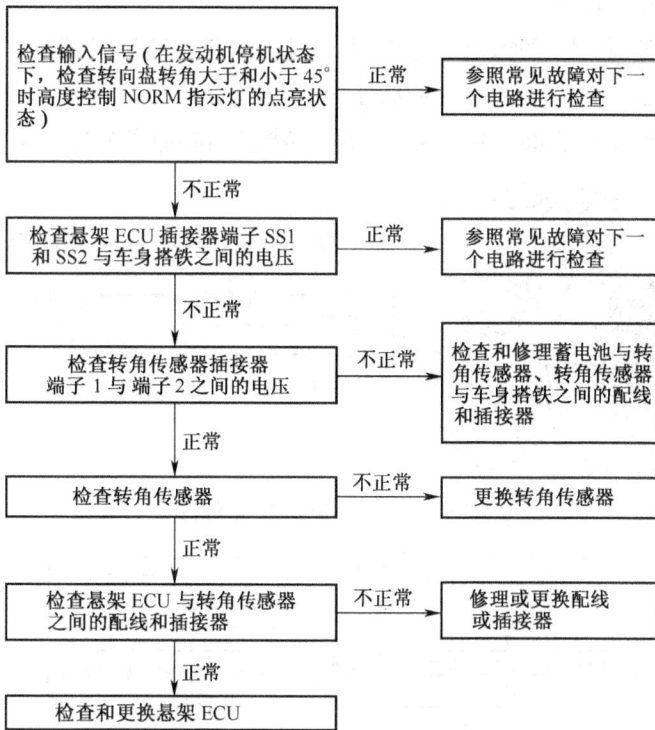

图3-55　转角传感器电路检查流程图

11. 节气门开度信号电路检查

悬架 ECU 通过与发动机和 ECT ECU 之间的通信联系检测节气门的开启角度和开启速度。悬架 ECU 利用这一信号作为防下坐控制的一个工作状态。节气门开度信号电路如图 3-56 所示，其电路检查流程如图 3-57 所示。

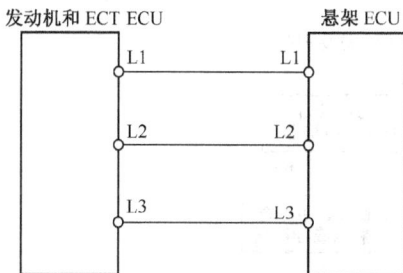

图3-56　节气门开度信号电路图

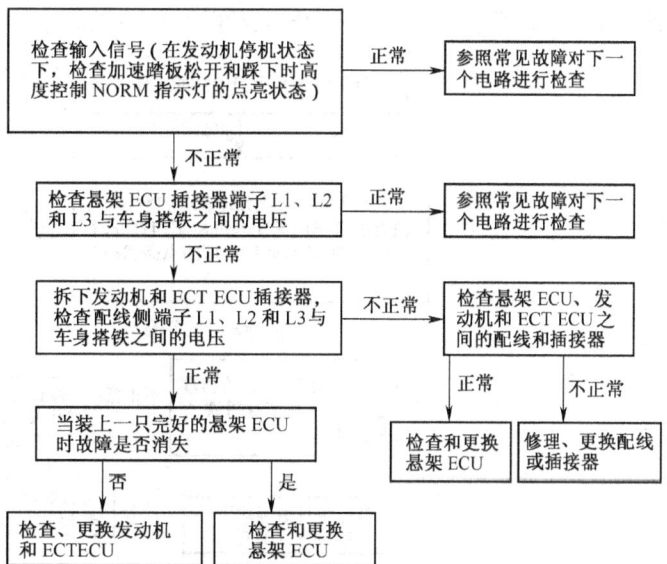

图3-57　节气门开度信号电路检查流程图

12. 车速传感器电路检查

车速传感器由变速器的齿轮通过转子轴驱动，轴每转一圈，车速传感器向仪表发送 20 个脉冲信号。该信号在仪表内经转换后，以 4 个脉冲信号送至悬架 ECU。ECU 用该脉冲频率计算出汽车的车速。车速传感器的安装及信号如图 3-58 所示，其电路检查流程如图 3-59 所示。

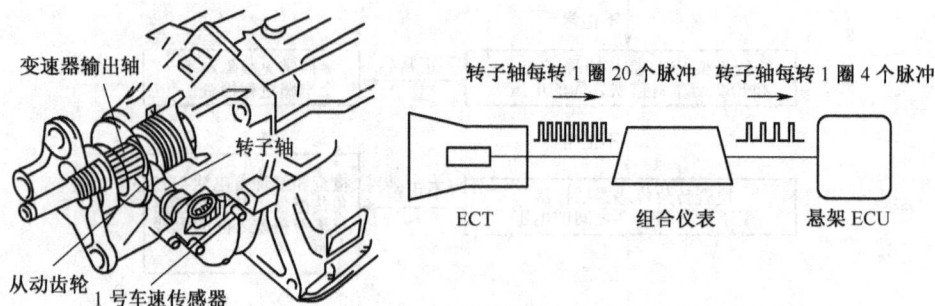

图3-58　车速传感器的安装及信号

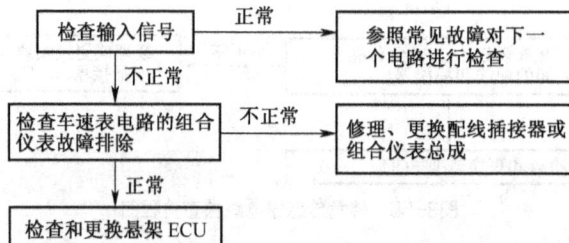

图3-59　车速传感器电路检查流程图

13. 门控灯开关电路检查

当车门打开时门控灯开关接通，车门关闭时门控灯开关关断。因此，当所有车门全部关闭时，蓄电池电压就加到 ECU 的 DOOR 端子上，而只要有一扇车门打开时，该端子上的电压即为 0V。当 ECU 检测到车门打开信号时，它便中止点火开关 OFF 控制。门控灯开关电路检查流程如图 3-60 所示。

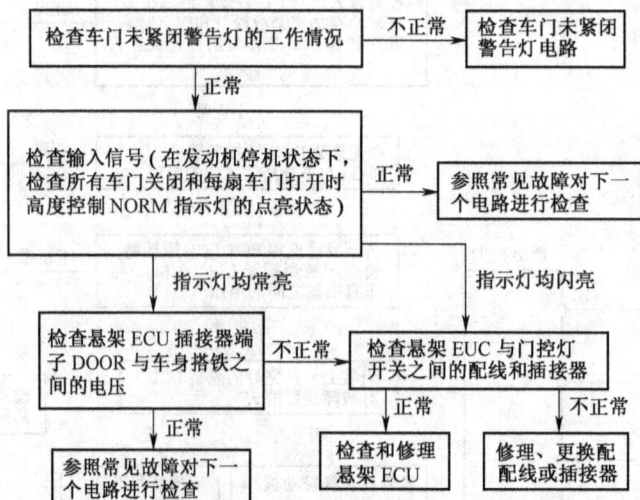

图3-60　门控灯开关电路检查流程图

14. IC 调节器电路（发动机电路）检查

当发动机停机时，发电机不发电，此时，ECU 端子 REG 上的电压很低。当发动机运转时，ECU 端子 REG 上的电压就变高。因此，ECU 据此检测发电机的发电状态，只有在发电机处于发电状态时才能控制汽车高度（除了点火开关 OFF 控制外）。IC 调节器电路（发动机电路）如图 3-61 所示，其电路检查流程如图 3-62 所示。

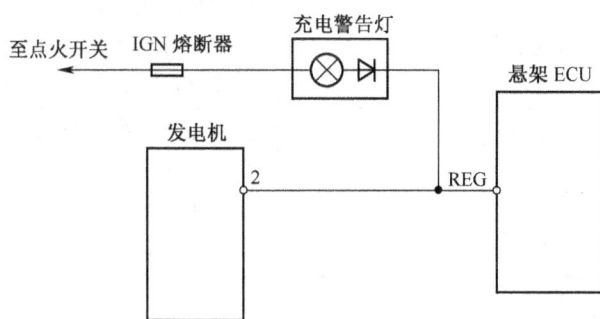

图3-61 IC调节器电路图

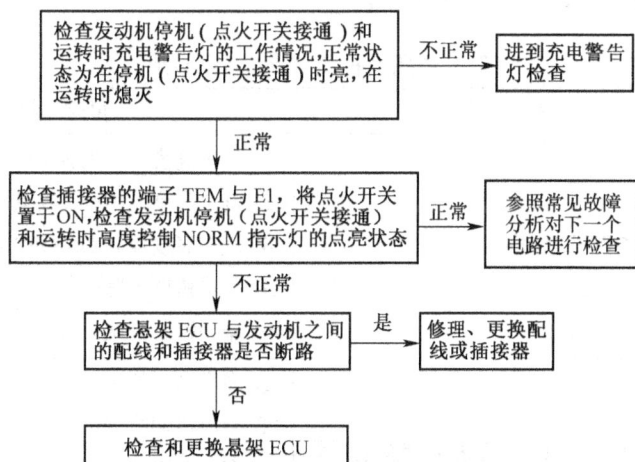

图3-62 IC调节器电路检查流程图

（六）悬架控制系统常见故障分析

1. 悬架刚度和阻尼系数控制失灵

如果在故障码检查时，显示一个正常故障码并且故障仍然出现（重复出现），应进行每个故障征兆的故障排除。悬架刚度和阻尼系数控制失灵故障分析见表 3-5。

表 3-5   悬架刚度和阻尼系数控制失灵故障分析

序 号	故 障 现 象	可能的故障部位
1	操作 LRC 开关时，LRC 指示灯的状态不变	① LRC 开关电路 ② 悬架控制系统 ECU
2	悬架的刚度和阻尼控制不起作用	① 悬架控制执行器及其电路 ② TC 端子电路 ③ TS 端子电路

续表

序　号	故　障　现　象	可能的故障部位
2	悬架的刚度和阻尼控制不起作用	④ LRC 开关电路 ⑤ 悬架控制执行器电源电路 ⑥ 悬架控制系统 ECU
3	只有防俯仰控制不起作用	① 气压缸或减震器 ② 悬架控制系统 ECU ③ 节气门位置传感器及其电路
4	只有防侧倾控制不起作用	① 悬架控制系统 ECU ② 转角传感器及其电路
5	只有在高速时不起作用	① 悬架控制系统 ECU ② 车速传感器及其电路

2. 汽车车身高度控制失灵

汽车车身高度控制失灵故障分析见表 3-6。

表 3-6　　　　　　　　　汽车车身高度控制失灵故障分析

序　号	故　障　现　象	可能的故障部位
1	汽车高度控制不起作用	① 汽车高度控制电源电路 ② 汽车高度控制开关及其电路 ③ 汽车高度控制 ON/OFF 开关及其电路 ④ 发电机调节器电路 ⑤ 悬架控制系统 ECU
2	对车身高度控制指示灯不随高度控制开关的动作变化	① 车身高度传感器 ② 发电机调节器电路 ③ 车身高度控制开关及其电路 ④ 汽车高度控制电源电路 ⑤ 悬架控制系统 ECU
3	汽车车身高度出现不规则变化	① 车身高度传感器 ② 有空气泄漏 ③ 悬架控制系统 ECU
4	只有高速时不起作用	① 车身高度传感器 ② 悬架控制系统 ECU
5	汽车高度控制能起作用，但汽车高度变化不均匀	① 车速传感器及其电路 ② 车身高度传感器调节杆 ③ 高度控制阀、排气阀及其电路 ④ 悬架控制系统 ECU

续表

序　号	故 障 现 象	可能的故障部位
6	汽车高度控制 ON/OFF 开关在"OFF"位置时，汽车高度控制仍起作用	① 高度控制 ON/OFF 开关及其电路 ② 悬架控制系统 ECU
7	点火开关关断控制不起作用	① 门控灯开关及其电路 ② 汽车高度控制电源电路 ③ 悬架控制系统 ECU
8	车门打开时，点火开关关断控制仍起作用	门控灯开关及其电路
9	汽车停车时车身高度很低	① 有空气泄漏 ② 气压缸或减震器

小结

本项目从认识电控悬架系统的作用谈起，深入认识了典型电控悬架系统的工作原理和维修方法。其中掌握悬架电子控制系统的控制方式对本项目知识的理解非常重要。

在电控悬架系统的检修中，按照维修站实际流程，对客户故障分析、基本的检查和调整、进行电控系统自诊断、对压缩空气（液压）系统和电子控制系统进行部件检修、典型故障的诊断与排除等步骤进行了技能训练，能够达到电控悬架系统故障诊断和维修的能力。

习题与实践操作

1. 说明电控悬架系统的功能。

2. 气动减震器由空气弹簧和变阻尼减震器组成，分别阐述空气弹簧和变阻尼减震器的功能。

3. 丰田电控悬架系统中的传感器信号有哪些？起到什么作用？

4. 丰田电控悬架系统中通过哪些执行器完成对车身高度的调整？通过哪些执行器完成对阻尼力的调整？通过哪些执行器完成对刚度的调整？

5. 丰田电控悬架系统中减震阻尼力和弹簧刚度的控制方式有哪些？

6. 丰田电控悬架系统中车身高度控制方式有哪些？

7. 简述丰田电控悬架系统中半主动控制的内容。

8. 操作任务：电控悬架系统的故障诊断与维修。

教师为学生提供一辆装有电控悬架系统的汽车（已经设置相关故障）和相关维修手册，学生应完成下表。

车　　型	
电控悬架系统类型	
描述故障现象：	
进行电控系统故障诊断，记录主要步骤和数据：	
根据故障原因进行维修，记录主要步骤和数据：	
维修完毕，再次进行诊断并试车：	

Chapter

4

项目四

电控动力转向/四轮转向系统维修与故障诊断

一、项目要求

汽车转向系统可按转向的能源不同分为机械转向系统和动力转向系统两类。机械转向系统是依靠驾驶员操纵转向盘的转向力来实现车轮转向；动力转向系统则是在驾驶员的控制下，借助于汽车发动机产生的液体压力或电动机驱动力来实现车轮转向。

传统的动力转向系统具有使转向操纵灵活、轻便等优点，但也有当汽车以高速行驶时，使转动转向盘的力显得太小，不利于对高速行驶的汽车进行方向控制。

电子控制技术在汽车动力转向系统中的应用，提高了汽车的驾驶性能；为了使汽车具有更好的操纵稳定性，一些汽车采用四轮转向系统，提高转向时的操纵稳定性。

【知识要求】

要能够进行电控自动变速器维修与故障诊断，首先应该掌握电控自动变速器的组成和工作过程，应该掌握的知识有如下几点。

① 认识电控动力转向系统的作用和优点。

② 液压电控动力转向系统的组成和工作过程。

③ 电动式电控动力转向系统的组成和工作过程。

④ 认识电控四轮转向系统的作用和优点。

⑤ 认识转向角比例控制式 4WS 系统的组成和工作过程。

⑥ 认识横摆角速度比例控制式 4WS 系统的组成和工作过程。

重点掌握内容

液压电控动力转向系统、电动式电控动力转向系统和电控四轮转向系统的工作过程。

安全提示

当对任何车辆的电控动力转向/四轮转向系统进行诊断和维修时，技术人员必须遵守所有规定的安全操作程序，避免任何系统带来的有意或无意的伤害，如压缩气体或液压油液出现泄漏时，会造成人体损伤，或电路系统短接带来的系统损坏。

【能力要求】

汽车维修技术人员要快速、准确地判断自动变速器中某个部件出现故障，必须彻底了解变速器的结构和运作及各种故障的症状，并对用户的投诉进行分析。在进行维修和故障诊断时需要掌握的能力有如下几点。

① 对客户提供的故障进行分析。

② 电控动力转向/四轮转向系统自诊断。

③ 电控动力转向/四轮转向系统的基本检查与调整。

④ 电控动力转向/四轮转向系统典型故障的诊断与排除。

常见故障诊断

转向困难、高速时转向过轻、转向较大时转向盘反转、异响、管路漏油等。

二、相关知识

（一）认识电控动力转向系统

1. 动力转向系统概述

（1）动力转向系统

为使汽车操纵轻便及行驶安全，目前轿车、载重汽车、客车普遍采用转向助力器，如图4-1所示。动力转向器由机械转向器和液压助力器组成；发动机动力驱动转向助力油泵，借助液力通过转向加力装置，来增大驾驶员操纵前轮转向的力量，使之操纵轻便、灵敏且安全可靠。转向阀体在转向时改变油路，从而增加转向力，如图4-2所示。

（2）动力转向系统的缺点

传统的动力转向系统所设定的固定放大倍率具有以下缺点：如果所设计的固定放大倍率的动力转向系统是为了减小汽车在停车或低速行驶状态下转动转向盘的力，则当汽车以高速行驶时，这一固定放大倍率的动力转向系统会使转动转向盘的力显得太小，不利于对高速行驶的汽车进行方向控制；反之，如果所设计的固定放大倍率的动力转向系统是为了增加汽车在高速行驶时的转向力，则当汽车停驶或低速行驶时，转动转向盘就会显得非常吃力。

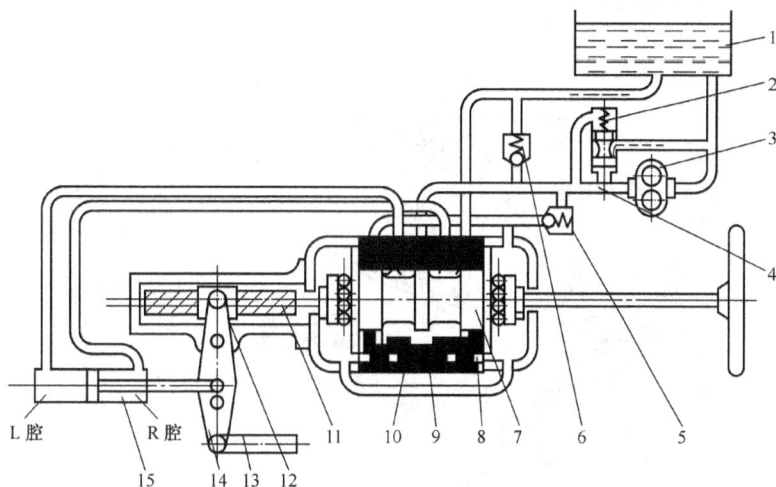

图4-1　液压式动力转向系统结构

1—油箱　2—溢流阀　3—齿轮油泵　4—进油道量孔　5—单向阀　6—安全阀　7—滑阀　8—反作用阀
9—阀体　10—回位弹簧　11—转向螺杆　12—转向螺母　13—纵拉杆　14—转向垂臂　15—动力缸

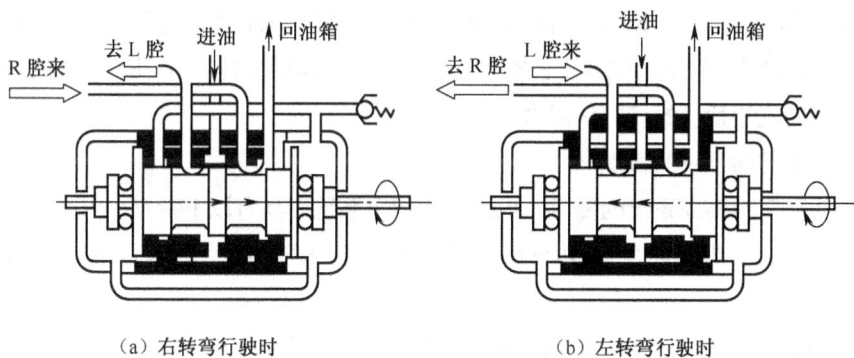

（a）右转弯行驶时　　　　　　　　　（b）左转弯行驶时

图4-2　转向控制阀在转向时改变油路

2. 电控动力转向系统概述

（1）电控动力转向系统

电子控制技术在汽车动力转向系统中的应用，提高了汽车的驾驶性能。电子控制动力转向（Electronic Control Power Steering，EPS）系统在低速行驶时可使转向轻便、灵活；当汽车在中高速区域转向时，又能保证提供最优的动力放大倍率和稳定的转向手感，从而提高了高速行驶的操纵稳定性。

典型的电子控制动力转向系统如图 4-3 所示。

（2）电控动力转向系统的分类

根据动力源的不同，电子控制动力转向系统可分为液压式电子控制动力转向系统（液压式 EPS）和电动式电子控制动力转向系统（电动式 EPS）。

液压式 EPS 是在传统的液压动力转向系统的基础上增设了控制液体流量的电磁阀、车速传感器和 ECU 等，ECU 根据检测到的车速信号，控制电磁阀，使转向动力放大倍率实现连续可调，从而满足高、低速时的转向助力要求。

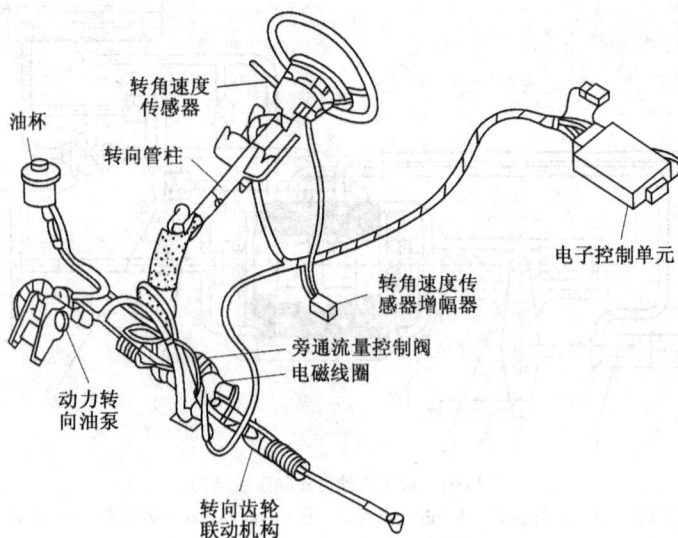

图4-3　电控动力转向系统

电动式 EPS 是利用直流电动机作为动力源，ECU 根据转向参数和车速等信号，控制电动机转矩的大小和方向。电动机的转矩由电磁离合器通过减速机构减速增加转矩后，加在汽车的转向机构上，使之得到一个与工况相适应的转向作用力。

（3）电控动力转向系统的特点

为满足现代汽车对转向系统的要求，电控动力转向系统应具有以下特点。

① 良好的随动性：即转向盘与转向轮之间具有准确的一一对应关系，同时能保证转向轮可维持在任意转向角位置。

② 有高度的转向灵敏度：即转向轮对转向盘应具有灵敏的响应。

③ 良好的稳定性：即具有很好的直线行使稳定性和转向自动回正能力。

④ 助力效果能随车速变化和转向阻力的变化作相应的调整：低速时，有较大的助力效果，以克服路面的转向阻力；高速时，要有适当的路感，以避免因转向过轻而发生事故。

（二）认识液压式电控动力转向系统

电子控制动力转向系统可以在低速时减轻转向力以提高转向系统的操纵性；在高速时则可适当加重转向力，以提高操纵稳定性。液压式电子控制动力转向系统是在传统的液压动力转向系统的基础上增设电子控制装置而构成的。根据控制方式的不同，液压式电子控制动力转向系统又可分为流量控制式、反力控制式和阀灵敏度控制式 3 种形式。

下面以丰田轿车采用的流量控制式动力转向系统为例，来说明流量控制式动力转向系统的工作过程。

1. 组成

如图 4-4 所示，该系统主要由车速传感器、电磁阀、动力转向控制阀、动力转向油泵和 ECU 等组成。

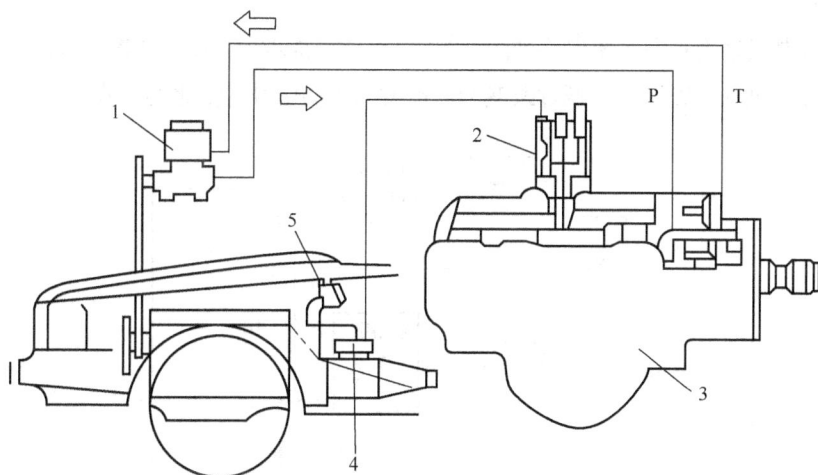

图4-4　流量控制式动力转向系统

1—动力转向油泵　2—电磁阀　3—动力转向控制阀　4—ECU　5—车速传感器　P—压力油管　T—回油管

2. 工作过程

电磁阀安装在通向转向动力缸活塞两侧油室的油道之间，当电磁阀的阀针完全开启时，两油道就被电磁阀接通了一个旁路，使动力缸活塞两侧压力差减小，助力减小；相反则助力增大。系统电磁阀的结构如图 4-5 所示。

流量控制式动力转向系统就是根据车速传感器的信号，控制电磁阀阀针的开启程度，从而控制转向动力缸活塞两侧油室的旁路液压油流量。车速越高，流过电磁阀电磁线圈的平均电流值越大，电磁阀阀针的开启程度越大，旁路液压油流量越大，液压助力作用越小，使转动转向盘的力也随之增加；相反，则车速较低时，助力作用加大，使转向轻便。这就是流量控制式动力转向系统的工作原理。

电磁阀的驱动信号如图 4-6 所示。驱动电磁阀电磁线圈的脉冲电流信号频率基本不变，但随着车速增大，脉冲电流信号的占空比将逐渐增大，使流过电磁线圈的平均电流值随车速的升高而增大。

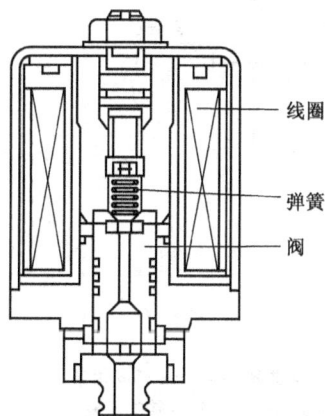

图4-5　电磁阀结构

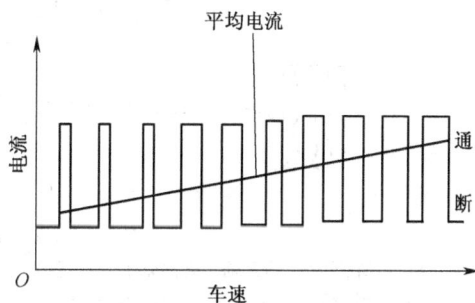

图4-6　电磁阀驱动信号

3. 工作电路

丰田流量控制式动力转向系统电路如图 4-7 所示。动力转向 ECU 是 EPS 的核心控制元件。它根据车速传感器提供的车速信号，通过改变旁通电磁阀驱动信号占空比的方式调节转向力。

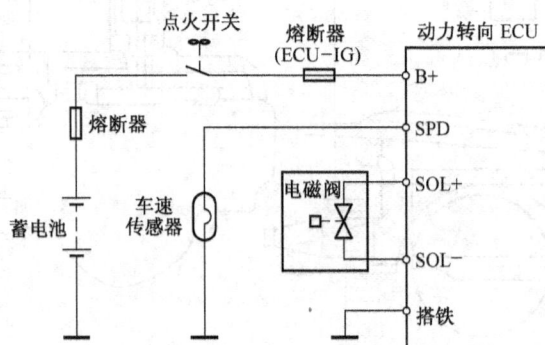

图4-7　丰田流量控制式动力转向系统电路图

（三）认识电动式电控动力转向系统

1. 电动式电控动力转向系统概述

电子控制电动式动力转向系统（简称电动式 EPS 系统）用电动机代替了液压缸，电动机由汽车电源供电。当驾驶员转动转向盘时，电子控制电动式动力转向系统中的传感器检测其运动情况，使电动机产生足够的动力带动转向轮做适当的偏转。电子控制电动式动力转向系统中用电子开关代替了液压式动力转向系统中的液压分配阀。

（1）组成

电子控制电动式动力转向系统的基本组成如图 4-8 所示，主要由车速传感器、转矩传感器、转角传感器、电子控制器 ECU、电动机及减速机构等组成。该系统广泛应用于日本三菱、大发、富士重工、铃木等汽车公司的许多车型上。

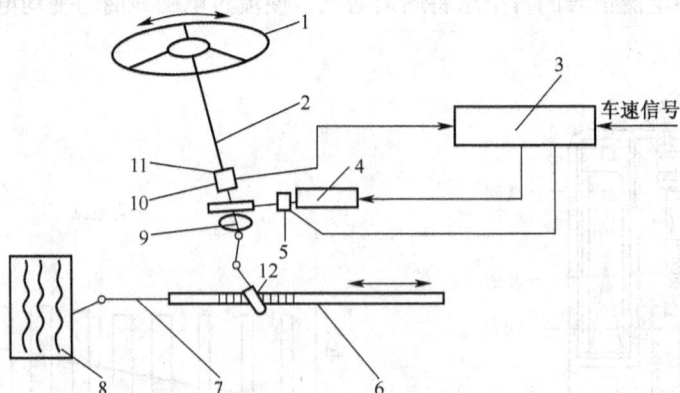

图4-8　电动式EPS的组成

1—转向盘　2—输入轴（转向轴）　3—ECU　4—电动机　5—电磁离合器　6—转向齿条
7—横拉杆　8—转向车轮　9—输出轴　10—扭力杆　11—转矩传感器　12—转向齿轮

（2）工作原理

电子控制电动式动力转向系统的基本原理是根据汽车行驶速度信号、转矩及转向角信号，由ECU控制电动机及减速机构产生助力转矩，使汽车行驶在低、中和高速下都能获得最佳的转向效果。

电动机连同离合器和减速齿轮一起，通过一个橡胶底座安装在左车架上。电动机的输出转矩由减速齿轮增大，并通过万向节、转向器中的助力小齿轮把输出转矩送至齿条，向转向轮提供转矩。

当操纵转向盘时，装在转向盘轴上的转矩传感器不断地测出转向轴上的转矩信号，该信号与车速信号同时输入到ECU。ECU根据这些输入信号，确定助力转矩的大小和方向，即选定电动机的电流和转向，调整转向辅助动力的大小。电动机的转矩由电磁离合器通过减速机构减速增加转矩后，加在汽车的转向机构上，使之得到一个与汽车工况相适应的转向作用力。

（3）优点

电动式EPS有许多液压式动力转向系统所不具备的优点。

① 将电动机、离合器、减速装置、转向杆等各部件装配成一个整体，这既无管道也无控制阀，使其结构紧凑、质量减轻。

② 没有液压式动力转向系统所必需的常运转转向油泵，电动机只是在需要转向时才接通电源，所以动力消耗和燃油消耗均可降到最低。

③ 省去了油压系统，所以不需要给转向油泵补充油，也不必担心漏油。

④ 可以比较容易地按照汽车性能的需要设置、修改转向助力特性。

电动式EPS系统还设有安全保护装置，由一个在主电源电路中能切断电动机电源的继电器和一个安装在电动机与减速齿轮之间，并能把它们断开的电磁离合器组成。只要系统发生故障，安全保护装置就会开始工作，确保安全。

2. 三菱轿车电动式电控动力转向系统的检修

三菱米尼卡轿车所用电子控制电动式动力转向系统的组成如图4-9所示。它主要由ECU、直流电动机和离合器、车速传感器、转矩传感器和转向机总成等组成。

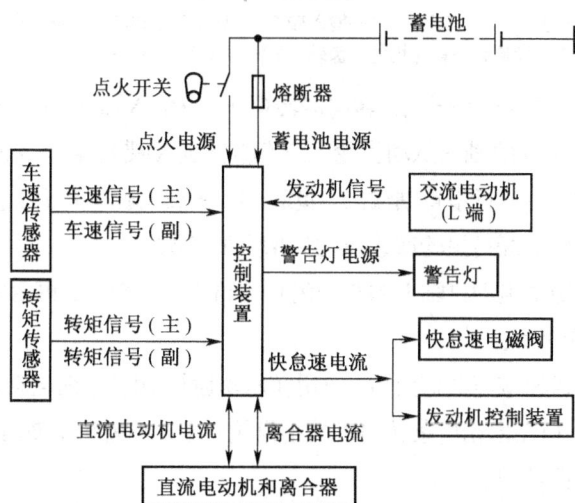

图4-9 三菱米尼卡轿车电动式电控动力转向系统的组成

该系统工作时，ECU 根据车速等传感器信号，控制转向盘上的操纵力，驱动转向齿轮箱内的电动机，实现助力控制。当车速高于设定速度时，就变成了普通的转向系统。

当系统出现故障时，自我修正功能发挥作用，断开电动机的输出电流，也恢复到普通的转向系统，同时速度表内的警告灯点亮，以通知驾驶人员动力转向发生故障。

（1）组成

三菱米尼卡的电子控制电动式动力转向系统各组成部件及其功用如下。

① 电动机和离合器。系统的 ECU 根据车速的快慢来控制电动机的电流，车辆在停驶和极低速状态下电动机电流最大，助力作用大。电动机产生的助力经离合器传动齿轮减速后，起到助力作用。电动机是以行星齿轮机构来传递动力的，电动机的行星齿轮机构如图 4-10 所示。行星齿轮机构可以分为输入轴和小齿轮两部分，它们通过一个恒星齿轮啮合。

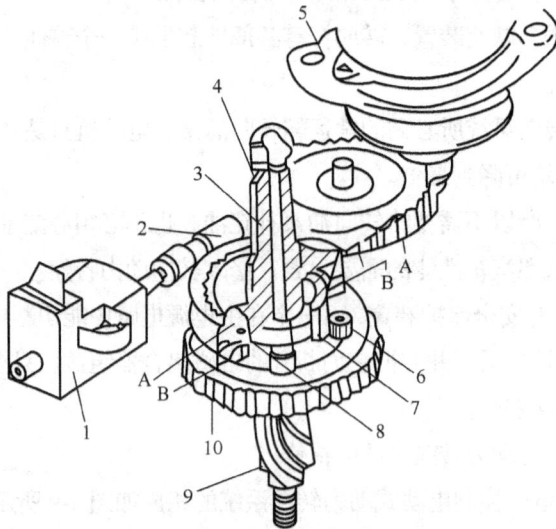

图4-10　电动机的行星齿轮机构

1—转矩传感器　2—卷轴　3—转矩杆　4—输入轴　5—直流电动机和离合器　6、8—行星小齿轮
7—恒星齿轮　9—齿轮齿条转向机的小齿轮　10—从动齿轮　A—主动齿轮　B—内齿圈

行星齿轮减速机构的动力传动路线是：转向器转矩杆 3→输入轴 4→行星轮转速器的内齿圈 B→行星小齿轮 6→行星小齿轮 6 的轴→从动齿轮 10（恒星轮运动受约束）。驾驶员在转动盘上的转矩由行星轮减速器内齿圈输入，从行星轮轴输出。此种传动的传动比 i 大于 1，即减速增矩转动，i 为驾驶员作用在转向盘上的转矩经行星轮减速机构后增大的倍数。

电动机电动助力的转矩由电动机轴上的驱动齿轮传给主动齿轮 A，再由主动齿轮 A 传给从动齿轮 10，使从动齿轮 10 转矩增大。

驾驶员的转矩经行星齿轮减速器扩大后，作用在从动齿轮 10 上，而电动机助力转矩也作用在从动齿轮 10 上，最后共同作用在齿轮齿条转向机的小齿轮 9 上。小齿轮 9 使齿条往复运动，使左右转向轮克服地面转向阻力矩而转向。

② 转矩传感器。转矩传感器的功能是将转动转向盘时转矩的转角变为转向信号，输送给 ECU。

一般转矩杆的扭转角度设定为 4° 左右，这是由于采用行星齿轮机构，使转矩传感器的检测精度提高。

③ 车速传感器。车速传感器的结构如图 4-11 所示。车速传感器安装在变速器上，它是一种电磁感应式传感器。该传感器的作用是根据车速的变化，把主、副系统的脉冲信号输送给 ECU，车速传感器每转动一周产生 8 个脉冲信号，由于是主、副两个系统，故信号的可靠性提高。

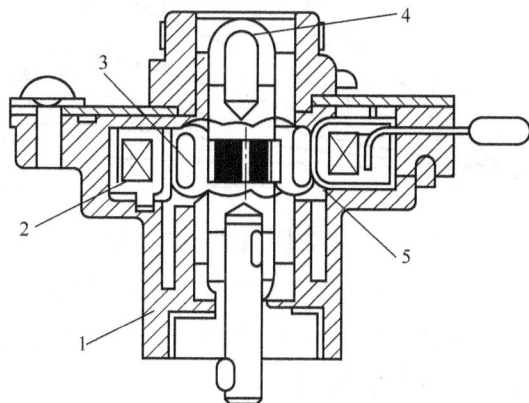

图4-11　车速传感器的结构
1—壳体　2—定子线圈　3—磁极　4—下侧定子　5—定子

④ 汽车交流发电机的 L 端子。利用交流发电机的 L 端子电压，可以判断出发电机是否运转，所以这里把交流发电机的 L 端子看成是向 ECU 输送信号的一个传感器。

直流电动机的最大电流约为 30 A，在发动机不起动时，转向系统的工作由蓄电池供电；发动机工作时，由发电机供电。

⑤ 电子控制系统。电子控制系统由一个 8 位单片机 MC6805 及外围电路组成。电子控制电动式动力转向的工作过程如图 4-12 所示。

图4-12　电子控制电动式动力转向的工作过程

（2）工作原理

① 点火开关接通时，电源电压加到电子控制式电动转向系统的控制部件上，电动式动力转向系统开始工作。

② 起动发动机时，交流发电机 L 端子的电压加到 ECU 上，在检测到发动机处于发动状态时，电动式动力转向系统转为工作状态。

③ ECU 输出电磁离合器信号后，通过电动机输出轴和行星齿轮减速机构，使行星齿轮轴处于可以助力的状态，并根据转矩信号向电动机输出电流。

行车时，按不同车速下的转矩，控制电动机电流，并完成电子控制转向与普通转向的转换。6

种车速下电动机的电流状态如图 4-13 所示。

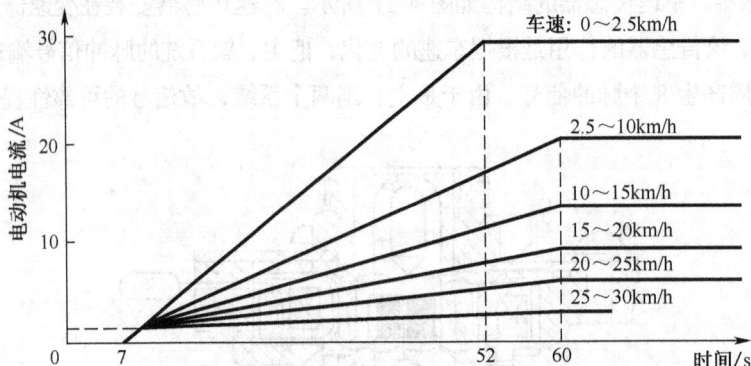

图4-13　6种车速下电动机的电流状态

当车速高于 30 km/h 时，ECU 没有离合器电流及电动机电流输出，离合器被分离，电子控制电动式动力转向变为普通转向。当车速低于 27 km/h 时，ECU 又输出离合器电流和电动机电流，由普通转向变为电子控制电动式动力转向的工作方式。

（四）认识电控四轮转向系统

1. 电控四轮转向系统概述

为了使汽车具有更好的操纵稳定性，一些汽车在后轮上也安装了转向系统。汽车采用四轮转向（4WS）系统的目的是：在汽车低速行驶时，依靠逆向转向（前、后车轮的转角方向相反）获得较小的转向半径，改善汽车的操纵性；在汽车以中、高速行驶时，依靠同向转向（前、后车轮的转角方向相同）减小汽车的横摆运动，使汽车可以利用高速变换行进路线，提高转向时的操纵稳定性。

4WS 系统低速时的转向特性如图 4-14 所示。

4WS 系统中、高速时的转向特性如图 4-15 所示。

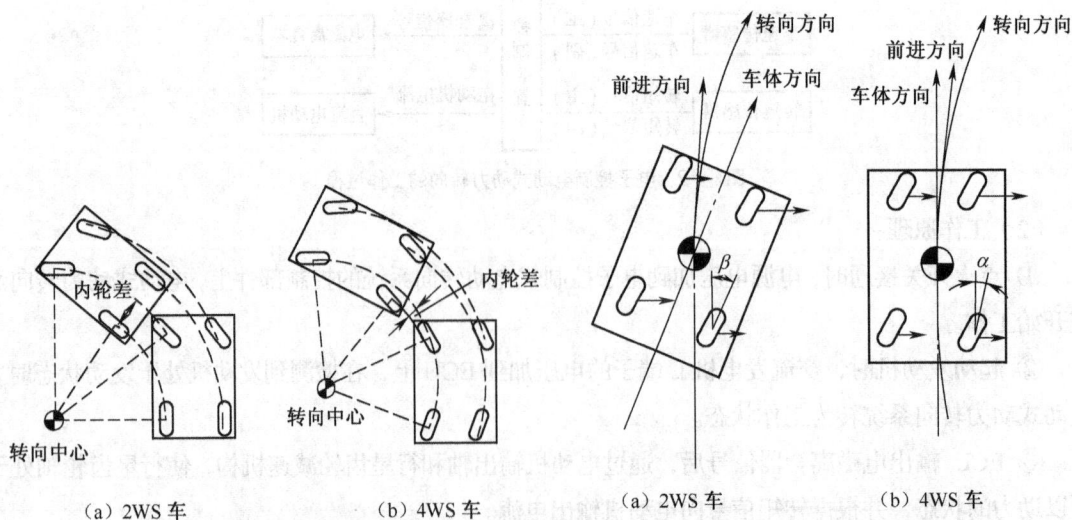

（a）2WS 车　　　　　（b）4WS 车　　　　　（a）2WS 车　　　　　（b）4WS 车

图4-14　低速转向时的行驶轨迹　　　　　　图4-15　中、高速转向时的操纵性比较

根据控制方式的不同，四轮转向系统可分为转向角比例控制式 4WS 系统与横摆角速度比例控制式 4WS 系统。

2. 转向角比例控制式 4WS 系统

所谓转向角比例控制，是指使后轮的偏转方向在低速区与前轮的偏转方向相反，在高速区与前轮的偏转方向相同，并同时根据转向盘转向角度和车速情况控制后轮与前轮偏转角度比例。转向角比例控制式四轮转向系统的构成如图 4-16 所示。

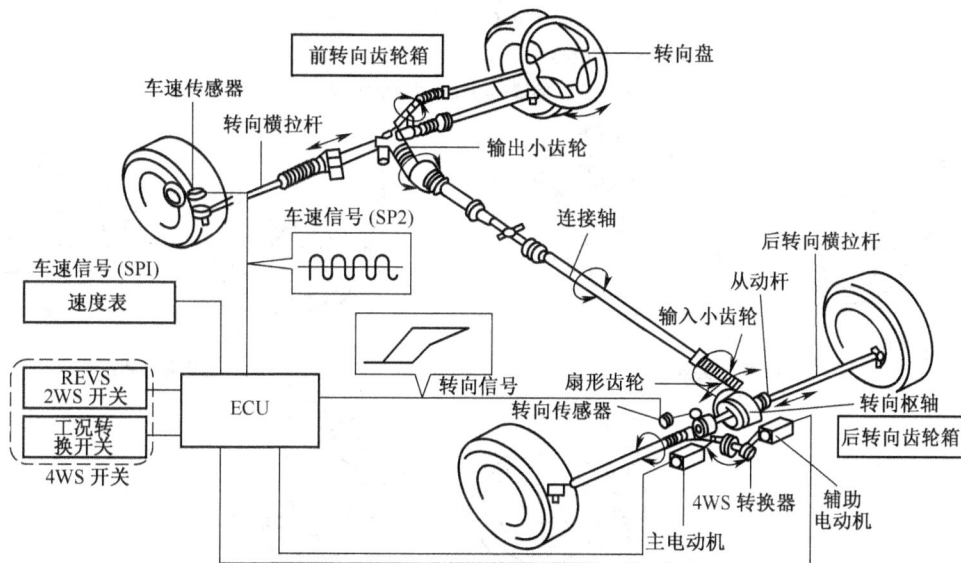

图4-16　转向角比例控制式四轮转向系统的构成

前、后转向机构通过连接轴相连。转动转向盘转向时，齿条式转向器齿条在推动前转向横拉杆左右移动使前轮偏转转向的同时带动输出小齿轮转动，通过连接轴传递到后转向控制机构带动后轮偏转。

（1）系统组成部件

① 转向枢轴。后转向齿轮箱中的转向枢轴实际上是一个大轴承，如图 4-17 所示。其外套与扇形齿轮做成一体，可绕转向枢轴左右回转中心左右倾转。内套与一个突出在从动杆上的偏置轴相连。从动杆可在 4WS 转换器电动机的驱动下，以从动杆回转中心为轴正、反向运动，并可使偏置轴在转向枢轴内上、下旋转约 55°。

与连接轴相连的输入小齿轮向左或向右转动时，旋转力就传到扇形齿轮上，扇形齿轮带动转向枢轴、偏置轴使从动杆左右摆动。从动杆的左右摆动又使后转向横拉杆移动，从而带动后转向节臂转动，使后轮转向。

从动杆可在电动机及传动装置的操纵下自转，使从动杆上的偏置轴相对于转向枢轴摆转轴线的角度发生变化，后轮的转向角比例和转向方向也随即发生相应变化。偏置轴与转向枢轴的工作原理如图 4-18 所示。

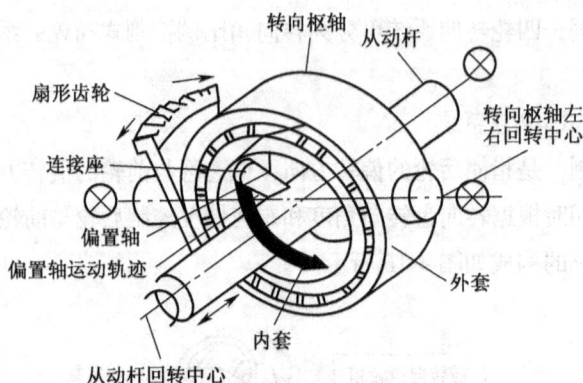

图4-17 偏置轴与转向枢轴的构造

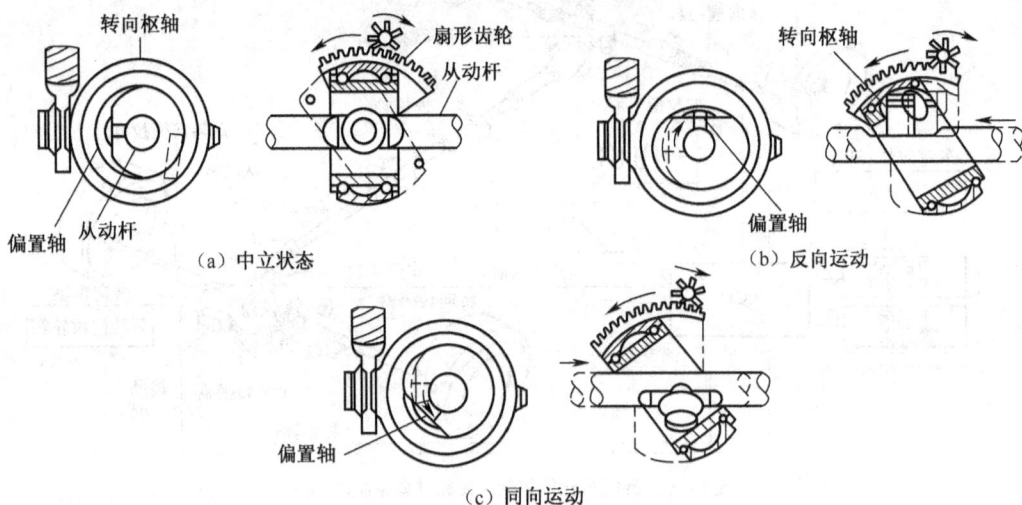

（a）中立状态　　　　　　　　　　　　　　　　（b）反向运动

（c）同向运动

图4-18 偏置轴与转向枢轴的工作原理

当偏置轴的前端与转向枢轴从左右旋转中心一致时，即使让转向枢轴左右倾转，从动杆也完全不动，此时后轮处于中间状态。当偏置轴的前端处于转向枢轴左右旋转中心的上方时，从动杆被带动向左移动，则后轮相对于前轮反向转动；当偏置轴的前端处于转向枢轴左右旋转中心的下方时，从动杆被带动向右移动，则后轮相对于前轮同向转动，如图 4-18（c）所示。

② 4WS 转换器。4WS 转换器的作用是驱动从动杆转动，实现 2WS 向 4WS 方式的转换和后轮转向方向与转向角比例控制。4WS 转换器与后轮转向传感器的工作原理及电压特性如图 4-19 所示。4WS 转换器由主电动机、辅助电动机、行星齿轮减速机构和蜗轮蜗杆机构组成，主、辅电动机的工作受转向 ECU 控制。正常情况下，作为备用的辅助电动机不工作，由主电动机带动转换器输出轴转动；当主电动机不能工作时，由辅助电动机带动转换器输出轴转动。

为检测转换器的工作状态，在从动杆涡轮的侧面设置有滑动电阻式转向角比例检测传感器，随时向 ECU 反馈转向角比例控制状态，以便 ECU 随时进行控制和修正。

③ 转向角比例控制系统。转向角比例控制系统主要由转向 ECU、车速传感器、4WS 转换开关、转向角比例传感器和 4WS 转换器等组成，转向 ECU 是控制中心。图 4-20 所示为转向角比例控制式四轮转向系统的工作原理图。

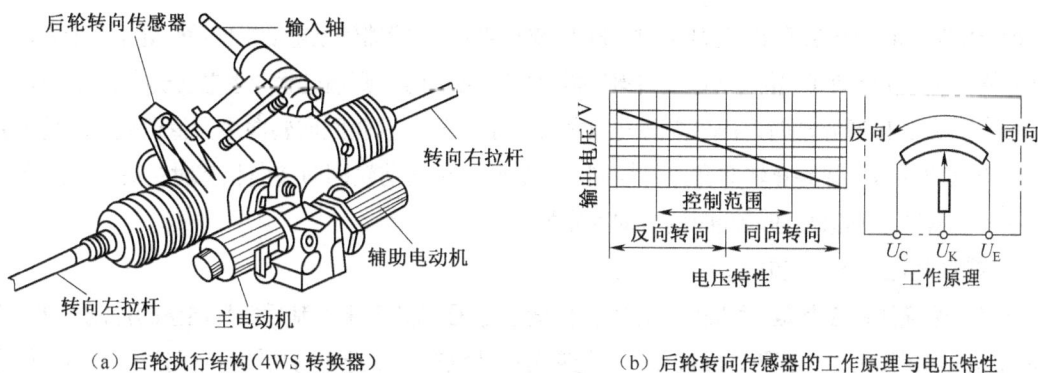

（a）后轮执行结构（4WS 转换器）　　　　　（b）后轮转向传感器的工作原理与电压特性

图4-19　4WS转换器与后轮转向传感器的工作原理及电压特性

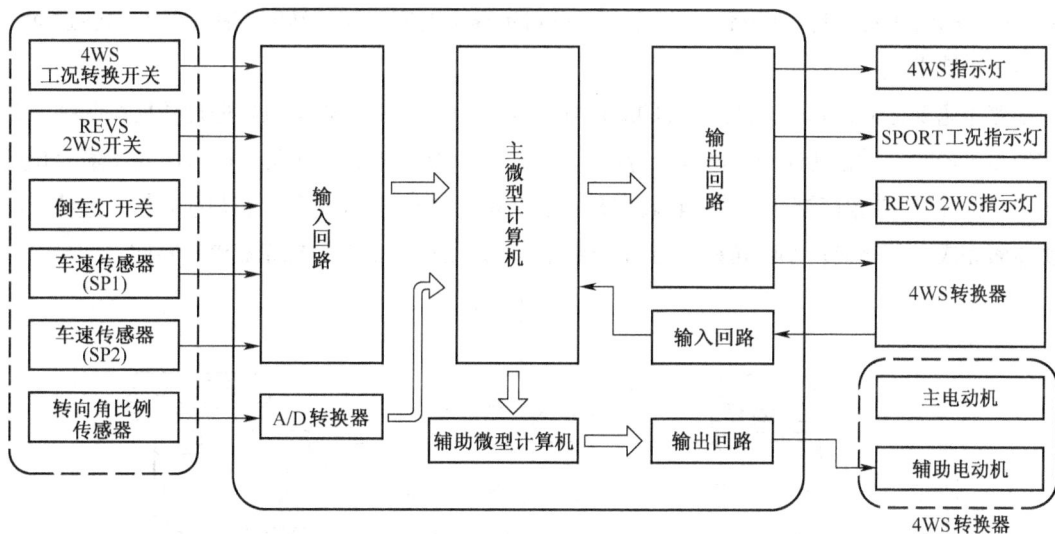

图4-20　转向角比例控制式四轮转向系统的工作原理

（2）系统的主要控制功能

① 转向控制方式的选择。当通过 2WS 选择开关选择 2WS 方式时，ECU 控制 4WS 转换器使后轮在任何车速下的转向角为零，这是为习惯于前轮转向驾驶的人设置的；在 4WS 方式下，驾驶员还可根据驾驶习惯和行驶情况通过 4WS 转换开关进行 NORM 工况与 SPORT 工况的变换，对后轮转向角比例控制特性进行选择。

② 转向角比例控制。当选定 4WS 方式时，ECU 根据车速信号和转向角比例传感器信号，计算车速与转向角的实际数值，控制 4WS 转换器电动机调节后轮转向角控制比例。

③ 安全保障功能。当转向控制系统发生故障时，4WS 故障警告灯将点亮，并在 ECU 中记忆故障部位，同时，后备系统实施以下控制。

● 当 4WS 转换器主电动机发生故障时，ECU 驱动辅助电动机工作，使后轮以 NORM 模式与前轮作同向转向运动，并根据车速进行转向角比例控制。

● 当车速传感器发生故障时，ECU 取 SP1 和 SP2 两个车速传感器中输出车速信号高的为依据，控制 4WS 转换器主电动机仅进行同向转向的转向角比例控制。

● 当转向角比例传感器发生故障时，ECU 驱动 4WS 转换器辅助电动机使后轮处于与前轮同向转向最大值，并终止转向角比例控制。如果辅助电动机发生故障，则通过驱动主电动机完成这一控制。

● 当 ECU 出现异常时，4WS 辅助电动机驱动后轮至与前轮同向转向最大值位置，以避免后轮处于反向运动状态，并终止转向角比例控制。当后轮处于与前轮同向转向状态时，后轮的最大转向角很小，且有利于确保高速转向时的方向稳定性。

3. 横摆角速度比例控制式 4WS 系统

横摆角速度比例控制是一种能根据检测出的车身横摆角速度来控制后轮转向量的控制方法。它与转向角比例控制相比，具有两方面优点：一是它可以使汽车的车身方向从转向初期开始就与其行进方向保持高度一致；二是它可以通过检测车身横摆角速度感知车身的自转运动。因此，即使有外力（如横向风等）引起车身自转，也能马上感知到，并可迅速通过对后轮的转向控制来抑制自转运动。

（1）系统组成

横摆角速度比例控制式 4WS 系统的组成如图 4-21 所示。后轮转向机构通过转换控制阀油路可以实现后轮转向。后轮转向角由两部分合成：一部分是大转角控制产生的后轮转向角（最大角度为5°），一部分是小转角控制产生的后轮转向角（最大角度为1°）。大转角控制与前轮转向连动，通过传动拉索完成机械转向；小转角控制与前轮转向无关，通过脉动电动机完成电控转向。

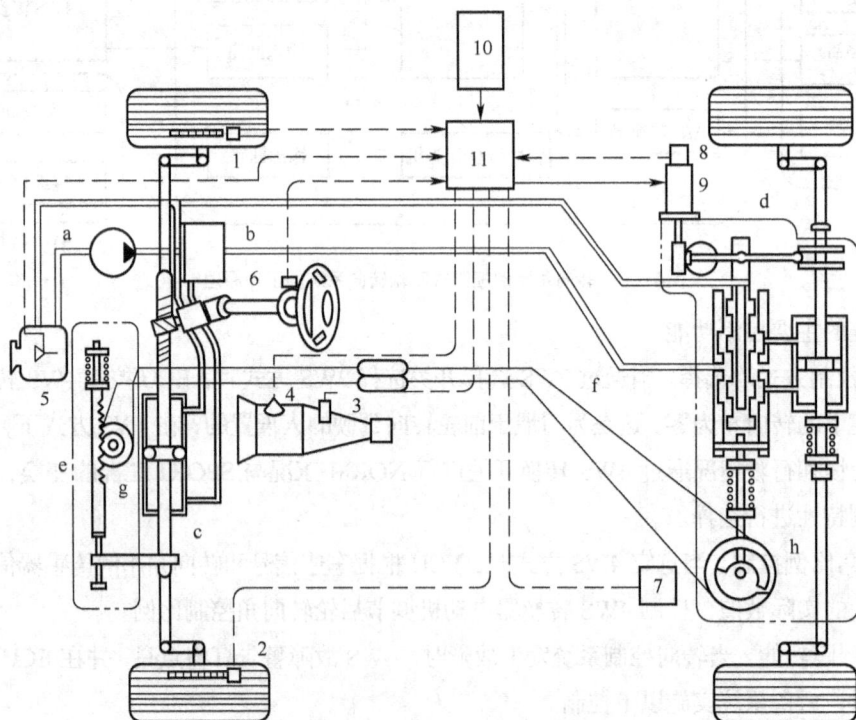

图4-21　横摆角速度比例控制式4WS系统的构成图
a—液压泵　b—分流器　c—前动力转向器　d—后转向助力器　e—带轮传动组件
f—转角传动拉索　g—前带轮　h—后带轮　1、2—轮速传感器　3—车速传感器　4—挡位开关
5—油面高度传感器　6—转角传感器　7—横摆角速度传感器　8—电动机转角传感器
9—转向电动机　10—ABS ECU　11—4WS ECU

① 前轮转向机构。前轮转向机构如图4-22所示。转向盘1的转动可传到齿轮齿条副2上，随着齿条端部4的移动又使控制齿条5左右移动，并带动小齿轮转动。由于前带轮6与小齿轮做成一体，故前带轮亦随小齿轮一起进行正反方向地转动。同时前带轮的转动又通过转角传动拉索7传递到后轮转向机构中的后带轮上。控制齿条存在一个不敏感行程，转向盘左右约250°以内的转角正好处于此范围内。因此，在此范围内将不会产生与前轮连动的后轮转向，由于高速行驶时转向盘不可能产生这样大的转角，所以当汽车高速行驶时，后轮仅由脉动电动机控制转向。

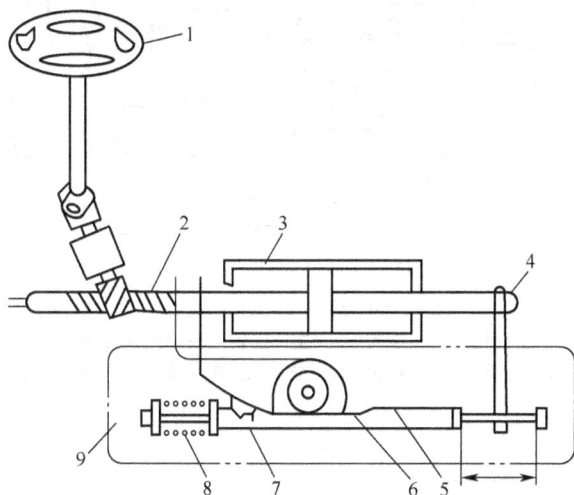

图4-22　前轮转向机构
1—转向盘　2—齿轮齿条副　3—液压油缸　4—齿条端部　5—控制齿条
6—前带轮　7—转角传动拉索　8—弹簧　9—带轮传动组件

② 后轮转向机构。后轮转向机构如图4-23所示。在机械转向时，转角传动拉索的行程变化被传递到后带轮1。由于控制凸轮16与后带轮被制成一体，故此时控制凸轮随后带轮一同转动，拉动凸轮推杆2沿凸轮轮缘运动，使阀套筒15左右移动。当转向盘向左转动时，后带轮1向右转动，此时控制凸轮轮缘是向半径减小的方向转动，将凸轮推杆2拉出，使阀套筒15向左边移动。当转向盘向右转动时，与上述相反，控制凸轮轮缘是向半径增大的方向转动，把凸轮推杆推向里面，使阀套筒向右边移动。来自液压泵的压力油油路根据阀套筒15与滑阀4的相对位置进行切换。当转向盘向左转动时，阀套筒向左方移动，把来自液压泵的压力油输进液压缸的右室9，驱动功率活塞10向左移动。此时，与功率活塞做成一体的液压缸轴11就被推向左方，带动后轮向右转向。相反，当转向盘向左转向时，功率活塞10被推向右方，带动后轮向左转向。由此可见，在机械转向时，后轮都是反向转向。

在电动转向时，阀套筒固定不动。此时，由脉动电动机6通过驱动阀控制杆8的左右摆动控制滑阀4左右移动，从而引起功率活塞10的左右运动，其动作原理与上述机械转向时一样。由于脉冲电动机是根据ECU的指令进行正、反向转动的，所以它完成的后轮转向与前轮转向无关。

（2）控制原理

① 后轮转角控制。转向盘转角与后轮转角的关系如图4-24所示。图4-24中的后轮转角特性是由机械转向与电动转向特性合成后得到的。从图4-24可以看出，转向盘转角在左、右约250°以上

的反向领域内，实际上表现的是汽车在低速时的大转角与停车时的转向切换操作。而在中高速内的转向就变成了仅在电动转向范围内的后轮转向。ECU能随时读取来自车速传感器的信号，然后计算出与车辆状态相适应的后轮目标转向角，再驱动脉动电动机，完成后轮转向操作。

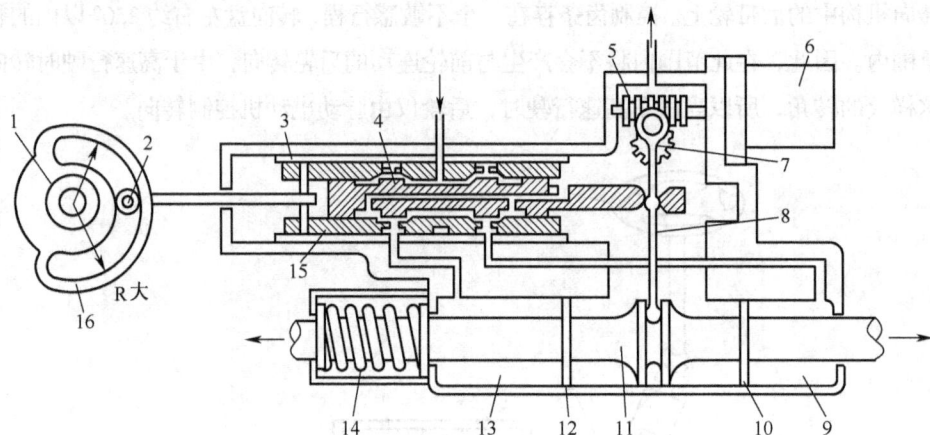

图4-23　后轮转向机构

1—后带轮　2—凸轮推杆　3—衬套　4—滑阀　5—主动齿轮　6—脉动电动机　7—从动齿轮　8—阀控制杆
9—液压缸右室　10、12—功率活塞　11—液压缸轴　13—液压缸左室　14—弹簧　15—阀套筒　16—控制凸轮

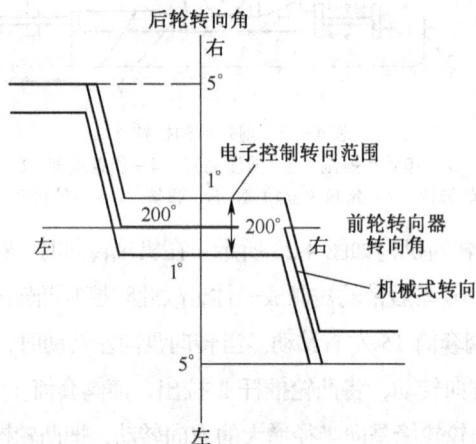

图4-24　转向盘转角与后轮转角之间的关系

● 大转角控制（机械式转向）。大转角控制原理如图4-25所示。当前轮转角处于不敏感范围内时，阀套筒7与滑阀2的相对位置处于中间状态。因此，从液压泵来的油液就流回蓄油器中。此时液压缸左、右室仅存较低油压，液压缸轴5就在回位弹簧的作用下，处于中间位置。

当前轮向左转向时，阀套筒7向左移动，它与滑阀2之间就产生了相对位移，使a部与b部的阻尼作用减小，使压力油进入到动力液压缸的右室，把功率活塞6、液压缸轴5推向左侧，使后轮向右转向。由于液压缸轴5向左移动，脉动电动机还没有起动，故此时阀控制杆以支点A为中心向左转动，带动滑阀移动到比B点更左边的B′点。由于这个原因，已减小的a部与b部的阻尼作用又增大，使液压缸右室内的压力下降。其结果是当液压缸轴移动到目标位置后，a部与b部又会产生较大的阻尼作用，就正好达到与由车轮产生的外力相平衡的位置，从而使后轮不产生过大的转向。

在外力产生变化时，液压缸轴也产生微量的移动变化，引起阀控制杆4对滑阀产生一个相应的反馈量，变化到与外力相平衡所需的活塞压力的阻尼作用，使其始终保持平衡。

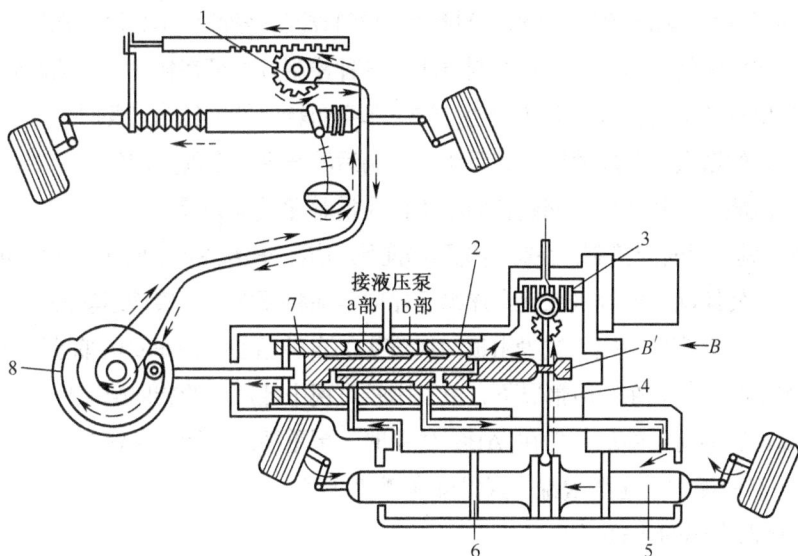

图4-25 大转角控制原理
1—前带轮 2—滑阀 3—支点A 4—阀控制杆 5—液压缸轴 6—功率活塞 7—阀套筒 8—控制凸轮

● 小转角控制（电控转向）。小转角控制原理如图4-26所示。脉动电动机的旋转由一个涡轮传送给从动齿轮4，使阀控制杆5摆动。当脉动电动机驱动从动齿轮左转时，阀控制杆上端支点A以被动齿轮的中心点O为转动中心向A'点摆动。在脉动电动机起动的瞬间，后液压缸轴还没有移动，因此阀控制杆5就以C点为中心向左右摆动，使阀控制杆上的B点移动到B'点位置，带动滑阀2左移。由于转角传动拉索没有动作，故此时阀套筒1是固定不动的，因此滑阀2的移动就使滑阀、阀套筒之间产生相对位移，使a部与b部的阻尼作用减小，使液压泵的压力油作用到液压缸左室，使液压缸轴

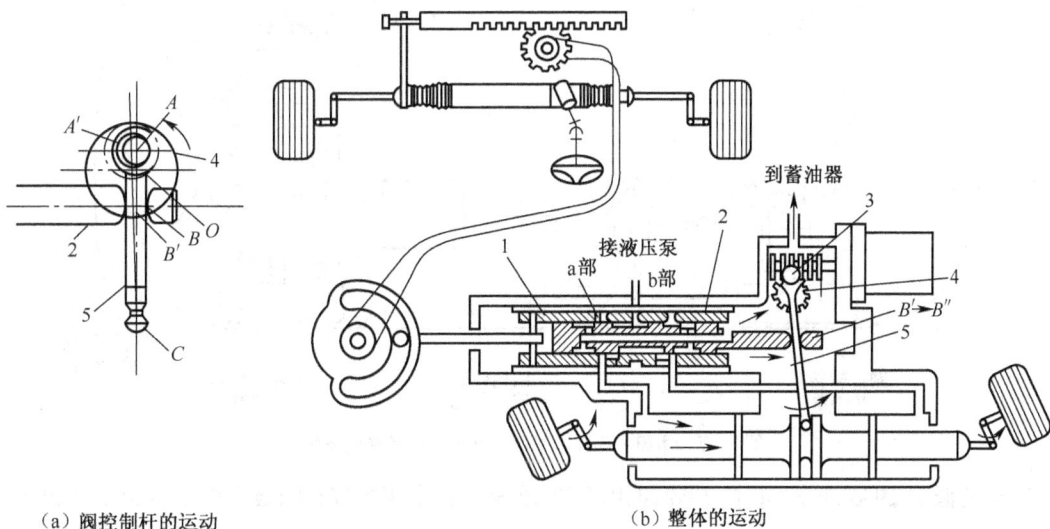

（a）阀控制杆的运动　　　　　　　　　（b）整体的运动

图4-26 小转角控制原理
1—阀套筒 2—滑阀 3—支点A 4—从动齿轮 5—阀控制杆

向右方向移动。在液压缸轴向右移动的过程中，阀控制杆以支点 A' 为中心转动，带动滑阀向右移动到 B''，使 a 部和 b 部的阻尼作用增大，油压降低，从而达到与大转角控制转向时一样的力平衡。

② 使汽车滑移角为零的控制。使汽车滑移角为零的控制是抑制 4WS 汽车在转向初期过渡阶段出现的车身向转向内侧转动滞后的一种控制方法。这种控制方法可在转向开始的瞬间控制后轮反向转动，使车身产生自转运动，抑制公转运动，防止车身向转向外侧转动。此时，横摆角速度传感器会检测出自转运动的增大，并反馈给控制系统，控制后轮产生一个同方向转动，取得自转与公转运动的平衡。这样就能保证从转向初期到转向结束汽车滑移角始终为零。

③ 受到横向风作用时的控制。在突然受到横向风作用，车辆将要偏向时，横摆角速度传感器会立即感知到这一偏转倾向，控制系统就会操纵后轮消除将要发生的横摆运动的方向转动。由于后轮的转动，在车身上会产生力矩，减少由横向风产生的自转运动，使车身的偏差降低到最小。

④ ABS 作用的控制。在一般情况下，由于比较重视中低速域的转向响应性，因此其横摆角速度的增益会比高速域的有所降低，但在 ABS 作用时，更重视的是制动车辆的稳定性。所以，会把 ABS 开始起作用时的横摆角速度增益一直保持到制动结束。

4. 本田—序曲汽车的 4WS 系统

（1）系统构造与组成

本田—序曲汽车上采用的电动式电控四轮转向系统如图 4-27 所示。四轮转向控制单元对输入的传感器信息进行分析处理，计算出所需的后轮转向角，并操纵后轮转向执行器电动机使后轮实现正确的转向。在此转向系统中，前轮转向器和后轮转向执行器之间没有任何机械连接装置，四轮转向控制 ECU 利用转向盘转角、车速和前轮转向角传感信息控制后轮转向角。

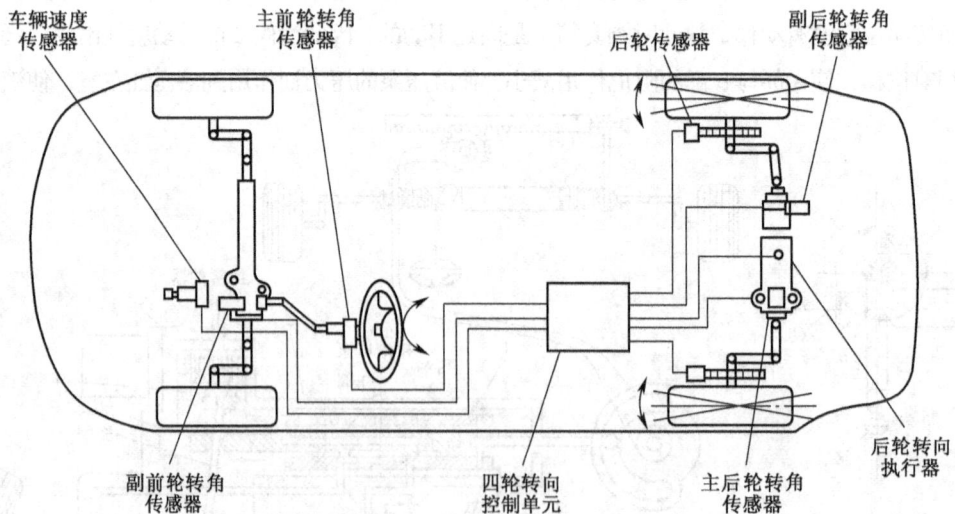

图4-27 本田—序曲汽车电动式电控四轮转向系统

当车速低于 29 km/h 转向时，后轮向相反方向偏转，在车速为零时的最大转角为 6°，在 29 km/h 时后轮转向角接近于零；当车速大于 29 km/h 时，在转向盘 200° 转角以内后轮的转向角与前轮一致，转向盘转角大于 200° 时后轮开始向相反方向偏转。当车速提高到 29 km/h，并转动转向盘 100° 时，后轮将向相同方向偏转大约 1°；转向盘转动 500° 时，后轮将向相反方向偏转大约 1°。

① 后轮转向执行器。后轮转向执行器的组成包括一个通过循环球螺杆机构的电动机、后轮转角传感器、回位弹簧等。执行器在结构上作为后轮转向横拉杆的一部分，两端的拉杆与后轮转向节臂相连。电动机受 ECU 控制转动时，即可通过循环球螺杆产生轴向推力，克服回位弹簧的弹力带动后轮转向。执行器内的回位弹簧在关闭点火开关或四轮转向系统失效时，使后轮推回到直线行驶位置。一个主后轮转角传感器和一个副后轮转角传感器安装在执行器的上部。图 4-28 所示为本田—序曲汽车后轮转向执行器的构造。

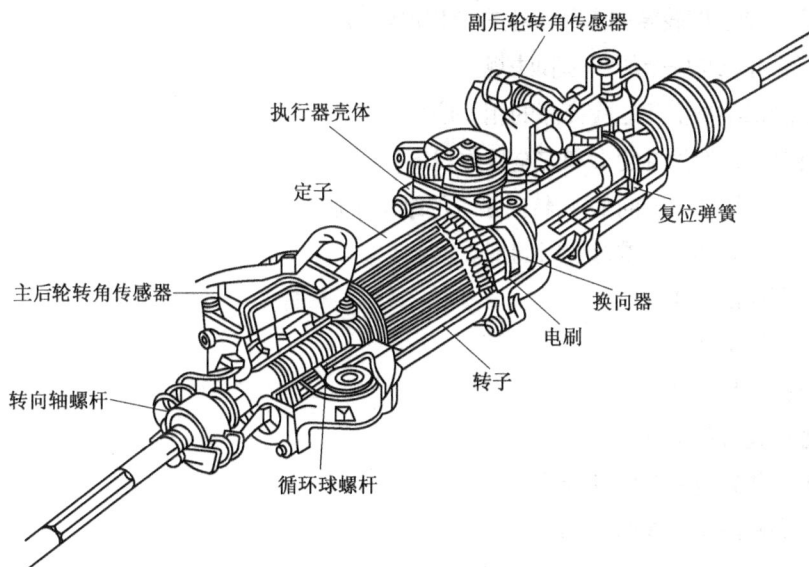

图4-28 本田—序曲汽车后轮转向执行器的构造

② 后轮转角传感器。主后轮转角传感器为霍尔式，通过检测循环球螺母上的电磁转子转动情况感知后轮偏转角度；副后轮转角副传感器的伸缩杆顶在后转向横拉杆的锥形轴表面，通过感知锥形轴的移动即可测得后轮偏转角度。

③ 前轮转角传感器。前轮转角传感器也有两个。转向盘转角传感器又称为主前轮转角传感器。它为霍尔式，装在组合开关下方的转向柱上。副前轮转角传感器安装在齿条式转向器上，结构与工作原理和副后轮转角传感器相同。

④ 车速传感器。与 ABS 系统共用的两只电磁式后轮速传感器向 ECU 提供交变电压信号，供 ECU 判定车速。注意，为了防止来自其他电线的干扰，有的传感器带有附加的外屏蔽，如果屏蔽损坏将严重影响 ECU 的工作。同时，严禁将电子传感器的导线位置移动到靠近其他电源路附近。

（2）系统的失效保护功能

如果 4WS ECU 检测到系统出现故障，将使系统转换到失效保护状态。在这种状态下，ECU 存入故障码，并接通四轮转向指示灯发出警告。同时，控制 ECU 切断后轮转向执行器电源，使后轮保持在直行位置，系统回归为 2WS 特性。为防止后轮转向执行器断电时回正过快而造成方向不稳，ECU 在使系统进入保护状态的同时，给阻尼力矩，回正弹簧缓慢地将后转向横拉杆放回到中央位置。

三、项目实施

（一）电控动力转向/四轮转向系统故障诊断与维修实施要求

1. 学习资源要求

① 各汽车生产公司的网页。

② 电控动力转向/四轮转向系统的生产使用说明书。

③ 有关职场健康与安全的法律和法规。

④ 有关危险化学物质和危险商品的相关信息。

⑤ 汽车维修设备使用说明书和安全操作规定。

⑥ 各种汽车电控动力转向/四轮转向系统的维护手册。

⑦ 提供各类维修知识和维修资料的网页。

2. 学习场所和设备要求

① 车间或模拟车间。

② 个人防护用品用具。

③ 汽车维修设备和工具。

④ 安全的工作环境和工作场所。

⑤ 电控动力转向/四轮转向系统总成。

⑥ 装备电控动力转向/四轮转向系统的车辆。

3. 学生能力要求

① 具备职场健康与安全的知识和能力。

② 能使用常用的工具与设备。

③ 具备电控动力转向/四轮转向系统的理论知识。

（二）典型液压式电控动力转向系统的维修

下面以皇冠 3.0 轿车为例来说明液压式电控动力转向系统的维修方法。

1. 系统的组成

皇冠 3.0 轿车 EPS 系统的组成如图 4-29 所示，其电路如图 4-30 所示。其中电控部分由车速传感器、动力转向 ECU 和装在转向机内的电磁阀组成。

2. 电子控制系统的检查

皇冠 3.0 轿车的 EPS 电子控制系统常见的故障有：低速或发动机怠速时转向沉重和高速行驶时转向过度灵敏。

在检查电子控制系统前，应先查看胎压、悬架和转向杆件及球形销的润滑情况；并检查前轮定位、动力转向泵油压是否正常；各导线插接器是否连接牢靠，转向机柱是否弯曲等。

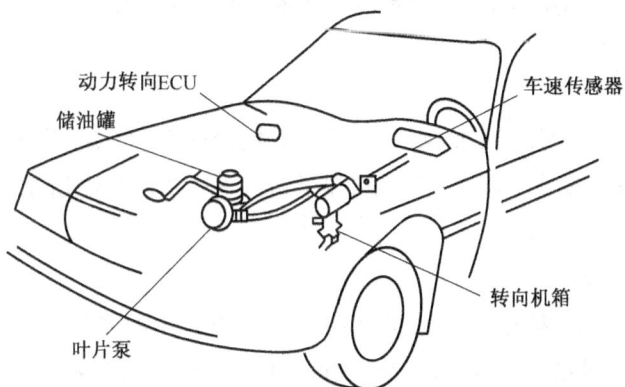

图4-29 皇冠3.0轿车EPS系统的组成

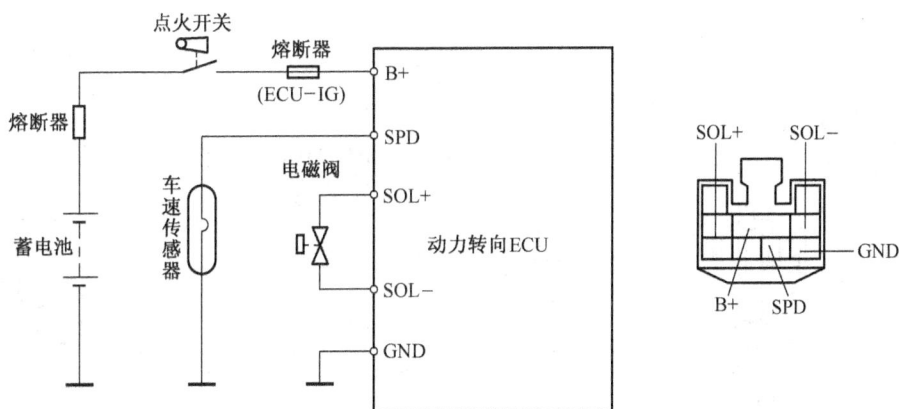

（a）皇冠 3.0 轿车 EPS 系统电路图　　（b）ECU 插接器（正面）

图4-30 皇冠3.0轿车EPS系统的电路

电控系统的检查步骤如下。

① 接通点火开关，查看 ECU-IC 熔断器是否正常。如果烧毁，并且在重新更换后又烧毁，表明此熔断器与 ECU 的端子 B+间短路。若熔断器正常或重新更换后正常，则进行下一步检查。

② 拔下 ECU 插接器，将电压表正表笔接插接器 B+，负表笔搭铁，电压应为 10～14 V（蓄电池电压）。如果无电压，表明 ECU-IC 熔断器与 ECU 端子 B+间有断路。

③ 将万用表（欧姆挡）正表笔接插接器 GND 端子，负表笔仍搭铁，此时电阻值应为零；否则，ECU 的端子 GND 与车身搭铁之间有断路或接触不良。

④ 支撑起一侧前轮，将电阻表的正表笔接插接器端子 SPD，负表笔接端子 GND。然后转动支撑起的车轮，电阻表阻值应在 0～∞之间交替变化。否则说明 ECU 的 SPD 端子与车速传感器之间有断路或短路，或车速传感器有故障。

⑤ 将万用表的正表笔接插接器的端子 SOL+，负表笔接 GND 端子。万用表所示的电阻值应为∞；否则端子 SOL+或 SOL-与端子 GND 间的线路有短路，或电磁阀有故障。

⑥ 将万用表的正表笔接插接器的端子 SOL+，负表笔接端子 SOL-，两端应为 6.0～11 Ω。否则

这两个端子之间的线路有断路或电磁阀有故障。如果电阻正常，应检查 ECU。

3. 电控元件的检查

（1）电磁阀的检查

拔开插接器，用万用表测量电磁线圈的电阻，电阻应为 6.0～11 Ω。从转向机内拆下电磁阀，将蓄电池正极接电磁线圈的端子 SOL+，负极接端子 SOL–，如图 4-31 所示。此时电磁阀应缩回约 2 mm，否则应更换电磁阀。

（2）EPS ECU 的检查

支撑起汽车，拆下 ECU 插接器，起动发动机，在不拔下 ECU 插接器、发动机怠速运转的情况下，用万用表测量 ECU 的端子 SOL–和 GND 之间的电压，电表测笔从背面插入，如图 4-32 所示。所测电压应比原来增加 0.07～0.22 V；如果无电压，应更换 ECU。

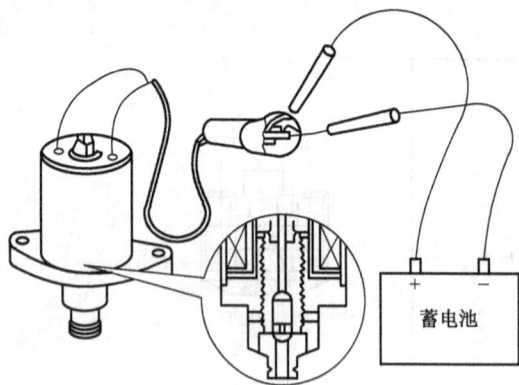

图4-31　电磁阀的检查

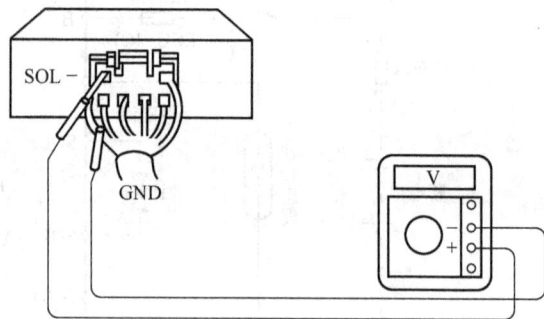

图4-32　ECU的检查

（三）三菱轿车电动式电控动力转向系统的检修

1. 故障码的读取与清除方法

（1）警告灯的检查

当点火开关处于 ON 位时，警告灯应点亮，发动机起动后警告灯熄灭为正常。当打开点火开关，警告灯不亮时，应检查灯泡是否损坏，熔断器和导线是否断路。若发动机起动后警告灯仍亮，首先考虑系统是否处于保险状态，并应通过自诊断系统进行必要的检查。

（2）自诊断检查方法

读取故障码有两种方法，一是使用专用的检测仪读取故障码，二是利用车上的自诊断系统人工读取故障码。

三菱系列汽车诊断插座如图 4-33 所示，人工读取 ABS 故障码的步骤如下。

① 将点火开关置于"OFF"位置。

② 将诊断插座的端子 5 与端子 8 之间用 LED 灯跨接起来。

③ 将点火开关置于"ON"位置。

④ 读取 LED 灯闪烁的故障码，故障码及内容见表 4-1。

⑤ 拆开蓄电池负极 15 s 以上再装回，即可清除故障码。

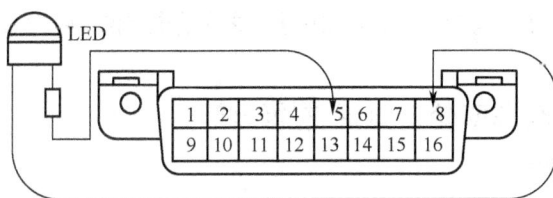

图4-33　三菱系列汽车诊断插座

表 4-1　　　　　三菱公司米尼卡轿车电子控制电动式动力转向系统故障码

故　障　码	故　障　原　因
11	EPS ECU 电源供电不良
12	车速传感器（VSS）工作不良
13	EPS 电磁离合器工作不良
14	EPS ECU 出现故障

2. 三菱微型汽车电控动力转向系统主要元件的检查与测试

（1）转矩传感器的检测

系统导线插接器如图 4-34 所示，当转向盘处于中间位置时，用万用表检测如图 4-34（b）所示插接器上转矩传感器端子 3 和端子 5 与端子 8 和端子 10 之间的电压，均为 2.5 V 时良好，达到 4.7 V 以上为断路，达到 0.3 V 以下时为短路。

从转向机上拔下导线插接器，用万用表检测如图 4-34（b）所示插接器上转矩传感器端子 3 和端子 5 与端子 8 和端子 10 之间的电阻，其标准值为（2.18±0.66）kΩ。当转矩传感器异常时，应更换传感器总成。

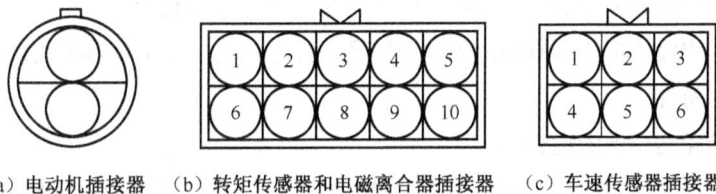

（a）电动机插接器　　（b）转矩传感器和电磁离合器插接器　　（c）车速传感器插接器

图4-34　三菱微型汽车电控动力转向系统导线插接器

（2）电磁离合器的检测

从转向机上断开电磁离合器插接器，将蓄电池的正极接到电磁离合器 1 端子上，负极与 6 端子相接，如图 4-34（b）所示。在接通与断开的瞬间，离合器应有吸动声。如果没有吸动声，表明离合器出现故障，应更换。

（3）直流电动机的检测

从转向机上断开电动机导线插接器，在两端子间加上蓄电池电压时，电动机应有均匀转动声，否则应更换。

（4）车速传感器的检测

从变速器上拆下车速传感器，转动传感器转子，应能滑顺转动。若有卡滞，应更换。用万用表测量传感器主侧端子1和端子2与副侧端子4和端子5之间的电阻值，应为（165±20）Ω，如图4-34（c）所示；如不符合，应更换。

（四）本田—序曲汽车四轮转向系统的维修

1. 故障码的读取与清除

（1）路试

系统出现故障，即使是暂时性故障，ECU也会存储故障码，并点亮四轮转向指示灯报警。进行故障诊断前应向车主了解故障情况，并进行路试。如果路试中四轮转向指示灯没有亮，说明电子系统是完好的，不需进一步诊断；如果仍有问题，应参考维修手册进行人工检查，以发现和排除故障。

（2）一般检查

举升汽车，检查4WS系统所有电气线路、接头和元件有无断路、松动和损坏。如有损坏，进行必要修理和更换。

（3）读取故障码

取下位于仪表板中部下侧的双孔检查插座，并将两电极短接；打开点火开关，但不要起动发动机；观察位于速度表右上角的4WS指示灯，并读取故障码；从维修手册中查阅故障码含义及处理方法。

（4）消除故障码

消除故障码可用的方法有：断开蓄电池线；断开四轮转向ECU插座；从发动机罩下的熔断器—继电器盒中拔下43号时钟—收音机10 A熔断器。

当系统存有与主转角传感器有关的故障码时，必须拔下43号时钟—收音机熔断器方可消除故障码。

2. 本田—序曲汽车四轮转向系统的检查与调整

前后轮主、副转角传感器的电子中性检查和前轮主、副转角传感器调整及后轮副转角传感器的调整是系统的基本检查和调整项目。后轮主转角传感器是不可调整的。

传感器的电子中性是指传感器输出的中性信号（如零转矩、零位移等）与被传感零件（装置）实际中性状态的相符性。

（1）主、副转角传感器的检查

① 检查准备。如果在检查前曾断开过蓄电池、4WS ECU插接器或43号时钟－收音机熔断器，应将其恢复，并起动发动机，向左、右打满转向盘至少一次。注意，如果后轮转向执行器锁销插着时，不可打开点火开关和起动发动机，以防损坏执行器和锁销，除非已确认前轮处于直行位置。

② 作转向记号。将汽车停在车轮转向角检查台上，使4轮处于转向角测量盘的中央，并使测量盘的显示数在车轮处于直行状态时为零。

将转向盘置于直行位置，在转向盘上方贴上500 mm长的胶带，并标出中心点和左、右各9 mm、18 mm、55 mm点。然后短接4WS检查插座电极（插座位于仪表板中部的下方，应先读取故障码）拉紧手制动，打开点火开关确认手制动灯点亮，使前轮转角传感器处于检测状态。

③ 前轮主转角传感器的电子中性检查。打开点火开关，慢慢左、右转动转向盘，直到找出使4WS指示灯亮2 s以上的位置，应在左、右各9 mm处。否则，应调整前轮主转角传感器。

④ 前轮副转角传感器的电子中性检查。打开点火开关（可接③步骤直接进行），慢慢左、右转

动转向盘，直到找出使 4WS 转向灯以 0.2 s 间隔闪烁的位置，应在左、右各 55 mm 处。否则，应调整前轮副转角传感器。

⑤ 后轮副转角传感器的电子中性检查。松开手制动，打开点火开关确认手制动灯熄灭，使后轮转角传感器处于检测状态；关闭点火开关；从后轮转向执行器上拆下锁销孔螺盖及密封环，然后装好中心锁销；将前轮置于直行状态，以防接通点火开关时后轮转向，损坏执行器；打开点火开关，用手扳动左后轮，使其转向右侧极限位置，再缓慢推向左转方向，当左后轮刚刚开始左转向时，4WS 指示灯应开始闪烁。否则，应调整后轮副转角传感器。

⑥ 后轮主转角传感器的电子中性检查（可接⑤步骤进行）。在点火开关打开时，将左后轮转向最左方极限位置，然后慢慢向右转，在左后轮刚刚开始右转向时，4WS 指示灯应点亮 2 s 以上。否则，应检查后轮主转角传感器是否损坏。

最后，关断点火开关，拆下后轮转向执行器锁销，并装好螺盖。拆下检查插座短接线，装好 4WS 执行器罩。

（2）前轮主转角传感器的调整

① 将汽车置于转向角检查台上，4 轮处于转向角检查盘的中央，并左、右打满方向数次。

② 当转向盘置于总转动圈数一半的中间位置时，转向盘轮辐应处于水平位置。否则，应检查、调整转向盘和前轮主转角传感器。

③ 拆下转向盘，查看位于转向柱上的主转角传感器的黄色标记是否处于正下方位置。如果是，说明主转角传感器处于电子中性位置；如果不是，应暂时装上转向盘，将黄色标记转到正下方位置，并将转向盘拆下，重新按轮辐水平位置装好。注意，安装转向盘时转向盘上的小孔应与安全气囊电缆的销钉配合好。

（3）前轮副转角传感器的调整

① 举升汽车，使 4 轮离地，将转向盘置于直行位置，短接好 4WS 检查插座，打开点火开关，安全拉紧手制动，并确认手制动灯亮起，使前轮副转角传感器处于检测状态，再关断点火开关。

② 松开前轮副转角传感器线束，并拆下罩盖，断开线束插接器。

③ 松开前轮副转角传感器锁紧螺母，接上线束插接器，并打开点火开关。

④ 在保持前轮处于直行位置状态的情况下，略转动转向盘使 4WS 指示灯亮起，并保持转向盘这一位置不变。

⑤ 沿顺时针方向慢慢转动前轮副转角传感器至 4WS 指示灯熄灭，记下此时传感器相对于转向器壳体的位置；慢慢沿逆时针方向转动传感器，直到 4WS 指示灯开始闪烁，记下传感器相对于壳体的位置。

⑥ 将前轮副转角传感器调转到 4WS 指示灯熄灭和开始闪烁的中间位置，并锁紧。

⑦ 关断点火开关，并接上插座，固定好线束。

⑧ 进行一次电子中性检查。

（4）后轮副转角传感器的调整（注：后轮主转角传感器不可调整）

① 举升汽车，使 4 轮离地，并短接 4WS 检查插座。

② 松开手制动，并打开点火开关，确认手制动灯熄灭后关闭点火开关。

③ 拆下后轮转向执行器锁销孔螺盖，并装好锁销；松开后轮副转角传感器导线束，并断开插接器。

④ 松开后轮副转角传感器锁紧螺母。

⑤ 接上线束插接器，并将前轮置于直行位置，打开点火开关。

⑥ 将左后轮向左转到极限位置，然后再将其向右转，直到 4WS 指示灯亮（这使后轮主转角传感器处于电子中性位置）。

⑦ 逆时针方向慢慢转动后轮副转角传感器，直到 4WS 指示灯熄灭时，记下传感器相对于壳体的位置。然后将后轮副转角传感器顺时针转动到 4WS 指示灯开始闪烁的位置，并做好记号。

⑧ 将后轮副转角传感器转动到 4WS 指示灯熄灭和闪烁的中间位置，并锁紧。

⑨ 关断点火开关。

⑩ 固定传感器插接器和线束；拆下锁销，装好锁销孔螺盖和执行器罩；进行一次电子中性检查。

小结

本项目从认识电控动力转向/四轮转向系统的作用谈起，认识了电控液压动力转向系统、电控电动动力转向系统和电控四轮转向系统的工作原理和维修方法。其中掌握电控动力转向/四轮转向系统的控制方式对本项目知识的理解非常重要。

在电控悬架系统的检修中，按照维修站实际流程，对客户故障分析、基本的检查和调整、电控系统自诊断、压缩空气（液压）系统和电子控制系统部件检修、典型故障的诊断与排除等步骤进行了技能训练，能够达到电控动力转向/四轮转向系统故障诊断和维修的能力。

习题与实践操作

1. 简述电控动力转向系统的优点。

2. 液压式 EPS 系统中电磁阀、车速传感器、转角速度传感器和 ECU 的作用是什么？

3. 电动式 EPS 由哪几部分构成？

4. 电动式 EPS 转矩传感器的作用是什么？

5. 电动式 EPS 是如何控制转向助力，改善转向路感的？

6. 液压式电控动力转向系统出现低速转向沉重故障时，应首先检查液压系统还是电控系统？

7. 为什么当电控动力转向系统出现故障码不能明示的故障时，应先进行基本检查，然后再进行电气检查，以诊断故障所在部位？

8. 转向角比例控制式四轮转向系统是如何操控后轮偏转方向和偏转角度比例的？

9. 在转向角比例控制式四轮转向系统电控装置出现严重故障时，后备系统使后轮处于什么状态？为什么要使后轮处于这种状态？

10. 在电动式电控四轮转向系统中，后轮转向执行器的作用是什么？是如何工作的？

11. 操作任务：诊断并排除液压电控动力转向系统故障。

教师为学生提供一辆装有液压电控动力转向系统的汽车（已经设置相关故障）和相关维修手册，学生应完成下表。

车　型	
电控动力转向系统类型	❏ 液压式　❏ 电动式
找出并记录电控动力转向系统的主要部件：	
描述故障现象：	
进行电控系统故障诊断，记录主要步骤和数据：	
根据故障原因进行维修，记录主要步骤和数据：	
维修完毕，再次进行诊断并试车：	

12. 操作任务：诊断并排除电控四轮转向故障。

教师为学生提供一辆装有电控四轮转向系统的汽车（已设置相关系统故障）和相关维修手册，学生应完成下表。

车　型	
电控四轮转向系统类型	❏ 转向角比例控制式　　❏ 横摆角速度比例控制式
找出并记录电控四轮转向系统的主要部件：	
描述故障现象：	
进行电控系统故障诊断，记录主要步骤和数据：	
根据故障原因进行维修，记录主要步骤和数据：	
维修完毕，再次进行诊断并试车：	

参考文献

［1］韩建国. 汽车电控系统检测与维修实训［M］. 北京：机械工业出版社，2008.

［2］闵思鹏，江冰. 汽车底盘电控系统原理与维修［M］. 北京：中国林业出版社；北京大学出版社，2007.

［3］冯永亮. 汽车电控底盘检修（上册）［M］. 北京：中国劳动社会保障出版社，2006.

［4］冯永亮，郑志中. 汽车电控底盘检修（下册）［M］. 北京：中国劳动社会保障出版社，2006.

［5］新福克斯维修手册［G］. 长安福特汽车有限公司，2012.

［6］赵计平. 自动变速器维护与维修［M］. 北京：机械工业出版社，2008.

［7］徐生明. 现代汽车典型电控系统结构原理与故障诊断［M］. 西安：西安电子科技大学出版社，2006.